조선시대 미인의 관상학

조선시대 미인의 관상학

박경숙 지음

서언

인상학은 사람의 생김을 통해 체질, 건강, 버릇, 사고, 나아가 운명 등을 연구하는 학문이다. 하늘에 똑같은 별이 없듯이 무릇 사람 역시 그 유전자나 환경이 같아도, 각기 모습이 다르고 삶의 몫이 다르다.

사람은 하늘과 땅의 기운으로 태어나고 성장하며, 인품과 기질이 형성되어 자기가 살아가는 자연 환경을 닮아간다. 자연은 기의 운행으로 볼 수 있으며, 이로 인해 역사와 문화가 형성된다. 이를 바탕으로 조선시대 氣철학자 최한기는 철학, 인문, 사회, 과학은 물론 인재등용을 위한 觀人法에도 氣의 운화를 폭넓게 적용하였다.

인상학은 외형과 내면의 조화로움으로 그 사람의 인품, 바른 정신을 분석할 수 있다. 또한 심리적 특성인 영적 본성까지도 분석 가능하다. 우리의 몸은 오장육부와 연결된 기맥의 기운이 인상의 기색으로 나타난다. 이는 곧 인상학의 기반이 되는 것이다.

이 책은 필자의 박사학위 논문「조선시대 미인상의 인상학적 연구」를 단행본으로 펴낸 것이다. 학위논문을 제출한 후 부족한 부분을 폭넓게 보완하리라 마음먹었지만 마음에 흡족하게 보완하지 못했다. 하지만 이 분야의 연구업적이 아직 부족해 발자국을 떼는 마음으로 용기를 내 출판하기로 하였다.

대학원에서 여성과 관련된 피부학을 전공하며 우리 선조들이 추구했던 미의식과 미인의 기준은 어떠한 것이었는지, 미인상의 성격과 유형의 미학적 관점을 찾아 인상학적으로 접근하고자 한 것이다.

조선시대는 철저한 성리학적 기준으로 인해 여인들의 활동이 극히 제한적이었다. 이러한 문화현상은 여성에 관련된 모든 학문적 환경에도 영향을 미쳐 여인들에 관한 기본 자료나 관련 선행 연구 업적에 한계를 느꼈다.

때문에 조선의 미인상을 조명하는데 그들의 형상을 그림으로 표현한 풍속화의 <미인도>를 통해 연구하게 된 것이다.

인상학은 실제 사람을 직접보고 정. 기. 신의 에너지로 판단해야 하는데 조선시대 인물의 경우 현재 직접 볼 수 없는 사유로 인하여 인상학의 정확한 분석력이 저하될 수 있다.

그럼에도 불구하고 작가의 철학이 담긴 것을 작품이라 할 때 <미인도>라는 작품을 통한 인상학적 분석으로 어느 정도의 미학적 틀을 도출하는 것은 가능할 것이라고 판단된다.

우리 선조들이 추구했던 미의식과 삶의 모습을 아는 것은 현재 우리의 사고방식과 미의식을 유추하는 데 도움이 된다. 인상학은 과거를 더듬는 역사학이고 우리의 미래를 내다보는 미래학이기 때문이다.

인상학은 사회학, 문화학, 경영학에 필수적 학문 분야이다. 특히 현 시대는 좋은 인상이 자신의 능력이며 자산이 되는 시대이다. 인상학이 효율적으로 적용될 경우 사회조직의 인사·경영·관리·인재등용 등 각 분야의 핵심역량의 증대를 이룰 수 있을 것이다.

오늘날의 미인상은 과거의 연장선상에 있다. 따라서 조선시대 미인상의 도출을 통하여 우리는 새로운 가능성을 모색할 수 있을 것이다. 그 바탕에 흐르고 있는 미학적 관점을 찾아 그것을 기반으로 다양하고 새롭게 응용할 필요가 있다.

본 연구는 우리 조상들의 미적 가치를 도출하고 그것을 오늘에 응용하여 교육과 경영, 그리고 인적자원증진을 위한 효율적 인사관리, 풍요로운 삶의 운용 등 다양한 영역에 걸쳐 창의적으로 적용될 수 있다.

오늘날은 4차 산업의 시대이다. 인공지능 기술이 발달하면서 '인식'이라는 또 다른 형태로 이미지가 산업화, 과학화하고 있으며 '인식'이 곧 면접이 되고, 이미지가 곧 인상학의 핵심이 되는 것이다.

사람은 첫 대면으로 이미지가 형성된다. 만약 좋지 않은 첫인상을 남겼다면 다시 좋은 이미지로 바꾸는데 최소한 60번을 다시 만나야 한다. 그러므로 내면이 충만하여 외면으로 드러나는 것은 모든 이들이 준비되고 갖추어야할 덕목이다.

마음속에 있는 근심이나 기쁨 등의 심리상태는 대부분 얼굴표정으로 전해지기 때문에 얼굴을 분석하는 것은 그 사람을 분석하는 것이라 할 수 있다.

인간의 얼굴에 드러나는 형상을 '인상학'으로 표현할 때 아름다움이 철학에 드러나는 것을 '미학'으로 표현할 수 있다. '석양의 아름다움'이나 레오나르도 다빈치의 '모나리자의 아름다움'이나 '여성들의 아름다움' 등 미의 종류는 헤아릴 수 없을 만큼 다양하다. 플라톤의 '감성적 즐거움의 아름다움', 플로티누스의 '영혼의 미의 덕' 공자는 "仁에 사는 것이 아름답다."고 하였듯이 미학의 범주는 동서양을 포함하여 매우 폭넓고 다양하다.

또한 동서고금을 막론하고 아름다움에 대한 추구는 인간본연의 성품이다. 이는 심신의 조화를 통해 더욱 온전해진다. 더불어 여성에게 아름다움의 추구는 전 인생을 통해 계속되는 자연스러운 현상이라 할 것이다.

요즘은 100세의 장수 시대이다. 아름다운 기억과 소중한 추억은 인생의 무형자산이라 생각된다. 필자가 용산여자중학교 시절 방과 후 한강다리를 건너며 친구와 하나씩 돌을 쌓았던 기억은 오랜 세월이 지난 지금까지도 소중한 기억으로 남아있다.

30여 년 전 1남 2녀의 자녀들을 교육시키며 평소의 관심분야였던 사주명리학, 관상학, 주역, 풍수학, 성명학, 침술, 인체해부학 등을 공부한 것들이 전공의 바탕이 되었다. 또한 취미로 틈틈이 즐겼던 서예, 피아노, 서양화, 문인화 등의 문화적 소양은 정서적 풍요로 이어져 인생의 활력소가 될 것이다.

아리스토텔레스는 미는 자연과 예술, 인간과 사회, 사물과 행위 등 매우 넓은 범위에 영향을 미친다고 했다. 그는 인간의 경우 미의 기준이 변한다는 것도 지적했다. 예컨대 청년층, 장년층, 노년층이 생각하는 미가 다른 것이다.

아름다운 것을 추구하는 것은 당연히 가치가 있는 것이고 미는 즐거움뿐 아니라 선도 포함되므로 미의 가치는 높이 평가되어야 한다. 이러한 요인들은 도와 덕성을 으뜸으로 치는 조선 시대의 미학사상에도 그대로 적용되었다. 조선의 여성미는 덕으로 표현된 선한 품성을 으뜸으로 인내와 절제 등의 성품이 드러난 것이라고 할 수 있다.

필자에게 원광 디지털대학교 얼굴경영학부 4년은 인상학 공부의 초석이 되었고 이후 회당 신기원 선생님, 일중 김용남 선생님의 실전수업은 원전의 미흡한 부분과 경험 철학의 응용으로 관상학의 심도를 더해 주었다.

그동안 관상학의 학문적 연구를 위해 도움을 주신 주선희 교수님, 김낙필 교수님, 정순일 교수님, 유성태 교수님, 김연희 교수님, 김태훈 교수님께 깊은 감사를 드리며 첫 발자국을 내딛게 도움을 주신 김정혜 교수님께도 깊은 감사를 드린다. 아울러 조선시대 미인의 관상학에 관심을 지니고 이 책을 발간할 기회를 주신 한국학술정보의 발전을 심원 드린다.

2018년 8월
지은이 박 경숙

❏ Contents

Chapter 06 　〈미인도〉 인상학의 현대적 의의

CHAPTER

01

서론

1. 연구목적

본 연구는 조선시대 풍속화의 미인도를 인상학적으로 접근하여 미인상의 성격과 유형을 밝히는데 초점을 두었다. 인상학(Physiognomy) 혹은 관상학은 사람의 인상을 관인(觀人)하여 그 사람의 성격이나 운명 등을 연구하는 학문이다. 인상학은 곧 과거의 관상학을 폭넓은 의미로 확대하여 심상(心相)의 상태까지 포함하여 사회적 관계로 광범위하게 적용하는 학문이다.

아름다움에 대한 논의는 동서고금을 막론하고 계속되어왔다. 여인들에 대한 미의 기준은 그 시대의 생활상과 문화를 반영하고 있다. 본 연구는 한국, 특히 조선시대 미인의 기준은 어떠한 것이었는지 미인도를 통해 인상학적으로 접근하는 데에 주된 목적이 있다. 그리하여 조선시대 미인상의 성격과 유형을 밝히는데 초점을 두고자 한다.

인상학이란 인상을 관찰하여 사람의 성격이나 운명 등을 연구하는 학문이다. 인상학을 적극적으로 활용할 때 효율적 인적 자원의 경영으로 이어진다. 적재적소에 인적 배치를 함으로써 도출되는 집단의 효율적 운영은 개인의 자긍심을 높임은 물론 조직의 성장과 발전에도 큰 도움이 될 것이다. 또한 인상학은 실용적으로는 아름다움을 추구하는 성형수술뿐 아니라 심리·교육·인사·건강관리 등 다양한 부분에서도 활용될 수 있을 것이다. 또한 아름다움에 민감한 여성의 입장에서 볼 때 인상학은 현대여성의 가정 내 역할은 물론 다양한 대외활동에도 효율적으로 적용되어 그들의 사회적 활용도와 성취감을 높이는 데에도 활용될 수 있을 것이다.

주선희는 "인상학이란 좋은 얼굴을 가지기 위해서 어떤 마음을 품고 어떤 생각과 행동을 해야 하는지를 인도해 주는 학문이다."[1]라고 말한 바 있다. 이를 고려한다면 조선시대의 미인상을 탐구하는 작업은 인상에 대한 역사적인 여러 사고들을 발전적으로 계승하고 단점을 보완하여 오늘의 사회에 통합능력을 제고하고 바람직한 삶의 방향을 도출하는 의미가 있다고 말할 수 있다. 그러한 힘은 나아가 한국 여성의 잠재력을 한데 모아 한국 사회의 미래 발전을 견인하는 중요한 원동력으로 작용할 수 있을 것이다

여성의 아름다움을 추구하기 위한 노력은 일생을 통해 계속된다. 적어도 여성에게 아름다움의 추구는 삶의 매우 중요한 부분이다. 아름다움이 심신의 조화를 통해 더욱 온전해진다고 할 때, 인상은 마음의 표현이라 할 수도 있다. 인간을 소우주라고 표현하듯이, 마음가짐은 인상에 나타날 뿐만 아니라 그 마

---

1) 주선희, 『나를 바꾸는 인상학의 지혜, 얼굴경영』, 서울: 동아일보사, 2014, p.20.

음은 일상생활에 반영되어 세상을 아름답게 하는 원동력이 되기 때문이다. 따라서 인상의 아름다움을 탐구하는 작업은 그 시대 그 인물의 인생과 환경을 추정할 수 있는 도구가 될 수도 있는 것이다.

본 연구에서 미인상을 탐구하기 위한 미인도의 소재로는 조선 후기의 풍속화를 선택하고자 한다. 풍속화에는 여러 유형이 있지만 그중에서 조선 후기를 대표하는 김홍도(1745~1806)·신윤복(1758~?)·채용신(1848~1941)의 <미인도>들이 지닌 인상학적 특징과 시대의 흐름에 주목하고 특히 그러한 경향이 채용신에 이르러 어떻게 수용되고 창조되었는지, <미인도> 작가가 추구하는 점과 특징을 조명하고자 한다.

그들은 모두 당대 최고의 화가이므로 그 시대의 화풍을 대표할 뿐만 아니라 당시의 미인상을 엿볼 수 있는 작품들을 남겼다는 데에 공통점이 있다. 또한 다행스러운 것은 당시의 풍속화가 실학사상이나 진경산수의 영향으로 인해 사실적 화풍을 고수하는 경향이 있었다는 점이다. 그들의 풍속화가 사실적 화법에 바탕을 두고 작성된 만큼, 여인의 모습을 구체화 하고 있는 <미인도>를 연구의 대상으로 삼은 것이다.

그중에서 채용신의 <팔도미인도>에 본 연구의 중점을 둔 이유는 그의 작품이 단지 예술적 상상력에 기초한 풍속화가 아니라 실제 이름이 밝혀진 팔도의 실존 기녀들을 표현한 초상화라는 점에 있다. 이처럼 실제 이름이 밝혀지고 그것도 팔도에 걸쳐 광범위하게 미인도를 그린 작품은 한국미술사 전반을 통해서도 찾아보기 어려운 일이다. 필자가 조선시대 미인도에 주목하는 또 하나의 이유는 그 작품들이 사실성에 바탕하고 있는 것 외에도, 그려진 미인들이 당시에 많은 이들이 선호하고 선망하는 미적 기준을 충족하는 이상형이었을 것으로 보기 때문이다. 합리적으로 생각해 볼 때 풍속화 속의 아름다운 여인, 즉 <미인도>의 여인들은 그 시대의 문화와 환경에서 선호되었던 미인상임에 분명하다. 그러므로 미인도에 대한 인상학적 분석을 통해서 궁극적으로는 조선시대 미인의 상은 어떤 상이며 그에 바탕을 둔 미의 기준은 무엇인가를 탐색하는 것도 가능하게 될 것이다.

조선시대의 미인상을 도출하는 작업은 오늘을 살아가는 우리들에게도 상당한 가치가 있다. 그것이야말로 <미인도>의 인상학적 분석이 지니는 미래적 의미라 할 수 있다. 과거의 미인상이 현대의 미인상일 수도 있고, 그것과 배치되는 면도 있겠으나 하나의 기점이 되는 것만은 분명할 것이기 때문이다.

본 연구에서는 미의 배경이 되는 조선시대 여인들의 생활상과 여성의 외형적 미에 대한 분석을 시도하기 위하여 그 이전의 미인상과 조선시대의 미인상의 변천과정을 추적해 보고자 한다. 인상학으로 본 인간 외부의 형상이란 내면의 기운이 외부로 드러나 형성되는 모습이기 때문에 그 시대의 생활상과 인물의 지향점은 미적 기준을 도출하는 데에 중요한 요소가 될 것이다. 이를 통해 환경의 변화가 인물의 외형과 사고의 형태에 어떠한 영향을 미치는지에 대해 어느 정도 살펴볼 수 있을 것으로 기대한다.

본 연구는 오늘날 기업과 사회에서 새로운 요청을 받고 있는 '현대 인상학'의 연구에 활용될 수 있을 것이며, 성형수술처럼 내면에 대한 아름다움과 같은 전통적 기준이 무시되는 풍조를 수정하는 데에도 도움이 될 수 있을 것이다.

끝으로 본 연구는 2014년도에 제출되었던 필자의 박사학위 논문 「조선시대 미인상의 인상학적 연구」를 수정보완 한 것임을 알려 둔다.

2. 연구방법 및 범위

여성의 아름다운 모습으로는 서양의 클레오파트라로 상징되는 당당하고 매력적인 아름다움도 있으며, 신사임당으로 연상되는 현모양처의 동양적인 아름다움도 있다. 특히 조선의 미인들에게 적용되는 아름다움에는 정숙하고 얌전하며 법도와 예절을 잘 지키는 외적 품격과 언어, 솜씨, 맵시 등 보이지 않는 아름다움과 내면의 마음이 지닌 아름다움 등을 들 수 있다. 이러한 외적·내적 아름다움에 대한 조화로운 접근이 조선 미인의 미를 규정하는 데에 중요한 요소가 될 것이다.

조선 이전에 그려진 풍속화 속의 미인상을 인상학적으로 분석하고자 하는 데에는 무엇보다 자료의 한계가 따른다. 이유는 조선시대 이전에는 미인상과 관련지을 만한 자료가 거의 없어 전통적 미인에 대한 개념을 찾기가 어렵기 때문이다. 조선시대 중·후기에 이르러서야 풍속화 속에 최초로 기녀들이 등장하는데 여기에도 난점은 있다. 풍속화의 속성상 양반가의 규수를 작품화하는 것은 불가능한 일이었으므로 자료가 기녀에 한정되어 있어 보편적인 기준을 규명하는 데에 한계를 지니기 때문이다.

이상의 난점에도 불구하고 현재의 상황에서 미인상을 추론하기에 가장 적합한 자료인 회화작품 즉, 풍속화의 <미인도>를 대상으로 본 연구의 소재를 삼고자 한다. 특히 채용신의 작품을 선택한 것은 두 가지 이유가 있다. 첫째, 채용신의 작품은 김홍도·신윤복 등 선대의 <미인도>가 지닌 경향을 계승하고 있다는 점이다. 그것은 그의 작품에서 일종의 시대정신을 도출할 수 있다는 희망을 제시한다. 둘째는 그의 <미인도>에 출현하는 대상이 팔도에서 고루 선정되고 있다는 점이다. 이 또한 그의 <미인도>에서 보편적 미의 기준을 도출하는 데에 도움을 준다.

또한 채용신의 <미인도>가 지닌 장점은 전신도가 주류를 이룬다는 점이다. 그의 전신도는 인상학적 요소 이외에 의상·미용·생활·태도 등 다양한 연구의 대상이 될 수 있을 것이다. 그러나 본 연구에서는 얼굴의 형상에 중점을 두고 미인상의 인상학적 부분만을 연구하고자 한다.

채용신의 <미인도>는 크게 <팔도미인도>와 <운낭자像>으로 분류되는데, 전자가 기녀의 상이라면 후자는 열녀의 여인상을 표현하고 있다. 이는 부족하기는 하나 조선시대 일반 여인상을 대변하는 것으로 보아 그 속에 나타난 일반적 미인상과 인상학적 미인상을 분석할 것이다.

인상학은 정기신(精氣神)의 틀로써 인물을 직접 관찰하고 외부에 나타난 형상과 내면에 포함된 응축된 기운을 형상을 통해 '관인(觀人)'하는 것이다. 즉 그 사람을 직접 살펴보고 파악하는 학문이며 따라서 관상학이라고도 한다. 인상학의 이론과 시대적 관념, 그리고 직접 '관인'하는 시각에 따라 차이는 있으나, 직접 관인하는 것을 통해 외면으로 나타나는 다양한 성정을 판단할 수 있다. 찰색이 관인의 중요한 요소가 되는 것은 직접 관인의 중요성을 대변하고 있기 때문이다. 그러나 조선시대 인물의 경우 현재 직접 볼 수 없다는 물리적 한계가 있기 때문에 풍속화 작품 속에 그려진 <미인도>를 통해 간접적으로 조선시대의 '미인상학'을 연구할 수밖에 없다는 한계가 있다. 그와 같은 사유로 인하여 인상학의 정확한 분석력이 저하될 수 있음에도 불구하고 현재의 상황에서는 그림에 나타난 상을 통해 전체 미인상을 유추하는 작업을 할 수밖에 없다.[2]

본 연구의 구성과 방법은 크게 네 부분으로 나뉜다.

첫째, 미에 관한 일반론으로 탐구하고자 한다. 미학에서 추구하는 아름다움에 대한 정의를 살펴보고 동양적 인상학에 미치는 여러 사상적 요소들을 논구하고자 한다. 이를 위해 보편적 미의 정의를 살펴보고, 동양적 미의식 형성의 사상적 배경이라 할 수 있는 유가사상과 도교적 정기신론에 바탕을 둔 미

---

2) 이러한 연구의 한계는 선행연구들도 많을 수밖에 없다. 전통 미인도에 관한 연구로는 김재만의 「傳統的 韓國 女人像의 研究」(『여성문제연구』5, 대구효성가톨릭대학교 사회연구소, 1976)와 김현정의 「신윤복, 우타마로, 김관호의 미인도 연구」(창원대 석사논문, 2009.) 등이 있다.

의식과 불교의 미의식을 살펴볼 것이다. 이를 통하여 인상학에 대한 일반적인 기반을 마련한다.

둘째, 조선시대에 이르기까지 미인상의 시대적 변천을 찾기 위한 작업을 시도해 보고자 한다. 이를 위하여 미인상의 변천을 역사적 상황에 따라 검토할 것이며, 조선시대 여인의 생활상을 계층별 분류에 의해 살펴보고자 한다. 구체적으로는 여인들의 삶에 대한 실존적 기록·기사·소설 또는 이제까지 연구되어온 논문 등 다양한 기록을 통해 여인들의 생활 모습과 시대적 삶의 변천과정을 탐구하고자 한다. 이를 통하여 조선시대 인상학에 관한 토대가 마련될 것이다.

셋째, 풍속화를 중심으로 '조선의 미인상'을 탐구하는데 초점을 두고자 한다. 풍속화를 보면 조선시대 생활상의 모습을 한눈에 알 수 있고, 여인들의 사실적 묘사와 그 시대 상황의 흔적들을 다소나마 느낄 수 있다. 따라서 풍속화 속의 미인상을 조명하기 위해 김홍도와 신윤복의 <미인도>를 찾아 인상학적 분석을 시도할 것이다.

넷째, 김홍도와 신윤복의 <미인도>를 계승한 채용신의 <팔도미인도>와 <운낭자像>의 인상을 분석할 것이다. 여기에는 고전의 상학서(相學書)를 참조하여 미인상의 인상학적 특징들을 분석할 것이다. 인상학은 사람의 외형적 모습으로부터 내면·건강·심리상태·성격·체질 등 다양한 성정을 관찰하려는 시도를 한다. 이러한 시도는 상고시대부터 비롯된 것임을 여러 기록을 통해 알 수 있다.

조선 후기의 풍속화가와 더불어 동시대 기 철학(氣哲學)의 대표학자인 최한기(1803~1877)는 자연에 대한 정확한 파악과 이에 근거한 적절한 실천을 강조한 실학자이기도 하다. 그의 저서인 『인정(人政)』에는 사람을 보는 것에 대한 내용이 자세히 기술되어 있으므로 이를 참고하고자 한다. 기타 다양한 인상학 관련 고전서인 『태청신감(太淸神鑑)』[3]·『월파동중기(月波洞衆記)』·『인륜대통부(人倫大統賦)』·『옥관조신국(玉管照神局)』 등을 참고하고자 한다. 나아가 이와 관련된 문헌으로 『고금도서집성(古今圖書集成)』[4]에 수록되어 있는 『신상전편(神相全編)』, 왕충(王充)의 『논형(論衡)』·『골상(骨相)』과 현재 인상학의 텍스트로 사용하는 『마의상법(麻衣相法)』·『달마상법(達磨相法)』 등을 동원할 것이다.

미인상에 대한 접근을 위해서는 충분한 선행연구가 뒷받침되어야 한다. 그러나 조선시대의 상학과 연계된 <미인도>에 관한 선행연구가 없어 자료의 동원과 논지의 전개에 어려움이 따를 수밖에 없다.[5] 더구나 인상학의 특성상 회화작품인 <미인도>를 통해 인상학적으로 진단하는 것에도 상당한 무리가 생길 수

3) 『四庫全書 術數類全篇』 「子部」에 수록된 『太淸神鑑』은 6권으로 이루어져 있다.

4) 『古今圖書集成』에는 陳希夷의 『神相全編』, 王充의 『論衡』, 『骨相』이 있다.

5) 상학과 <미인도>를 연결시키려는 시도는 보이지 않는다. 다만, 상학적 관점이나 얼굴의 특징을 통해 미인을 분석한 연구는 다음과 같다. "이은창, 「韓國의 美人像: 朝鮮時代의 美人圖를 中心으로」(『여성문제연구』 13, 대구효성가톨릭대학교 사회과학연구소, 1984); 정경식, 「人物畵에 表現된 韓國人像 硏究」, 중앙대 석사논문, 1997; 홍성원, 「朝鮮 後期 風俗畵를 통해 본 韓國的 美意識에 관한 硏究」, 홍익대 석사논문, 2003; 김현정, 「신윤복, 우타마로, 김관호의 미인도 연구」, 창원대 석사논문, 2009; 이다현, 「에도시대 기타가와 우타마로의 미인도에 관한 연구」, 전북대 석사논문, 2014; 안은화, 「패턴분석에 따른 미인의 상학 연구」, 원광대 석사논문, 2014." 그러나 이와 같은 연구도 대부분 석사논문에 치우쳐 있어 이 분야 연구의 길이 至難한 작업임을 보여준다.

있다. 인상학은 내면의 외적 표출을 전제로 하는 학문이기 때문이다. 그러나 <미인도>라는 작품을 통한 인상학적 분석을 시도한다면 어느 정도의 미학적 틀을 도출하는 것은 가능할 것이라고 판단된다.

우리 선조들이 추구했던 미의식과 삶의 모습을 파악하면 이를 통해 현재 우리의 사고방식과 미의식을 유추할 수 있을 것이다. 인상학은 과거를 더듬는 역사학이고 미래를 내다보는 미래학이기 때문이다.[6]

인상학은 사회 문화의 새로운 경영학의 필수적 학문 분야이다. 특히 현 시대는 좋은 인상이 자신의 능력이며 자산이 되는 시대이다. 좋은 인상은 좋은 조직을 만들기도 하며, 인상학이 효율적으로 적용될 경우 사회조직의 인사·경영·문화관리·인재등용 등 각 분야의 핵심역량의 증대를 이룰 수 있을 것이다.

오늘날의 미인상은 과거의 연장선상에 있다. 따라서 조선시대 미인상의 도출을 통하여 우리는 새로운 가능성을 모색할 수 있을 것이다. 그 바탕에 흐르고 있는 미학적 관점을 찾아 그것을 기반으로 다양하고 새롭게 응용할 필요가 있다. 본 연구는 우리 조상들의 미적 가치를 도출하고 그것을 오늘에 응용하여 교육과 경영 그리고 인적자원 증진을 위한 효율적 인사관리 등 다양한 영역에 걸쳐 창의적 적용을 하는 데에 다수의 도움이 될 것으로 기대된다.

---

6) 주선희, 『나를 바꾸는 인상학의 지혜, 얼굴경영』, 서울: 동아일보사, 2014, p.5.

조선시대 인상학의 기반

1. 미학과 동양적 인상학

1) 동·서양 미학과 인상학의 관계

오늘날 미와 예술이 과학이나 형이상학에 비견하는 고유한 독자적 학문 영역을 갖추고 있다는 사실에 이의를 제기하는 사람은 없다. 이는 곧 미와 예술의 문제가 현대 사회와 문화에서 그만큼 커다란 비중을 갖는다는 것을 의미하는 것이다.

'미학'의 사전적 해석은 '자연 예술에 있어서 미의 본질과 구조를 해명하는 학문 또는 미적 현상 일반을 대상으로 그 내적, 외적 조건과 기초를 연구하는 학문'이다. 따라서 미학의 영역은 비단 인간에만 국한되는 것이 아닌 자연 전체에 적용되는 학문이다. '미학'은 그 이름에 들어있는 '아름다움(美)'이라는 글자 때문에 대개 아름다운 것만을 대상으로 연구하는 학문으로 생각된다. 그러나 미학이 대상으로 삼는 것은 순수한 아름다움만이 아니라 인간 삶의 중요한 부분을 차지하는 온갖 느낌과 정서를 포함한 광범위한 세계이다.

따라서 미학을 한 마디로 '아름다움의 학'이라고 정의할 때 미의 범위와 성격, 아름다움의 기준은 상대적일 수밖에 없다. 미학이라는 용어가 정착된 것은 독일의 철학자 바움가르덴(Baum~garten, 1714~1762)으로부터이다.[7] 그가 제시한 미학은 '감성적 지각'에 관한 학문을 의미한다. 미와 연관성을 갖고 미학에서 다루는 또 다른 현상은 '미적 특성' 혹은 '미적 가치'라 부른다. 여기에는 매력적인 것, 우아한 것, 숭고한 것, 영웅적인 것, 비극적인 것 또는 이와 반대로 추한 것, 천한 것, 익살스러운 것 등이 나타난다.

이처럼 미가 추구하는 다양한 영역과 범주에 따라서 미의 가치는 쉽게 정의 내리기 어려우며 그에 대한 반작용으로 미에는 보편타당성이 추구된다. 또한 아름다움에 대한 사고는 작가의 사상이 담긴 철학의 필연적 귀결이라고 볼 수 있다. 따라서 미에 대한 관념은 작가와 철학자의 관점에 따라 다양하게 풀이되는 특징이 있다. 즉, 철학자에 따라 미의 의미는 다양하며 이는 작가의 철학적 사고가 드러나는 것이라 하겠다.

'아름다움(beauty)'의 사전적 정의는 미적인 감각 특히 시각을 즐겁게 하는 형태, 색, 구조와 같은 속성들의 조합이라는 것과 함께, '아름다운' 또는 '즐겁게 해주는 사물 또는 사람', '감각적으로 즐겁거나, 의미가 있거나, 만족을 시켜주는 경험을

---

7) 우리나라에서의 미학 개념은 일본인에 의하여 미학이라는 학문으로 소개되어 우리가 그것을 수용하고 발전시켜온 개념이다. 즉, 1927년 경성제국대학 법문학부에 미학 전공학과가 개설된 후부터 현재에 이른다. (정순복, 「미학의 의미와 그 실제: 한국에서의 미학의 수용과정과 그 발전 논리의 문제를 중심으로」, 『미학』 12~1, 한국미학회, 1987, p.138.)

가져다주는 인간 혹은 사물 또는 생각 등의 특성'이라는 정의가 있다. 이를 통해 볼 때 아름다움은 외면적인 것과 내면적인 것으로 구분할 수 있다. 따라서 미학은 미적 판단에 대한 탐구이기 때문에 미적 판단은 감각적인 경험으로 시작하여 감정적 판단을 내리는 것으로 이는 인지적 판단을 내리는 것과는 차이가 있는 것이다.[8]

고금을 막론하고 아름다움에 대한 추구는 인간 최고의 희망이며 보람이다. 따라서 미학에서 말하는 아름다움은 인간이 추구할 수 있는 지상 최대의 가치이며, 또한 모든 것을 창조해 낼 수 있는 원동력이 된다. 어떤 의미에서는 아름다움의 가치를 표현해 내기 위해 인류의 목표가 존재한다고 해도 과언이 아닐 것이다. 따라서 앞으로도 아름다움이라는 가치는 인류와 함께 공존하며 무한히 발전되어질 것이다.

플라톤은 정의와 덕스러움과 영혼의 미를 선의 개념과 같이 미적 개념으로 보았다. 즉, 미학에 관한 플라톤의 독창적 사상은 미의 물리적 대상은 물론 형이상학과 윤리학, 심리, 사회, 환경적 대상까지 매우 폭넓게 자리하였다.[9]

플라톤은 아름다움의 다양함 중에 감성적인 즐거움, 행동, 사고의 미와 물체의 아름다움은 조화와 균형미라는 적합성의

---

8) 김선우·이유리, 「아름다움이란 무엇인가: 대한민국 2,30대 여성의 미 인식에 대한 근거 이론적 접근」, 『소비자학 연구』 23~2, 한국소비자학회, 2012, p.354 참조.

9) 플라톤은 기쁨과 즐거움, 덕과 진리를 동일시하였다. 내적으로 아름다운 것은 선함을, 진정한 덕을 실현하는 것으로, 그럼으로써 신의 사랑을 받는 자가 되어 영혼의 불멸을 얻는다고 보았다. (이순아, 「피치노의 플라톤주의와 미학사상」, 홍익대 박사논문, 2008, p.7.)

미를 의미하며, 감성적 즐거움의 아름다움은 눈과 귀에 즐거움을 주는 미를 뜻하는 것으로 판단했다. 한편 플로티누스가 말하는 미의 본질은 '영혼의 미의 덕'으로 표현하였다. 이 또한 플라톤의 『향연』에 입각한 것으로서 미의 예지적 성격을 의미한다.[10]

플라톤의 다양한 미학 이론 중에서 인간의 미, 특히 타고난 모습 및 자연적 행위, 정의와 훌륭한 관습의 미, 덕성의 미와 영혼의 미가 지닌 근본을 선의 개념과 동일시하였는데 이는 플라톤의 미학 이론 중에서 매우 중요한 부분이다. 그에 의하면 미적 조화야말로 선하다는 것이다. 아리스토텔레스는 미를 자연과 예술, 인간과 사회, 사물과 행위 등 매우 넓은 범위에 미치는 것으로 연구했다. 그는 인간의 경우 미의 기준이 변화한다는 것도 지적했다. 예컨대 청년층, 장년층, 노년층이 생각하는 미가 다른 것이 그것이다.[11]

미와 선의 연결은 동·서양 철학의 근본적 인식으로 보인다. 공자는 "인(仁)에 사는 것이 아름답다."[12]고 하여 '선'에 부합할 때에만 비로소 '미'적 가치는 그 빛을 발휘한다고 보았다. 또한 맹자는 개인 인격의 자아완성 과정에 대해 선함(善)·믿음(信)·아름다움(美)·큼(大)·성스러움(聖)·신비함(神)[13] 등

---

10) 이순아, 앞의 논문, p.9.

11) 우리는 왜 미를 추구하는가, 아리스토텔레스는 아름다운 것이 당연히 가치가 있다는 것을 의심치 않았다. 게다가 미는 즐거움뿐 아니라 善도 포함하므로 美의 가치는 높이 평가받아야 한다. 그는 아름다운 것은 고등감각기관인 시각과 청각의 조화에 호소한다고 생각했다. 이주영, 『미학특강』, 서울: 미술문화사, 2011, pp.188~189.

12) 『論語』, 「里仁篇」

여섯 등급 설을 제기하여 선과 미를 하나의 연장선상에서 파악하였다. 그중 '미'는 '선'을 포함하면서 '선'을 초월하는 것으로 보았다. 미는 선과 그 자신의 통일적인 외재적 감성의 형식을 통하여 가장 완전하게 나타나는 것으로 보았다. 즉 미와 선의 통일을 강조한 것이다.[14] 이처럼 성현들의 미학의 관점은 '선'을 '미'의 한 부분으로 간주하였으며 도와 덕성을 가치의 으뜸으로 아는 동양의 미학사상은 조선시대에도 그대로 적용되었다. 그러한 영향으로 조선의 여성미는 보편적이며 덕을 중시한 선한 성품을 으뜸으로 인내와 절제를 겸비한 미의식을 추구한 것으로 드러난다.

반면 서양 미학의 범주를 살펴보면, 영국의 시인 존 키츠는 '미는 곧 선'이라 예찬한 경우도 있지만, '독약 같은 아름다움'으로 비약하여 경계를 강조한 경우도 있다. 이처럼 '아름다움'은 양면성이 존재하며 이로 인해 역사를 바꾼 예를 인류역사에서 볼 수 있다. 윤재근은 "서양의 미학은 미를 통해 미적 개념이라는 종자를 부단히 개량하고 있지만 동양의 미학은 덕을 통해 예악의 제작과 표현, 그리고 체험을 통해 해석하는 천지인(天地人)의 철학이다"[15]라고 동·서양의 미적 특성을 비교하였다.

많은 이들이 흔히 석양을 보면서 '아름답다'고 말한다. 또한 레오나르도 다빈치의 모나리자를 보며 '아름답다'고도 이야기

---

13) 『孟子』, 「盡心下」
14) 한린더, 이찬훈 옮김, 『한 권으로 읽는 동양 미학』, 서울: 이학사, 1996, p.151.
15) 윤재근, 『동양의 本來미학』, 서울: 도서출판 나들목, 2006, pp.5~6.

한다. 이처럼 아름다움의 기준은 매우 다를 수 있다. 뿐만 아니라 인물화를 그린 많은 그림들에서는 각 시대마다 다른 미적 기준으로 여성들의 '아름다움'을 표현해왔다. 이처럼 미의 종류는 이루 헤아릴 수 없을 만큼 다양하다. 그러므로 자연미에서 나타나는 비례와 조화로움을 미의 결정체로 본 미학이 있는가 하면 모나리자와 같은 인공적 작품에서 조화와 비례의 아름다움, 즉 인공적 예술미를 도출해 보는 방법도 있다. 이와 같이 아름다움의 지각범위는 사물을 비롯해서 자연·인간·정신적인 미에 이르기까지 아름다움의 개념은 다양하고 너른 범주로 존재하는 것을 볼 수 있다.

한편 인간이 보는 외형적 아름다움은 비교적 쉽게 발견할 수 있지만, 내면적 개념의 아름다움은 정의내리기 힘들고, 절대적인 기준 또한 세우기가 어렵다. 다만 보편타당성을 전제로 하여 여러 사람의 객관적 의견을 널리 수용하고 그들의 좋은 감정과 느낌에 대한 공약수를 그 개념으로 삼을 수 있겠다.

요컨대 아름다움이란 구체적인 한 단어로 단정 지을 수 없고, 여러 의미를 동시에 표현할 수도 있으며, 그 가치를 공유함에 있어서도 개인의 견해 차이를 기본 전제로 해야 한다. 즉 아름다움이라는 어원의 보편적 특성은 주체와 객체의 의견에 타당성이 있어야 하고, 미적인 가치 의식의 성립에 있어 통일된 구성을 특징으로 나타내고 있어야 하지만, 아름다움은 감각적이면서 동시에 정신적인 가치 추구의 방법이며, 균형과 조화를 전제로 하여 주체와 객체의 공통된 개념에서 시작되는 것이다.

아름다움이 철학상에 다양하게 드러나는 것을 '미학'이라고 한다면, 그것이 인간의 신체 특히 얼굴에 드러나는 형상이 '인상학'이다. 이처럼 현재의 인상 모습뿐 아니라 마음가짐을 함께 관찰함으로써 인간의 내면적 품성과 인성의 덕과 선, 그리고 정(精)과 신(神)을 함께 파악하려는 동양의 인상학은 플라톤이나 공자의 공통적 인간 미학인 덕성의 미를 중시하려는 태도와 일맥상통한다 하겠다.

이렇듯 미학의 범주는 동·서양을 포함하여 매우 폭넓고 다양하며, 동·서양의 공통적인 덕과 선을 표출해 내는 것을 인상학적 관점에서 어떻게 볼 것인가를 찾는 작업이 바로 '인상학의 미학화'라 할 수 있다. 단순하게 말하면 아름다운 상을 찾는 학문이 바로 인상학이며 그것의 내면적 의미를 선과 덕성에서 찾으려는 점에서 미학의 고전적 태도와 상통한다 하겠다.

이처럼 미학과 인상학은 밀접한 관계에 있으며 상학의 미학화란 인(仁)과 덕(德)이 내재된 바른 성품의 인상학을 의미한다 하겠다. 이는 곧 서양의 미학사상과 동양 상학의 근원은 내면의 순수자연미를 통한 미와 선의 통일성을 공통점으로 한다는 점에서 공감대역을 지닌다고 말할 수 있다.

2) 유교적 인성론과 미인의 요소

조선시대는 유교적 도덕관념이 그 시대의 일상을 지배하였던 시대였다. 특히 유교의 남존여비 사상은 미인의 요소를 남성위

주로 형성하게 한 주요 원인으로 작용하기도 하였다. 『명심보
감』에서는 이러한 정황을 다음과 같이 설명한다.

> 여자의 4가지 덕을 기리는 것이 있으니, 첫째는 婦德이요, 둘째는
> 婦容이며, 셋째는 婦言이며, 넷째는 婦工을 말한다. 부덕은 절개와
> 분수를 잘 지키며 몸가짐을 바르고 얌전히 행실을 바르게 하는 것
> 이며, 부용은 옷차림을 정결하게 하며 몸을 청결히 하는 것이다.
> 부언은 말을 가려서 하며 예의에 어긋나는 말은 하지 말 것과 부
> 공이라 함은 길쌈을 부지런히 하며 술을 빚어 손님을 잘 접대하는
> 것이다.16)

이와 같이 미인의 덕을 부덕·부용·부언·부공으로 설명하
였다. 여기서는 모두 시집간 여자를 뜻하는 '부(婦)' 자를 사용
하여 의도적으로 가족주의적 사유체계를 공고히 하기 위한 것
임을 보여준다. 이 『명심보감』의 사상은 유교사상의 교화론으
로써 부인들에게 점잖고 운치 있으며 남성의 권위에 순종하는
용모를 권장한 것이다. 또한 부녀자들이 화려함과 과장된 모습
을 피하고 수수하고 고아한 멋을 추구하도록 한 것이다. 즉 꾸
미지 않은 순수미를 추구한 것으로서 단아하고 소박하며 깨끗
한 모습을 권장한 것으로 드러난다. 그것은 인성이 본래 선하
다는 성선적(性善的) 사유에 기반하고 있는 것이다. 유교의 기
본적 수신의 요법을 밝힌 『소학』에서 인성에 관해 제시한 내용
은 다음과 같다.

---

16) "女有四德之譽, 一曰婦德, 二曰婦容, 三曰婦言, 四曰婦工也. 其有德者, 淸貞廉節, 守分整齋, 行
止有恥, 動靜有法, 此爲婦德也. 婦容者, 洗浣塵垢, 衣服鮮潔, 沐及時, 一身無穢, 此爲婦容也. 婦
言者, 擇師而言, 人不厭基言, 此爲婦言也. 婦工者, 專勤紡績, 勿好暈酒, 供具甘旨, 以奉賓客, 此
爲婦工也.", 『明心寶鑑』, 「婦行篇」

원형이정은 천도의 상, 즉 하늘의 불변 법칙이고, 인의예지는 인
성의 벼리, 인간본성의 핵심이다. 이 인간의 본성들은 본디 선하
지 않은 것이 없다.[17]

이는 초기유학의 인물인 맹자의 성선론에 바탕을 둔 내용이
다. 맹자는 하늘의 질서와 인간세계 삶의 도는 일맥상통한다고
보았다. 맹자는 성선의 근원이 하늘에 있다고 보고 인의예지의
선한 인성이 곧 사람과 동물의 구분되는 점임을 제시한다. 이
에 대한 맹자의 말을 살펴보면 다음과 같다.

仁은 사람의 마음이고 義는 사람의 길이다. 그 길을 놓아두고 말
미암지 아니하며, 그 마음을 놓아두고 찾을 줄을 모르니 슬프다.
사람은 닭과 개가 나간 것이 있어도 찾을 줄을 알지만 마음을 놓
아 버린 것이 있으나 찾을 줄을 모른다.[18]

맹자는 인(仁)의 바른 마음, 의(義)의 바른 길로 인도함으로
써 바른 사람의 도리가 실현된다는 것이다. 맹자의 사상은 사
람이 선에 바탕을 둔 바른 마음으로 대인의 길을 가는 것을 추
구한 것이다. 대인이란 바람직한 군자의 상을 말한 것으로, 이
는 순수한 마음으로 수양을 통한 참 나를 찾아 악을 행하지 않
고 하늘의 뜻인 바른 마음으로 인간다운 삶을 살아가는 것을
말한다. 이와 같이 맹자는 하늘의 뜻을 도덕의 근본으로 삼았
으며 바른 인격으로 도의의 실천에 노력할 것을 강조하였다.

---

17) "元亨利貞 天道之常 仁義禮智 人性之綱 凡此厥初 無有不善.", 『小學』 題辭.
18) "孟子曰仁 人心也 義人路也 舍其路而弗由 放其心而不知求 哀哉人有鷄 犬放則知求之 有放心而
不知求", 『孟子』, 「告子上」

맹자에 대해 순자(荀子)는 성악설을 주장하였다. 그는 인간 본성은 악하기 때문에 그대로 방치하면 사회에 혼란을 일으킨다고 보았다. 그렇지만 그는 인간의 본성은 교정이 가능하다는 시각을 지니고 노력에 따라 성인이 될 수 있다는 관점을 제시하였다. 순자에게는 인간이 생물학적 본성을 추구하여 욕구를 채우려는 본능, 자신의 이익을 추구하는 현실성, 쾌락을 추구하는 욕구 등이 바탕이 된 것으로 보았다. 사람들은 이를 성악설이라 평가하였다. 그러나 순자의 인성론에 악의 측면만 있는 것은 아니다. 그러한 생물학적 천성은 부모의 교육과 환경의 영향으로 변화할 수 있으며 반듯한 가정교육으로 성인이 될 수 있다는 이론이 더 중요한 역할을 담당한다. 순자는 후천적 교육과 학문의 노력을 매우 중시한 것이다.

순자와 맹자, 이 두 사상 모두 혼란한 사회를 안정시키고 바로 잡으려는 유가사상임에는 틀림없다. 이들은 모두 인륜도덕을 강조하고 안정되고 평화로운 사회를 지향하였다. 이들 유가에서 강조하는 인성론의 핵심은 점진적 덕의 실천으로 요약할 수 있다. 점진적인 덕의 실천에 관해 조선 후기의 실학자 혜강 최한기(崔漢綺, 1803∼1877)는 『인정(人政)』에서 다음과 같이 밝혔다.

> 덕의 기초는 창졸간에 이루어지는 것이 아니고 명성도 하루아침에 세워지는 것이 아니라, 평소에 미리 쌓아가고 점차 진취하여 이루어지는 것이다.[19]

이는 곧 덕성·기량·명성은 바른생활 속 바른 정신의 실천이 쌓여 성취한다는 뜻이다. 바른 생활 속에서 바른 정신으로 살아가는 유가적 실천이야말로 인상학에서 매우 중시되는 개념이다. 인상학의 핵심은 바른 마음가짐이 얼굴에 나타나고 인상이 변화하며 그에 따라 운명이 바뀐다는 것이기 때문이다. 최한기는 이어서 『인정』에서 내면의 덕이 외면으로 나타나는 것에 관해 다음과 같이 밝히고 있다.

> 氣化가 용모에 나타나는 것에 취할 만한 것이 일곱 가지 있다. 용모가 단정하고 기운이 화평한 자는 충효의 상이고, 골격이 바르고 태도가 고요한 자는 평등의 상이고, 눈썹이 퍼지고 눈이 큰 자는 관용의 상이고, 기운이 화하고 우아한 자는 순수한 상이고, 얼굴이 퍼지고 콧마루가 누른 자는 은혜를 베푸는 상이고, 코가 곧고 신기가 일정한 자는 常道를 가진 상이고, 용모가 엄숙하고 예스러운 자는 강직한 상이다.[20]

여기에서 나타나는 바와 같이 조선시대의 유교적 미인의 요소는 용모에 나타나는 기화(氣化)를 중시한다. 그리하여 단정하고 화평하며 예절과 덕성스러운 후덕한 여인의 상을 중시하였다. 그러한 여인상을 상정할 수 있는 근거를 혜강은 제시하고 있는 것이다. 충효·평등·관용·상도·강직 등을 구분할 수 있는 범주는 인상학의 기본으로, 고대부터 오늘에 이르기까지 동·서양을 막론하고 끊임없이 이어져 왔다.

---

19) "德基 不可倉卒而成 聲名不可一朝而立 積累有素 進就有漸.", 『人政』제5권, 測人門五, 天人運化.
20) "氣化現於容貌 有所長之可取者七 貌端氣和者忠孝 骨正色靜者平等 眉開眼大者寬容 氣和聞暇者純粹 面開準黃者施惠 鼻直神定者有常 形肅貌古者剛直.", 『人政』제1권, 測人門一 總論.

관상학에서는 그러한 작업을 위하여 외형의 모습과 더불어 내면의 심상을 파악하기 위해 정기신·원기·음양오행 등 다양한 각도를 동원하여 관인을 한 것이다. 인상학에서는 문인의 상을 관인할 때에도 외형보다는 내면의 상태, 즉 정신적 상태인 신(神)을 중시하였는데, 그것은 일반적으로 공정하거나 사특한 자질은 신에 달려있다고 본 것이 인상학의 입장이기 때문이다. 이처럼 신의 관인법은 그 사람의 바른 정신의 상태나 인성의 자질까지 읽어낼 것을 요구한다.

유교적 사유가 지배했던 시대에 동아시아 지역의 사람들은 인간의 현세적 삶에 최고의 가치를 부여했다. 내세보다 현세를 중요시했던 것은 육신을 가진 현세의 삶에서 누리는 부귀영화를 행복이라 여겼기 때문이다. 이러한 행복은 덕의 실천과 밀접한 관련이 있다는 것이 유교적 사유의 중심부분을 이룬다.[21]

인상은 희로애락으로 전개되는 인간 삶이 얼굴의 무대 위에 유형화된 형상이다. 이것은 얼굴뿐 아니라 체상, 언상, 걷는 모습 등 외형으로 표출되는 모든 것을 말한다. 외형은 인간의 외부에 나타난 것으로서 길흉화복을 좌우하는 초월적 주재자로서의 의미, 즉 운명론적인 명(命)의 의미까지 포함된 것으로 간주되었기 때문이다. 이러한 운명론적인 명의 개념에는 인간의 수명을 비롯한 길흉화복의 전반이 포함되어 있다.[22] 그러한 명을

---

21) 주선희, 「동·서양 인상학 연구의 비교와 인상관리에 대한 사회학적 고찰」, 경희대 박사논문, 2004, p.1.

22) 김낙필, 『조선시대의 내단사상』, 서울: 대원출판사, 2005, p.178.

바르게 받아들이고 인의예지의 바른 도로써 살아야 하며, 구차하게 삶을 영위하기 위해 인의를 저버리는 일이 있어서는 안 된다는 것이다.

내면적 덕의 실천을 주장한 맹자도 덕이 외면의 인상으로 나타나야 함을 말한 바 있다. "사람을 관찰하는 데는 눈동자를 보는 것보다 더 좋은 것은 없다. 눈동자는 그 사람의 나쁜 점을 가릴 수 없기 때문이다. 마음속이 바르면 눈동자가 맑고 마음속이 바르지 못하면 눈동자가 흐린 것이다. 그 사람이 말하는 것을 듣고 그의 눈동자를 살펴보면 그 사람이 어찌 숨길 수 있겠는가?"[23)라고 하였다. 이 부분을 『사고전서(四庫全書)』의 「자부(子部)」에서는 다음과 같이 발전시켰다.

> 신기를 살피려면 먼저 눈동자를 보아야 한다. 어질고 훌륭한 사람은 매우 맑고 뛰어나고, 재주와 지혜가 뛰어난 사람은 정하고 뛰어나다.[24)

눈동자를 통하여 내면적 덕을 전제로 한 관인의 방법을 제시한 것이라 하겠다. 반면 순자는 상을 보는 것 즉 관상에 대해 "상을 보는 사람은 옛날 사람 중에는 없었고 학자들도 가르친 일이 없었다. 옛날 고포자경(姑布子卿)이라는 관상가가 있었고 지금은 양나라에 당거(唐擧)가 있어서, 사람의 형상이나 안색을

---

23) "存乎人者, 莫良於眸子. 眸子不能掩其惡 浦中正, 則眸子瞭焉 ; 胸中不正, 則眸子眊焉, 聽其言也. '觀其眸子, 人焉廋哉?'" 『孟子 離婁上』

24) "欲察神氣, 先觀目時, 賢良澄澈, 豪俊精英.", 張行簡 撰 『人倫大統賦』(『四庫全書術數全編·子部』)

보고 길흉과 수명의 길고 짧음을 안다고 하여 세속에서 이를 말하는 것인데 … 그러므로 상을 말하는 것은 마음을 논하는 것만 못하고 마음을 논하는 것은 도의 방법을 논하는 것만 못하다."25)라고 하여 인상학에 비판적인 입장을 취했다.

그러나 마음의 상이란 내면에서 형성되는 것임에도 불구하고 외형으로 표출될 수밖에 없는 것은 부인하기 어렵다. 그러므로 인상학의 관인법은 조선의 미적 요소인 바른 덕과 선을 중시한 유교적 인성론과 부합하는 것이라 생각된다.

이러한 유가적 이론을 바탕으로 하여 조선시대에 중시했던 미인의 요소는 얌전하며 부덕을 갖춘 단아한 이미지의 여인상을 중요한 덕목으로 꼽고 있다. 조선시대는 남존여비의 사상과 유교사회의 폐쇄된 문화로 인해 페미니스트들로부터 비판을 받아온 시대이다. 사회 지배층은 여성을 차별하여 교육의 기회조차 주지 않았으며 각종 규제와 억압으로 순종과 인내의 절제된 여인상을 추구하도록 하였다. 조선사회 대가족 형태의 가족관계는 철저한 남성 중심의 가부장적 권위주의를 중시하였고, 여성의 아름다운 미적 요소보다는 노동력을 중시하였다. 따라서 건강하며 순종을 잘하는 얌전한 이미지의 여인상을 미덕으로 꼽았던 것이다.

이에 조선시대의 유교 사상적 배경에서 추구된 미적 요소의 핵심은 자식을 잘 낳고 가사노동을 잘할 수 있는 건강한 미인

---

25) "相人 古之人無有也 學者不道也. 古者有姑布子卿 今之世梁有唐擧 相人之形狀顏色而知其吉凶 妖祥 世俗稱之…故相形不如論心 論心不如擇術.", 『荀子』 「非相」

상을 표방하였으며, 인내와 절제, 겸손의 예스러운 언행, 부용의 4덕을 내면적 품성으로 요구한 것을 볼 수 있다.

3) 정기신론의 인상학적 적용

인상학은 사람의 외면적 형상을 보고 내면적 성격을 궁구하고자 하는 데에 목적이 있다. 이 '관인법'을 도교적 사유에 바탕을 둔 정(精)·기(氣)·신(神)의 세 가지 개념을 통해 살펴보도록 하겠다.

정기신의 개념은 한대의 『황제내경』이나 『태평경』에서 그 단초가 드러나고 육조시대를 전후로 널리 일반화된 것으로 추측할 수 있다.[26] 세 가지 중 정(精)이 가장 기본이 되는 것으로서, 생명을 받을 때 형성되는 원초적 에너지라 할 수 있다. 기(氣)는 정에서 나온 생명활동의 기운이며, 신은 정신작용과 직결되는 기운이라 할 수 있다. 즉 정기신은 무형으로서 그 형상을 볼 수 없으나 근본인 정이 있어야 기(氣)를 기를 수 있고, 기(氣)가 있어야 신(神)이 존재할 수 있어 그 빛을 발할 수 있으므로 모든 형상은 정기신을 바탕으로 이루어진다."[27] 그러므로 정기신이 유기적 관계를 지니며 거론될 때 생명은 그 존재를 다할 수 있는데, 정은 생명력의 근원, 기는 생생하게 약동하는 생명활동, 신은 생명력에서 나오는 정신적 활동을 의미한다

---

26) 김낙필, 「權克中의 內丹思想」, 서울대 박사논문, 1990, p.133.
27) 김연희, 「柳韶 『인물지』의 인재론에 관한 相學的 연구」, 원광대 박사논문, 2008, p. 112.

고 요약할 수 있다.[28] 이 세 가지를 하나로 통합하면 기(氣)라는 개념으로 요약할 수 있는데, 왕충(王充, 27경~96경)의 『논형』에서는 기를 통해 사람을 파악함을 다음과 같이 말한다.

> 체와 기를 총론 한다면, 한 몸의 구규와 백해를 통틀어 하나로 묶은 것을 體라고 하고, 한 체의 운화가 형상을 이루며, 모두 보이는 것을 氣라고 한다. 이것은 밝게 드러나 가리기 어렵고 밖으로 드러나 남에게 보이는 것이니, 이 기를 버리고서야 무엇으로 相人할 수 있겠는가.[29]

이상과 같이 『논형』에서는 몸은 구규와 백해의 총합체를 의미하는 것이고 이 몸의 운화로 형상을 이루며 모든 보이는 작용을 기(氣)로 파악했다하였다. 그리고 이 기를 통해서 사람을 살필 수 있음을 강조한 것이다. 이처럼 정기신은 과거 도교를 비롯하여 많은 부분에서 사람의 근본을 가늠하는 패러다임이 됨과 동시에 사람의 상을 규정하는 핵심적 요소로 간주되어 온 것이다.

정기신을 바탕으로 상을 파악하려 한 시도는 혜강에게서도 나타난다. 다음은 여인의 선한 상에 관해 정기신과 관련하여 『인정』에서 밝힌 부분이다. 이는 『태청신감(太淸神鑑)』에 수록된 부분이기도 하다.

> 여인에게 善相이 있으니, 뼈가 가늘고 살결이 매끄러우며 머리털이 검고 입술이 붉으며 눈이 크고 눈썹이 청수하며… 말소리가 작

---

28) 김낙필, 앞의 논문, p.134.

29) "總論 體氣 一身之九竅百骸 總括之謂體 一體之運化成形 咸觀之謂氣 著顯而難掩 發越而透人 捨是氣而奚取於相人", 『人政』 卷一, 測人門.

고 원만하면서 맑기가 흐르는 물과 같으며 웃을 적에 눈동자가 드러나지 않으며 말할 적에 이가 보이지 않으며 걸을 적에 조심스럽고 천천히 하며 단아하며 신기가 맑고 아름다우며 피부가 향기롭고 깨끗하며 精液이 蘊蓄되고 법도가 겉으로 드러나는 것이다.[30]

신기가 맑으며 정액이 온축되고 법도가 겉으로 드러나는 것으로 여인의 선상을 파악하고 있는 것은 아름다움과 내면의 정신, 행동의 품성까지의 범주를 여인의 상으로 들고 있다는 점에서 주목된다. 이러한 관점은 정기신이 충실한 것을 미의 중요한 요소로 본 것이다. 그러므로 명석한 사람은 음기보다 양기를 많이 품부 받아 신이 정보다 강하기 때문에 순간적으로 사물을 꿰뚫어 볼 수 있고, 사려하는 사람은 양기보다 음기를 많이 품부 받아 정이 신보다 강하기 때문에 고요함의 근원을 알 수 있게 되는 것이다.[31] 그러므로 관인할 때는 정기신의 관점에서 청탁과 치우침을 보아야 한다. 정기신이 조화되어야 행동이 조신하며 정기가 맑고 깨끗한 상이 가능하다는 것이다. 특히 조선시대에는 아이를 잘 낳아 기르고 부모에게 효도하며 남편에게 순종하는 도리를 여성의 도리로 중시하였으므로, 조신하고 순덕을 겸비한 선한 여인상을 미인상으로 보았던 것이다. 그러한 여인상을 구성하고 있는 것이 바로 정기신이 고루 조화된 인물의 상인 것이다.

사물의 본성은 지극히 상이하여 사물마다 취향이 한결같지

---

30) "女人有善相 骨細肉滑. 髮黑脣紅 眼大眉秀 … 語聲小圓 淸如流水 笑不見睛 口不見齒 行步詳緩 神氣淸媚 皮膚香潔 精液蘊蓄 法度外現也", 『人政』卷三, 測人門, 容貌 女人善相.

31) 김연희, 앞의 논문, p.154.

않으므로 개별 인간을 따라 행위가 다르게 나타난다. 이러한 상이한 사물의 성격에 따라 다른 외모의 형체가 드러나지만 외적인 형상이 곧 내재적 상태를 표출하는 것이므로 내면과 외면이 서로 상통하는 것이다. 이러한 원리를 인간에 적용시켜 해석하는 것이 바로 인상학이다.

일반적으로 '지인지감법(知人之鑑法)'은 외부에서 나타나는 유형무형의 상 즉 몸 전체의 골격·성음·정신 등 행동의 양태를 관찰하여 인물의 본질을 파악하고 이해하는 방법이다.[32]고 한 것은 이와 같이 내면과 외면의 상통을 전제로 한 것이다. 그러므로 정기신의 이론에 바탕을 두고, 사람의 몸에는 다섯 가지의 장부가 있으며 오장육부 기운의 건강상태가 신비스러움으로 얼굴 위에 떠도는 것을 기색(氣色)으로 읽는다는 인상학의 기반이 성립하는 것이다.

인체의 몸 가운데 기가 가장 먼저 나타나는 부분은 눈이다. 사람들의 얼굴이 각기 다르듯 개인의 성격·품성·사고·표정 또한 다르다. 얼굴은 '얼이 머무는 굴'로서, 사람마다 생김새가 다르지만 인상학에서는 오관의 균형과 조화로움을 우선으로 본다. 그것은 정기신의 이론에 바탕을 두고 정기신의 조화로움과 균형을 고려한 상법으로 판단된다. 당 말의 진희이(陳希夷)는 『신상전편(神相全編)』에서 다음과 같이 말하였다.

얼굴은 신령스럽다고 할 만한 백 가지 부위가 있고 오장과 기맥에

---

32) 김연희, 앞의 논문, p.112.

통하여 三才를 이룬 모습을 미루어 한 몸의 득실을 정하는 것이다.[33]

우리의 몸은 오장육부와 연결된 기운으로 천(天)의 기(氣)가 순조롭게 운행될 때 건강과 운기의 편안함을 느낀다. 이같이 인간은 천지자연의 기운에 의해 존재하며 그러한 기운의 조화가 인상에 나타나는 것이다. 이러한 원리를 장자도 "만물의 생성은 마치 말이 질주하는 것과 같다. 움직여 변하지 않는 것은 없고, 잠시도 변천하지 않는 것은 없다."[34]고 말하고 있다.

자연의 모든 만물은 빠른 변화와 움직임 속에 생성되며 모든 생명체는 일정한 시간 내에서 주위와 관계를 맺어가는 존재이다. 이러한 자연의 천기가 운화되어 인체와 밀접한 관계를 형성함을 알 수 있다. 인상학은 자연의 이치를 사람에게 적용해 살펴보는 것으로 사람을 보는 것은 전체 기의 조화와 깊이 그리고 운화의 흐름을 보는 것이다. 따라서 인상학에서는 얼굴 각 부분의 부분적 헤아림으로는 정확한 본질을 파악할 수 없다는 것을 의미한다. 인상학은 전체 기의 흐름으로 생명력에서 나오는 에너지로 운화를 판단할 수 있기 때문이다.

인상학에서는 무엇보다도 전체적으로 믿음이 있는 자, 어진 자, 선한 자의 내재적인 품성을 바르게 관인할 줄 아는 것이 진정한 관인법의 능력이다. 이는 작은 부분의 형체로 보는 것이 아니라 전체 기의 흐름으로 형성된 생명력에서 나오는 에너

---

33) "列百部之靈居, 通五臟之神路, 推三才之成象, 定一身之得失者.", 陳希夷, 『神相全編』, 「論面」.
34) "物之生也, 若驟若馳, 无動而不變, 无時而不移.", 『莊子』

지로써 운화를 판단해야 하기 때문이다. 즉 천화만상의 흐름을 읽는 것이 큰 틀의 헤아림을 할 수 있다는 점에서 중요한 것이다. 전술한 바와 같이 정기신의 인상학은 전체의 조화를 미루어 바른 내면의 상을 보는 것으로, 귀상과 천상은 비단 외형의 모습만이 아닌 천인운화의 밝은 이치를 헤아리는 것이라 하겠다.

그렇다면 인상학에서의 미인이란 외면의 아름다움과 내면의 품성까지의 범주를 선한 상으로 주목하여 미적 요소로 간주한 것이다. 그러므로 정기신의 조화로움은 인간의 아름다움의 근본이며, 이를 바로 헤아리는 것이 곧 인상학의 핵심인 것이다.

4) 불교적 인상학과 32상

조선시대의 사상적 기반은 유교이다. 즉 이전 왕조의 불교적 이데올로기가 부정되는 시대였기 때문에 불교사상의 발전도 지장을 받을 수밖에 없었다. 그러나 일반 백성들의 삶과 신앙까지도 불교에서 유교로의 전환한 것은 아니다. 오히려 백성들에게는 보통의 일상생활 뿐 아니라 문화 예술 등 다양한 분야에 많은 부분에서 불교적 사유가 여전히 영향을 미치고 있었다. 따라서 미의식, 나아가 미인상의 경우도 불교적 사유가 상당 부분 영향을 끼쳤을 것으로 추정된다.

근대에 이르러 불교사상을 예술에 적용하고 이를 불교미학으로 통합하여 동양 예술에 대한 보편적 담론을 제시한 동양의 미학자는 야나기 무네요시(柳宗悅, 1889~1961)를 들 수 있다.

그에 의하면 불교미학이란 미에 관한 불교적 사색을 말하는 것으로 인간은 누구나 그 본성 곧 대립적이며 상대적인 의식을 초월한 입장에 서게 되면 아름다움을 만날 수 있다고 보았다.[35] 즉 불교적 미학은 자아에 대한 집착과 미망으로 인해 자각하지 못하고 알아차리지 못했던 본질의 아름다움을 깨달음을 통한다면 진여의 미와 만나게 될 수 있다고 본다.

따라서 불교에서 말하는 참다운 아름다움에 도달하는 방법은 내면에 저장되어 있는 집착된 의식의 작동을 멈추고 '있는 그대로의 모습'을 바라보게 되면 진정한 아름다움이 드러날 수 있다고 한다. 이것이 이른바 여실지견(如實知見)이다. 이때에 인식하는 주체와 인식된 대상이라는 관계도 소멸되고 기존의 자기중심적인 편견과 장애를 제거하고 대상을 바라지 않으면 안 된다. 이로써 볼 때 불교의 미학이란 불교 수행의 결과 나타나는 깨달음의 미적 적용이라 보아도 좋을 것이다.

불교의 미의식이 구체적으로 나타난 작품으로는 무엇보다도 불상을 꼽을 수 있다. 불교에서 가장 완전한 인격체로 숭배되는 부처의 상에서 가장 원만하고 아름다움의 표준을 찾을 수 있다는 의미이다. 물론 부처의 형상화가 지닌 딜레마를 부정하는 것은 아니다. 불교의 근본진리에서 볼 때 불상은 석존의 법과는 그 지향점이 다르다.[36]

---

35) 양정원, 「한·중·일 전통극 무대화장의 미적 특성: 불교미학의 기초개념의 관점에서」, 『한국디자인문화학회지』 19~2, 한국디자인문화학회, 2013, p.227.

36) 그러나 여기서 논의하고자 하는 것은 불상에서 찾을 수 있는 미의식의 측면일 뿐이며 불상 조성의 타당성 문제는 아니다.

전통적으로 불타의 상은 32상(dvātriṃ-śanlakṣaṇāni)으로 설명된다.[37]

32상은 불상을 조상하기 위하여 정해진 것으로 그에 바탕을 두고 불상은 보통의 인간과는 다른 절대적 존재로서 특색을 구비한 형상으로 자리 잡게 된다. 사실 32상에 대한 본격적인 연구는 매우 미미하다. 따라서 불교적 입장에서 인상학을 연구하고자 하는 이들에게는 참신한 소재라 하겠다.[38] 32상이란 부처가 가지고 있는 뛰어난 신체적 특징을 말한다. 인도에는 태곳적부터 인상학이 존재했다고 전해오는데, 석가모니가 태어났을 때에 그 상을 유심히 살펴본 사람이 '이 왕자님은 뛰어난 인물이 될 것입니다. 태어나면서 32상을 갖추고 있습니다. 장차 위대한 성제(聖帝)가 되시어 많은 사람을 구제할 것입니다'라고 예언했다.[39] 이처럼 32상의 인상학이 태곳적부터 중시되었음을 볼 수 있다. 32상을 다시 세부적으로 80가지로 나눈 것에 80종호(八十種好, aśīty-anuvyañjana)가 있고,[40] 흔히 불상을 조각할 때 거의 여기에 의존했다. 오늘날에도 티베트에서 달라이 라마의 후계자를 뽑을 때 32상을 참고한다. 경전의 32상은

---

37) 32상에 대해 설하고 있는 경전은 다음과 같다. 『長阿含經』(『大正藏』 1), 『中阿含經』(『大正藏』 1), 『大方便佛報恩經』(『大正藏』 3), 『放光大莊嚴經』(『大正藏』 3), 『過去現在因果經』(『大正藏』 3), 『佛本行集經』(『大正藏』 3), 『大品般若經』(『大正藏』 8), 『尼乾子所說經』(『大正藏』 9), 『寶女所問經』(『大正藏』 13), 『大智度論』(『大正藏』 25), 『菩薩善戒經』(『大正藏』 30).

38) 본 연구의 핵심 분야는 아니므로 이 분야에 대해서는 전문 연구자들에게 기회를 미루고, 본 연구에서는 문제제기만 하는 것으로 하고자 한다.

39) 강은주, 「눈썹화장이 얼굴 이미지에 미치는 영향」, 한성대학교 석사논문, 2003, p. 5.

40) 종호는 본래 석가모니 부처보다 과거불을 묘사할 때 많이 쓰였다. 과거불이란 석가모니 이전의 부처들로 석가모니를 포함하여 칠불이 있고, 연등불과 다보불도 있다.

다양하게 거론되는데, 이 중 가장 잘 알려진 『대지도론』의 내용을 요약해 보면 다음과 같다.

① 足下安平立相 - 발바닥이 평평하여 서 있기에 편함.

② 足下二輪相 - 발바닥에 두 개의 바퀴 모양의 무늬가 있음.

③ 長指相 - 손가락이 긺.

④ 足跟廣平相 - 발꿈치가 넓고 평평함.

⑤ 手足指縵網相 - 손가락과 발가락 사이에 비단 같은 막이 있음.

⑥ 手足柔軟相 - 손발이 부드러움.

⑦ 足趺高滿相 - 발등이 높고 원만함.

⑧ 伊泥延腨相 - 장딴지가 이니연과 같음.[41]

⑨ 正立手摩膝相 - 팔을 펴면 손이 무릎까지 내려감.

⑩ 陰藏相 - 음경이 몸 안에 감추어져 있음.

⑪ 身廣長等相 - 신체의 가로 세로가 같음.

⑫ 毛上向相 - 털이 위로 향해 있음.

⑬ 一一孔一毛生相 - 털구멍마다 하나의 털이 있음.

⑭ 金色相 - 몸이 금빛임.

⑮ 丈光相 - 몸에서 나오는 빛이 두루 비춤.

⑯ 細薄皮相 - 피부가 부드럽고 얇음.

⑰ 七處隆滿相 - 두 발바닥과 두 손바닥, 두 어깨와 정수리가 두텁고 풍만함.

---

41) 이니연은 사슴 이름이다.

⑱ 兩腋下隆滿相 - 두 겨드랑이가 두텁고 풍만함.

⑲ 上身如獅子相 - 상반신이 사자와 같음.

⑳ 大直身相 - 신체가 크고 곧음.

㉑ 肩圓滿相 - 어깨가 원만함.

㉒ 四十齒相 - 치아가 마흔 개임.

㉓ 齒齊相 - 치아가 가지런함.

㉔ 牙白相 - 어금니가 흼.

㉕ 獅子頰相 - 뺨이 사자와 같음.

㉖ 味中得上味相 - 맛 중에서 가장 좋은 맛을 느낌.

㉗ 大舌相 - 혀가 큼.

㉘ 梵聲相 - 음성이 맑음.

㉙ 眞靑眼相 - 눈동자가 검푸름.

㉚ 牛眼睫相 - 속눈썹이 소와 같음.

㉛ 頂髻相 - 정수리가 상투 모양으로 돋아나 있음.

㉜ 白毛相 - 두 눈썹 사이에 흰 털이 있음.[42]

위의 32상은 위대한 성제(聖帝)가 되는 상으로 옛날부터 인도에서 꼽은 상서로운 상임을 알 수 있다. 32상의 특별함은 많은 사람을 구제하는 성제의 상으로 중요시한 것을 주목하지 않을 수 없다. 다음은 인상학적으로 접근이 가능한 부분을 발췌하고자 한다.

---

42) 『大智度論』(『大正藏』258, pp.90a∼91a).

② 족하이륜상(足下二輪相): 인상학으로 본 사지첩경(四肢健徑)의 상에서 발에 검은 사마귀가 있으면 영웅이 된다고 본다.[43] 인상학에서 발의 검은 점이 귀한 상으로 보았으며, 발밑에 거북등과 같은 무늬와 금이 있는 사람은 청정하고 귀하며 삼공, 삼정승을 통달하게 되는 것[44]으로 보았다. 따라서 발바닥에 무늬가 있으면 뭇사람을 초월해서 모든 곳에 선택되어 발췌될 것이니[45] 두 개의 바퀴 모양의 무늬는 특이함으로 특별한 성제가 되는 상으로 본 것을 짐작할 수 있다.

③ 장지상(長指相): 손가락이 섬섬히 가늘고 길쭉하면 성품이 자비롭고 남한테 보시하기를 좋아하는 맑고 귀한 사람의 상으로 본다.

④ 족근광평상(足跟廣平相): 발뒤꿈치가 넓고 두터운 사람은 한가한 악관이 되어 영화를 누리는 귀한 상이다.

⑤ 수족지만망상(手足指縵網相): 손발의 피부가 연하고 부드러우며 거위와 같이 된 사람은 지극히 귀하게 되는 상이다.

⑥ 수족유연상(手足柔軟相): 손과 발의 피부가 연하고 부드러우면 청정하고 귀격의 상으로 보며 손이 마치 미끄러워 이끼가 끼어 있는 것 같은 사람은 복도 있고 수명도 길게 누리는 상이다.

⑦ 족부고만상(足趺高滿相): 발이 사방으로 두터운 사람은

---

43) 만인을 危壓한다고 마의선생석실부에 기록되어 있다.
44) 陳淡埜, 『相理衡眞』, 도서출판 황금시대, 서울, p. 397.
45) 위의 책, p. 399.

큰 녹을 가지고 귀한 벼슬을 하는 상이다.

⑨ 정립수마슬상(正立手摩膝相): 손을 아래로 드리워 무릎 밑까지 내려오는 사람은 영웅이고 현명한 사람이며 어진 사람의 상이다.

⑩ 음장상(陰藏相): 음경이 몸 안으로 들어간 사람은 귀한 상이다.

⑯ 세부피상(細薄皮相): 피부가 맑고 섬세하며 향기롭고 부드러우면 선하고 귀한 상이다.

㉑ 견원만상(肩圓滿相): 어깨선이 원만하며 두툼하고 바르게 서있으면 아름다우며 귀한 상이다.

㉓ 치제상(齒齊相): 치아가 석류 알처럼 고르면 성품이 착하며 복록이 따르는 귀한 상이며 바르고 가지런히 나있으면 큰 성인이 되는 상이다. 이의 크기가 고르면 소년에 등과하여 황성에 이름을 날리는 귀격의 상으로 본다.

㉖ 미중득상미상(味中得上味相): 기운에 뿌리를 하고 정기를 섭렵하며 신명으로 변화를 하니 정신이 건강하고 화창하면 음식이 맛이 있는 것,46) 정과 신이 청정하고 강건하면 미각이 좋은 맛을 느끼는 것을 뜻함이다.

㉗ 대설상(大舌相): 혀가 크고 준두에까지 도달하면 훌륭한 사람이며, 상덕자이며 부귀하고 장수하는 상이다.

㉘ 범성상(梵聲相): 음성이 청정하여 맑으면서 원만한 소리

---

46) 陳淡埜, 『相理衡眞』, 도서출판 황금시대, 서울, p. 353.

는 부귀와 복록과 수명을 누리는 귀한 품격의 상으로 본다.

㉛ 정계상(頂髻相): 머리 윗부분이 뿔과 같이 우뚝하면 무반의 제왕, 제후의 상으로 부귀하며 눈썹의 모습이 청정하고 맑으며 인당 부위가 깨끗하고 청정하면 하늘의 문성이 비추게 된다.47) 도독 골이 솟아 있는 상은 수행자로서도 큰 성취를 이루는 상으로 보며 비범한 상으로 볼 수 있다. 이렇듯 32상의 귀한 상이 성제가 되는 비범한 상을 나타낸다.

이상 32상에서 15가지만을 추려 제시해 보았는데, 아쉬운 것은 32상에서는 신체상까지 전신에 걸쳐 다루어져 있기 때문에 인상학에서 다루고 있는 사람의 내면적 성품 등에 대해서는 직접적인 확인이 불가하다는 점이다. 다만 대장경에 나타나 있는 불타의 사상으로 미루어 석존은 최상의 인품을 이루었을 것으로 짐작되므로 내면의 성격에 대한 논의는 불필요한 작업일 것이다. 불상이 지닌 상징적 모습은 최상의 인상학적 모습으로 볼 수 있다. 『청정도론(淸淨道論)』에서는 사람의 성격에 대해 잘 설명하고 있는데, 사람의 유형을 여섯 가지로 나누어 탐하는 기질을 가진 사람, 성내는 기질을 가진 사람, 어리석은 기질을 가진 사람, 믿는 기질을 가진 사람, 지적인 기질을 가진 사람, 사색적인 기질을 가진 사람48) 등으로 나누고 이렇게 유형화된 이유는 전생의 업 때문이라고 보았다. 이 중에서 앞의 3가지 성정은 부정적 성정이고, 뒤의 3가지 성정은 긍정적 성정

---

47) 위의 책, p. 362.
48) 붓다고사스님 저, 대림스님 역, 『청정도론』(1), 초기불전연구원, 2004, p.299.

임을 알 수 있다. 다음은 각각의 성정을 가진 사람들을 관찰하는 방식에 대한 설명이다.

> 탐하는 기질을 가진 자에게는 속임수, 사기, 자만, 삿된 욕심, 크나큰 욕심, 만족하지 않음, 맵시내기, 치장하려는 욕심 등의 법들이 자주 일어난다. 성내는 기질을 가진 자에게는 노여움, 적의, 얕봄, 비교함, 질투, 인색 등의 법들이 자주 일어난다. 어리석은 기질을 가진 자에게는 해태, 혼침, 들뜸, 근심, 의심, 천박하게 거머쥠, 버리기를 싫어함 등의 법들이 자주 일어난다. 믿는 기질을 가진 자에게는 관대함, 성인을 뵙기를 원함, 정법 듣기를 원함, 아주 기뻐함, 솔직담백함, 정직함, 신뢰할 만한 것을 신뢰함 등의 법들이 일어난다. 지적인 기질을 가진 자에게는 상냥한 말씨, 선우의 성품, 음식에서 적당량을 앎, 마음 챙김과 알아차림, 깨어 있으려고 노력함, 두려움을 일으키는 원인에 두려워함, 두려움을 가진 자의 지혜로운 노력 등의 법들이 일어난다. 사색하는 기질을 가진 자에게는 말이 많음, 대중을 좋아함, 유익한 법을 위한 노력에 지겨워함, 일을 끝마치지 못함, 밤에 연기 냄과 낮에 타오름, 이 대상 저 대상으로 마음이 달려감 등의 법들이 자주 일어난다.[49]

『청정도론』에서는 이와 같이 악업과 선업에 관련하여 그러한 기질을 지닌 사람들의 행동 방식까지를 나열하고 있다. 여기에서도 인상학의 주요 이념인 내면의 마음을 따라 외면의 형상이 규정된다는 원리가 적용됨을 알게 된다. 앞서 살펴본 32상의 인상론과 『청정도론』의 성격론을 종합한다면 불교적 인상학을 설명하는 기준으로 볼 수도 있다.

32상의 내용들은 동양적 인상학과 크게 연결 지을 만한 점들이 적은 것이 사실이다. 그리고 그 덕목들이 지나치게 상징

---

49) 위의 책, pp.309~310.

화 혹은 신성화되어 있으므로 일반적으로 적용하는 것도 쉬운 일은 아니다. 그러나 불상이 지닌 인상의 원만함과 자비로움, 그리고 비할 데 없는 덕스러움 등은 내면의 아름다움을 중시하는 인상학의 입장에서 표본으로 삼을 만한 인상이라 하겠다.

그러한 점에서 불상 외에도 불교에서는 대중적 신앙의 대상인 관세음보살상 역시 주목할 만한 자료이다. 인상학적으로 본 불·보살상의 외형적 모습은 동자(同字)형의 후덕하고 부드러운 선으로 균형 잡힌 얼굴형, 반듯하고 굴곡 없는 넓은 이마, 부드럽게 눈을 덮는 수려한 긴 눈썹, 가늘고 긴 눈의 미래를 관조하는 여유로움과 인자함, 넓고 풍륭하며 윤택한 모습의 인당, 넓고 시원한 전택궁, 튼실하고 굴곡 없이 넓은 산근, 반듯하고 부드럽게 내려오는 균형 잡힌 미려한 코, 인중선의 넓고 선명하며 깊은 모습, 입을 부드럽게 감싸는 조화로운 법령, 사자(四字) 모양의 부드럽고 도톰하며 풍요로운 입의 모습, 올라간 입 끝 구각의 웃는 형상, 이마와 조응하는 지각의 부드러운 모습, 성곽을 이룬 두터운 턱의 조화로운 모습, 윤곽이 뚜렷한 긴 귀의 수려한 모습, 특별히 길게 드리워진 수주의 성스럽고 아름다운 모습, 두툼하고 짧은 목, 부드러운 어깨모습, 부드럽고 섬세한 긴 손가락모습의 형상 등은 인상학적으로 볼 때에도 가장 귀격으로 보는 성현의 상이다. 이러한 불·보살상을 대하면 막연히 마음의 평정이나 숭고함으로 위안을 느낄 수 있으며 높은 경지에 이른 성현의 모습이다.

우리가 경험한 불교 세계에서의 불·보살상은 종교적 상징물

임에 틀림없지만 기본적으로 심미적인 차원에서 설정한 불·보살상이 얼마나 현실 혹은 역사적 실체에 가까운 것인가에 대해서는 의문을 가져볼 만하다. 그 의문에 대한 실체를 정확히 밝힐 수는 없다. 그러나 불상이나 관세음보살상은 우리 인간에게 깊은 심미적 영감을 주는 것은 물론 성현의 의식을 접하며 얻는 심리적 위안과 안정감을 얻을 수 있는 성스러운 성현의 인상인 것만은 틀림없어 보인다.

2. 한국적 미인상의 변천

1) 원시 모권제의 미인상

한국사에서 원시사회는 삼국시대 이전을 말한다.[50] 이 시대의 역사기록은 미미하며 특히 미인상에 관련된 언급은 거의 찾아보기 어렵다. 문헌상 최초로 등장하는 조상에서 여성은 한민족의 뿌리를 설명하는 단군신화에 등장하는 웅녀이다. 그녀는 인고의 세월을 참아낸 인내와 절제의 미인상으로 상징된다. 백일 동안 쑥과 마늘만으로 굴속에서 인내한 웅녀는 여자의 몸을 얻은 후에도 날마다 신단수에 아이를 기원하는 기도를 드렸다. 이에 감동한 환웅이 혼인하여 단군을 출산, 평양성에 도읍을

---

50) 한국사의 시대구분론은 이 분야 연구자들에 의해 어느 정도 정리되어져 있다. 홍승기는 태고사(단군~삼한시대)·상고사(삼국~후삼국)·중고사(고려시대)·근세사(조선시대)의 구분을 시도하였는데, 보편적으로는 고대·중세·근대의 삼분법적 시대구분이 널리 사용되고 있다. (홍승기, 「한국사 시대구분론」, 『한국사 시민강좌』 20, 일조각, 1997, pp.125~142.)

정한 것으로 기록된다. 이것이 『삼국유사』에 나타난 고조선이 성립되는 역사의 첫 대목에 해당한다.

주지하는 바와 같이 단군신화는 한국의 건국 신화로 문헌에 기록으로 정착되어 전승되는 문헌 신화이다.[51] 웅녀의 사람 되기와 국모 되기는 단군신화 연구사에서 신성 혼으로서의 천부신과 지모신의 결합으로 해석할 수도 있다. 이는 천·지·인의 화합된 이치로 설명될 수도 있다. 인고의 과정을 통한 웅녀의 역할이 없었다면 고조선 건국의 탄생과 신성성은 없었을 것이다. 이를 통해 생각할 때 단군신화의 미인상을 다음과 같이 정리할 수 있다.

첫째, 단군신화의 여인은 인내와 절제의 미인상이다. 웅녀는 한 줌의 쑥과 마늘로 연명하며 100일의 금기를 지켜낸 인내의 미인상이다. 이윽고 그 여인은 사람의 몸을 얻은 후에 자녀생산을 기원하고 소원을 이룬 어머니상을 보여준다. 단군신화의 역사를 인정한다면, 여자가 남자보다 인내와 절제 면에서 참을성이 뛰어난 존재임을 알 수 있다. 은근과 끈기를 우리 민족의 기본 성격으로 보는 사람도 있는데, 그 표상을 우리는 웅녀에게서 본다. 내면의 아름다움이 외면의 아름다움을 규정한다는 인상학의 제1원칙에서 본다면 웅녀의 인내는 한국적 미의 표상으로 삼아도 좋을 것으로 보인다.

둘째, 유순하면서도 조화로운 미인상을 보여준다.

---

51) 이선아, 「<단군신화>와 몽골 <게세르칸> 서사시의 신화적 성격비교」, 고려대 박사논문, 2012, p.72.

단군신화는 하늘·땅·인간의 세 가지 기반을 가진 구조이다. 하늘이 정신·영혼·신성성 등을 상징한다면 땅은 물질·육체·생명의 터 등을 상징한다. 이 두 가지가 결합되어야만 비로소 인간이 된다. 이러한 상징성에 기반하여 하늘(환웅)의 의지와 땅(웅녀)의 의지가 묘합되어 단군이 된다.[52] 단군신화에서 우리나라의 전통적 인간은 신성과 물질의 조화로 현실과 이상을 추구한 것을 보여준다. 인간은 천과 지가 조화하고 균형을 이루는 주체로 나타난다. 하늘은 땅에 대하여 조건적인 낙원을 제시하지 않는다. 땅은 하늘에 대하여 방자함이 없다.[53] 하늘과 땅은 각자가 주어진 환경에 적응하며, 남을 탓하지 않고 무리함 없이 각자의 역할에 충실하다. 하늘의 의지와 땅의 기원이 만나는 지점이 인간이다. 이를 바탕으로 한 민족은 내적으로 성격이 유순하고 겸양의 덕을 갖추었으며 외적으로 강인하고 참을성 있는 모습을 보여주고 있다.

원시시대는 어머니를 중심으로 한 모계혈통의 모계씨족사회가 형성되었다. 농경생활이 시작되며 어머니의 역할은 대지의 생명력 증진의 지모 신으로 발전하기에 이른다. 모계의 경우 자녀의 생산·부양의 노동력 제공은 물론 교육까지 감당하는 모성상이었다. 이처럼 원시시대의 여인은 적극적이고 행동반경이 넓은 강인한 모권제 여인상으로 정리될 수 있겠다.

고고학적인 증거로 고분벽화에 그려진 미인의 인상학적 특징

---

52) 한국철학사연구회, 『한국철학사상사』, 서울: 심산, 2003, p.35.
53) 위의 책, p.37.

은 아래턱이 매우 넓은 상이다. 이는 당시에는 지구력・인내심・활동력이 강한 미인상을 선호하였음을 유추해 볼 수 있다. 그것은 어떤 의미에서 물리적 힘이 요구되는 시대의 상황을 반영한 것으로 보인다. 이러한 영향으로 고분에 나타난 여인은 뺨을 볼록하게 강조하고 있음을 볼 수 있다. 이는 원시시대의 생활에 적합한 모권제의 환경과 역할에 따라 추구했던 미인상으로 추측할 수 있다.

2) 삼국・통일신라의 미인상

한 시대는 문화와 경제, 사회와 풍습 등 다방면의 생활상을 연출해 낸다. 그러한 생활상은 지역과 기후조건, 그리고 정치적 요소가 영향을 미친 가운데 형성된 것이다. 따라서 고구려・백제・신라의 각 지역적 특성이 각 지방 미인들의 기질과 속성에 작용하는 것은 당연하다 할 것이다. 본 절에서는 고구려, 백제, 신라 등 삼국시대를 배경으로 여성의 역할 및 행적과 기록에 남겨진 것을 중심으로 미인의 특성을 탐구하고자 한다.

고구려 시대 미인들의 모습은 벽화를 통해 접근할 수 있다. 역사와 문화적 배경이 기록된 고분 벽화를 통해 고구려인들의 생활상을 알 수 있다. 그것은 역동성과 대국의 힘을 배경으로 성장한 고구려인들의 성향이 들어있는 것이다. 물론 인간의 본능인 아름다움에 대한 추구는 고구려 시대에도 존재되어 왔다. 좋은 예로 미인들이 화장을 통해 외모를 가꾼 모습을 벽화를

<그림 1> 안악(安岳) 3호분 부인상

통해 확인할 수 있는 점을 들 수 있다. 고구려 고분벽화의 구성요소 중에서도 가장 중요시 되는 것은 말할 것도 없이 주인공의 초상화와 주인공과 관련된 행사나 사건에 참여하였던 사람들을 묘사한 인물화이다.[54] 고분의 벽화 속 인물화를 통해 고구려 미인들의 문화와 그 독창성, 그리고 멋의 세련성과 풍요로운 사회성 등을 가늠할 수 있다.

고구려 벽화에 그려진 귀족여인들은 턱이 매우 넓게 묘사되어 있다.[55] 이러한 모습은 원시사회에 이어 고구려시대에도 여성들의 활동력이 많았음을 나타낸다. 이를 통하여 그 시대의 미인상은 인내심·지구력·건강성 등이 미덕으로 꼽혔을 것으로 유추할 수 있다. 류지호는 고구려시대의 미인들이 분 화장을 하고 입술연지와 볼연지를 찍었으며 눈썹을 그린 것에 더하여, 눈꺼풀에 색조화장까지 했던 것으로 보고 있다. 이는 외형적인

---

54) 특히 초기와 중기의 벽화에서 인물이 차지하는 비중은 절대적이라고 할 수 있다.(안휘준,『한국고분벽화연구』, 서울: 사회평론, 2013, p.100.)

55) 조용진,『美人』, 서울: 해냄, 2007, p.34.

차이는 있지만 현대의 화장과 유사한 경향을 가졌던 것으로 추정되고 있다.[56] 벽화를 통해본 미인의 얼굴은 눈썹을 두껍게 표현하였는데 이는 당시대에 추구했던 미인상이 눈썹이 강조된 것이었음을 추정케 한다. 그러한 풍조에 바탕을 두고 당시의 여성들은 눈썹화장을 진하게 하였으며, 입술과 볼연지를 바르고 흰 피부를 선호했던 것을 알 수 있다. 그것을 위해 분을 발랐던 것으로 추정된다.

<그림 1> 안악 3호분의 옷과 머리의 모양은 중국의 것으로, 그 양상으로 미루어 중국 한대의 고분 미술에서 영향을 받았음을 알 수 있다.[57] 벽화의 모습에서 측면관을 하고 있는 부인은 두터운 볼, 가늘고 긴 눈, 작은 입 등 통통하게 살이 찐 농려풍비(濃麗豊肥)한 모습을 하고 있으며, 무늬가 있는 화려한 옷을 입고 있다. 그것은 아마도 당시의 왕족이나 귀부인일 것으로 사료되며, 개인별 특성은 살리지 못했을 지라도 전반적인 구성이나 비율에서는 대단히 높은 예술적 수준을 이루고 있었음이 분명하다. 또한 <그림 1> 안악 3호분 벽화에서 결코 가볍게 넘길 수 없는 것이 불교적 요소이다. 그것은 연꽃 장식이 표현되어 있는 것에서 알 수 있다.[58]

이 부인상은 지체 높은 귀부인의 형상으로 이마가 반듯하고

---

56) 류지호, 「한국 여성의 전통 문화에 대한 연구」, 전남대 박사논문, 2005, p.27.

57) 초기에 발견된 고분 중 가장 오래되고 규모가 큰 고분으로 처음에는 벽면에 쓰인 명문에 나오는 이름 때문에 冬壽墓라고 불렸지만 지금은 왕릉으로 보고 있다. 박차지현, 『한 권으로 보는 한국미술사』, 프리즘하우스, 2005, pp.14~15.

58) 안휘준, 『한국고분벽화연구』, 서울: 사회평론, 2013, pp.29~31.

하악(下顎)과 턱이 넓고 풍만하다. 볼이 두툼하고 눈썹은 진하고 두껍게 그렸다. 이목구비가 작고 긴 눈으로 표현된 모습은 여성스러움을 강조하였다. 이러한 고구려의 미인 인상에서 후덕하고 넉넉하며 여유롭게 보이는 미인상을 읽을 수 있다. 또한 머리모양이나 옷의 화려함, 격을 갖춘 모습에서 귀인의 신분상을 표현하였음을 추측할 수 있다. 연꽃의 모습에서 불교문화의 화려함과 풍요로움을 엿볼 수 있으며, 일산 등의 화려함을 통하여 당시 상류층의 풍족한 사회상과 사치성 그리고 미의식이 드러난다. 화려한 고구려 문화성을 엿볼 수 있는 벽화이다.

인상학적으로 본 고구려의 미인상은 얼굴이 길고, 이목구비는 가늘고 작으며, 중안과 하악의 골격이 발달한 큰 얼굴이다. 이런 얼굴의 상은 시베리아 동서에 걸쳐 넓게 분포하는 인물상으로, 사할린 북부와 캄차카 반도 등지에서도 볼 수 있다.[59] 그와 같이 중안과 하악의 골격이 큰 얼굴형은 지구력과 인내심, 그리고 건강한 미인상을 의미한다. 따라서 고구려의 미인상은 강한 의지력과 추진력, 그리고 강인한 활동력을 보유한 미인상으로 추정할 수 있다.

고대 한국인의 얼굴은 턱 선이 둥근 얼굴, 하악이 강조된 얼굴, 얼굴 폭이 좁아 길어 보이는 얼굴 등 세 가지 형으로 나타난다고 볼 수 있다.[60] 턱 선이 둥근 인상은 한국인의 사유 관

---

59) 조용진, 『美人』, 서울: 해냄, 2007, p.221.

60) 신지현, 「고대 한국인의 얼굴특징과 화장에 관한 연구: 고구려 고분벽화를 중심으로」, 중앙대 박사논문, 2003, p.14.

념에도 반영되는 것으로 넉넉하고 후덕함을 나타낸다. 또한 하악이 강조된 얼굴은 강한 이미지를 주어, 우직하고 굳세고 강인한 인상을 나타낸다. 고구려의 여인들에게 나타난 얼굴은 부드럽고 고운 여성성보다는 강인하고 각진 남성성이 강조된 미인상이 주류를 이루는 삶의 모습들이 그려진다.

고구려의 시조 주몽의 신모인 유화도 마구간지기를 하고 있는 아들에게 천마를 골라주며 남쪽에 새 나라를 세울 수 있도록 지혜와 용기를 주는 어머니상으로 나타난다. 비둘기를 통해 보리종자를 전해주는 농업 신으로 다산과 풍요, 생명력 창조와 번식, 혜안과 실천력을 주는 지모 미인상으로 정리될 수 있다.

인상학으로 본 백제의 미인상은 충성과 정절의 미인상이다. 백제는 무왕 때부터 당에 사신을 보내 우호적 외교관계를 유지하였다. 의자왕 즉위 후에도 정통성을 인정하는 교서를 받는 등 당과의 외교관계는 계속되었으나 신라에게는 계속 공격을 가하였다. 이에 신라는 당의 원조를 얻기 위해 진덕여왕이 직접 당을 찬양하는 시를 지어 올리는 친당 외교술로 마침내 나당연합군은 백제를 멸망시키기에 이른다.

현재 백제여인의 아름다움 추구에 대한 기록이 남아 있지 않으나 백제여인은 엷고 은은한 화장을 좋아했던 것 같다.61) 이를 인정한다면, 백제시대의 미인상은 은은하고 자

---

61) 신세영, 「한국 입술화장 문화에 관한 통시적 고찰」, 한성대 석사논문, 2012, p.11.

연스러움을 선호한 자연미인상을 추구한 것으로 유추해 볼 수 있다.

백제미인들의 모습을 알기 위해서는 '자비의 신'이라고 불리는 관음상의 모습을 통해 살필 수 있는데, 고구려 벽화의 미인처럼 허리가 유난히 가늘게 조각되어 있다. 따라서 당시의 고구려 의상처럼 가슴과 둔부를 강조한 것으로 볼 수 있다.[62]

백제미인의 모습이 대체로 수동적으로 보이는 이유는 일찍부터 발달된 농경문화로 남성의 경제력이 부각되는 경제구조가 확립되었기 때문으로 파악된다. <정읍사>라는 설화 속의 도미부인은 미려하고 절의가 있는 절세가인으로 묘사된다. 애틋한 망부가가 전해지는 것처럼 도미부인의 남편에 대한 정절이 모범이 되었을 것이다. 이는 지고지순한 사랑으로 절의를 지키는 온순한 백제 미인상을 표현한 것이다. 고구려의 미인이 강직한 남성적 미인상이라면 백제의 미인은 은근과 정절의 여성적 미인상이라 볼 수 있겠다.

끝으로 신라시대에는 27대 선덕여왕, 28대 진덕여왕, 그리고 51대 진성여왕 이렇게 세 사람의 여왕이 있었다. 신라시대의 신분 구조에서 어떻게 여성이 왕위에 즉위할 수 있었는지의 의문점이 있지만 여왕의 전통이 살아있었던 것이 신라왕실이 가진 특징 중의 하나이다.

선덕여왕은 삼국통일을 위해 많은 노력을 하였으며, 구휼에

---

62) 이수광, 『한국 역사의 미인』, 서울: 영림카디널, 2006, pp.224~227.

많은 힘을 기울이며 민생 안정에 주력한 인물로 유명하다.[63] 그녀는 문화와 과학 발전을 위한 노력을 기울여 신라가 삼국통일을 이룰 수 있도록 기반을 구축하였다. 선덕여왕은 성품이 관대하고 인자하며 사리가 밝아 재위기간 중, 안으로는 문화를 창조하고 밖으로는 국위를 선양하여 삼국통일의 길을 닦은 영특한 임금으로 추앙되고 있다. 선덕여왕의 뛰어난 정치적 감각으로 주변정세를 파악하는 기민함과 외교적 유연성으로 백제의 침공을 받을 때는 고구려와 동맹을 맺고 백제와 고구려의 협공 속에서는 당나라와의 친선관계를 도모하는 다각적 외교를 펼쳤다. 한편 당나라의 간섭이 심하면 일정한 간격을 두어 자주성으로 권위와 의연함을 보였다. 특히 선덕여왕은 첨성대를 건립하여 농사에 도움을 주었으며 웅대한 호국의 의지가 담긴 황룡사 9층탑을 세우는 등 통일의식과 미래의식으로 재위기간 중 많은 업적을 쌓고 백성을 사랑하며 백성의 흠모를 받은 여왕으로 알려졌다.[64] 비록 고구려에 대한 군사 외교정치는 성공을 거두지 못하였으나 포용력을 갖춘 '덕성과 지혜의 여왕'이라는 인식을 얻은 최초의 여성 통치자로서의 여인상을 주목할 수 있는 부분이다. 선덕·진덕여왕의 신라통일과 사회발전에 기여한 공적은 후대에 까지 인정되어 후일 진성여왕이 추대될 수 있는 근거가 되었다.[65]

---

63) 송효묘, 「7세기 동아시아 삼국의 여왕에 대한 연구」, 부산외국어대 석사논문, 2010, p.18.

64) 이배용, 『한국역사 속의 여성들』, 어진이, 서울, 2005, p.p,144-147.

65) 이배용, 『한국 역사 속의 여성들』, 어진이, 서울, 2005, p.p,148-150.

전술한 바와 같이 신라 28대 진덕여왕은 650년 당 태종에 보낸 '치당태평송(致唐太平頌)'으로 유명하다.[66] 평생 독신으로 살아온 진덕여왕[67]은 키와 팔이 큰 체형으로 진평왕의 동생인 갈문왕의 딸로 신라가 삼국을 통일할 수 있는 기반을 조성한 점에서 높이 평가되었다. 삼국의 통일은 하나의 국가를 성립시키고 통일 민족의 정책을 추진함으로써 단일 민족을 형성하는 계기가되었다. 진덕여왕은 선덕여왕처럼 불교세력을 정치에 이용한 것이 아니라 대당 외교를 추진하는 한편, 국내의 개혁을 본격적으로 시행하였다.[68] 진덕여왕은 겸양외교술로 나당 연합군 결성후 백제를 함락, 삼국통일의 기틀을 만든 여성리더 상이다. 팔이 7척이나 되는 외모는 인도 불타의 32상에 나오는 위대한 성제가되는 귀상으로 외모가 풍만한 미인상으로 평가된다.

이러한 기틀을 기반으로 신라는 삼국통일 후에는 새로운 윤리로 충효와 신의가 장려되고 유교이념으로 남녀의 차별과 역할을 구분하였다. 특히 여성에게 부덕과 도리를 강조하고 아들 선호사상이 대두하였으며 불교가 국민적으로 확산되었다.

---

66) 『三國史記』新羅本紀 第5, 眞德王 4年條. 이것은 여왕이 친히 쓴 작품이라는 점, 그리고 당시 우리 여성의 한시 중에서 유일한 작품이라는 점에서 중요하다. 그러나 강대국의 환심을 사려는 외교적이며 의례적인 수사에만 그치고 있으므로 그 시대 여성의 내면생활과는 거의 관계가 없는 작품이다. 임옥인, 「한국 여류작가의 내면생활: 상고시대를 중심으로」(『학술지』 14~1, 건국대학교, 1972), p.5.

67) "이름이 승만으로 ≪승만경≫의 주인공이자 아유타국의 왕비로서 미래에 성불하라는 수기를 받은 여인이다. 진덕여왕은 자질이 풍부하고 키가 7척이며 손이 무릎까지 내려왔다고 하는데 이러한 신체적 특징은 부처의 모습을 갖춘 보살에 비유되었을 것으로 해석되고 있다." 한국여성연구소 여성사연구실, 『우리 여성의 역사』, 청년사, 서울, 1999, p. 79.

68) 송효모, 「7세기 동아시아 삼국의 여왕에 대한 연구」, 부산외국어대 석사논문, 2010, p.38.

통일신라의 불교는 부모의 내생까지 구원하는 정토신앙으로 자리 잡게 되었는데, 불교는 풍성한 여인상을 제공한다. 불교의 변재천녀는 음악·지혜·언변·재복을 주관하는 천녀로 윤색되며 자비와 지혜의 표상인 관세음보살상으로 여성의 모습을 나타낸다. 원효가 금란굴 가는 길에 만난 두 여인은 관세음보살상의 변신이었는데, 벼를 베는 여인은 곡식의 풍요를 관장하는 농업신의 모습, 월경대를 세탁하여 여성성의 특징을 보여주는 여인의 모습은 다산 신모의 성격으로 분석된다. 그리하여 통일 신라의 여성상은 남성 수행자를 도와 정토에 이르게 하는 조력자의 모습[69]으로도 나타난다.

이상과 같이 삼국·통일신라의 미인상을 인상학적 관점에서 문헌과 유물 등에 의해 추정해 보았다. 정리해 보면 각국의 환경에 따라 다양한 미인상을 볼 수 있다. 고구려의 고분벽화에 보이는 미인상은 골격을 크게 드러냄으로써 강인한 의지력과 건강미를 보여준다. 또한 유화부인 설화를 통해서는 지혜와 용기를 지닌 미인상과 혜안과 실천력을 주는 모성상을 동시에 볼 수 있다.

백제는 충성과 정절의 미인상이다. 관음상에서 보이는 관능적인 아름다움과 <정읍사>의 수동적이면서도 지고지순한 사랑의 미인상을 볼 수 있다. 신라의 경우는 수동적이 아닌 적극적인 태도를 지니고 결단력과 능력을 갖춘 통치자로서의 미인상

---

69) 위의 책, p.p, 102-106.

을 볼 수 있으며, 통일신라의 미인상은 효행의 미인상과 남성 수행자를 도와 풍요와 다산을 상징하는 신모 조력자의 미인상 으로 규정해 볼 수 있다.

3) 고려시대의 미인상

고려는 불교와 풍수지리, 유교가 혼재되어 있는 다종교 사회 이며 다양한 이데올로기가 공존하는 사회였다. 특히 불교가 국 교로 정착되어 높은 윤리의식이 형성되며 새로운 종교관으로 자리 잡게 되었다. 고려시대 불교신앙이 여성들 특히 귀족여성 들의 생활 속에 깊이 스며든 구체적 사실은 고려여성들의 묘지 에서 엿볼 수 있다.[70] 고려시대는 여권이 높은 시대였다. 예를 들면 성씨나 호주승계도 부모의 성씨 가운데 하나를 선택할 수 있었다. 고려시대 여성들의 삶은 조선시대와는 많은 차이점을 보이는 것으로 비교적 개방적이고 남녀평등의 사회였던 것이다. 종교적으로 불교교리가 여성들의 일상사에 큰 영향을 미쳤다.

고려시대에 유·불이 병존할 수 있었던 이유는 여성의 불교 신앙과 불교적 윤리관이 국가가 요구하는 유교적 윤리관과 모 순되지 않았기 때문이다.[71] 예를 들어 두 종교 간에는 도덕관 에서 효를 강조하는 것과 같은 공통적인 면이 많았을 뿐만 아 니라 공인종교로서의 불교가 지닌 포용성 때문으로도 판단된

---

70) 이은선, 「조선 후기 여성 성리학의 생애와 학문에 나타난 유교 종교성 탐구」, 성균관대 박사논문, 2007. p.24.

71) 한국여성연구소여성사연구실, 『우리 여성의 역사』, 서울, 청년사, 1999, p.143.

다. 역사적 사료에 의거할 때 고려시대의 여인상을 정리하면 다음과 같다.

첫째, 비운의 여인상과 성공의 여인상을 들 수 있다. 고려시대의 왕실은 일부다처제로 왕건은 왕비를 29명이나 두었다. 그중 장화왕후(莊和王后) 오 씨는 왕건이 고려를 세우기 전에 얻은 두 번째 부인이다. 첫 번째 부인인 신혜왕후(神惠王后) 유화가 아들을 낳지 못했으므로 그녀는 황태자의 모후로 영광을 독차지할 만한 위치에 오를 수 있었다.[72] 왕건이 많은 부인을 둘 수밖에 없었던 이유는 왕건을 도와 고려를 세우는데 공이 컸던 호족들을 아우르려 그들의 딸을 후궁으로 맞아야 했기 때문이다. 고려 초기에 이러한 방법으로 호족들의 협력을 얻는 데에는 성공하였으나 6명의 왕비와 23명의 후궁의 몸에서 태어난 왕자 25명과 9명의 공주들 사이에 일어난 세력다툼이 새로운 골칫거리로 나타났다.[73] 이처럼 고려시대 여성의 위치는 주변의 친족들과 친정 등의 배경이 작용하였다.

장화왕후는 황태자도 낳고 왕의 사랑도 받았으나 친혈족의 배경이 전무하였다. 그리하여 쟁쟁한 호족 집안의 많은 후처들로부터 아들 암살의 위험을 겪으면서 불안해하다 병사하는 비운의 운명을 지닌다. 반면 신명왕후 유 씨는 왕건의 왕비 중에 가장 많은 5남 2녀의 자식을 두어 막강한 힘을 과시하였다. 한 어머니에게서 두 임금을 배출했으니 그녀는 고려 왕조를 통틀

---

72) 성율자, 『여인들의 한국사』, 서울, 페이퍼로드, 2010. p.113.
73) 김도훈, 『이야기 한국사』, 서울: 아이템북스, 2008, p.185.

어 가장 성공한 왕비라는 영광을 얻을 만하다.[74] 이같이 장화
왕후와 신명왕후의 주도권 다툼과 치열한 이복형제 간의 세력
다툼으로 인하여 패배자는 사라지는 비정한 권력체계를 드러냈
다. 여기에서 행운의 여인과 비운의 여인으로 운명이 갈리는데,
골육상쟁과 암투 속에서 살아야 하는 운명이 있었다. 삶이 인
상에 나타난다는 점을 전제하면 당시 이들의 인상에서 운명이
함께하였음을 추정할 수 있다.

둘째, 권력과 부를 추구한 미인상으로는 수비를 들 수가 있
다. 고려시대는 조선시대보다 여인들의 행동과 권리가 자유로
운 편이었다. 수비는 고려 충숙왕(1294~1339) 때 좌상시 벼슬
을 한 권형의 딸이었다. 그녀는 사냥을 나온 충숙왕이 좋아하
는 눈치를 보이자 아버지 권형을 동원해 자신의 남편과 이혼을
하고 충숙왕에게 구애를 한다. 충숙왕은 미색에 빠져 수비에게
직책을 책봉해 주고 수비는 권력과 부를 누리게 된다. 그러나
수비는 충숙왕 사후에 아들들의 권력다툼 속에서 결국 희생되
는데 이는 권력을 추구하다 생을 마감한 미인상이라 하겠다.

셋째, 구국혼인 '설죽화(雪竹花)'의 어린 소녀 미인상을 들
수 있다. 고려후기의 역사적 상황을 살펴보면 거란의 외침, 몽
고의 침략과 지배, 이자겸의 난, 묘청의 난, 그 밖의 수많은 민
란 등 993년부터 1019년까지 약 30년간은 내외의 적들이 침략
해 온 수난의 시대였다. 이때 설죽화는 남장을 하고, 외침한 거

---

74) 성율자, 『여인들의 한국사』, 서울, 페이퍼로드, 2010. p.116.

란군과 직접 검을 휘두르며 싸운 용감한 구국의 미인상으로 기록 된다.

고려초기에는 태조의 지시로 당의 기녀제도를 모방하여 교방을 설치하였다. 화장법으로 교방의 기생들은 머릿기름을 반지르르하게 바르고 분을 두껍게 바르며 눈썹은 반달 형태로 가늘게 그렸다. 또한 뺨에는 연지를 바르도록 교육받았는데 이러한 짙은 화장은 기생의 상징적 얼굴로 여겨졌다. 기생들의 화장법은 분대화장이라고 표현되었다.[75] 고려시대는 일반 여인의 아름다움을 가꾸는 화장법과 직업인 기녀들의 화장이 차별화가 되었음을 볼 수 있다. 교방의 기녀들은 가는 눈썹에 흰 피부, 넓은 턱의 미인상을 선호한 사실을 알 수 있는데 중국 송나라 문신인 서긍의 『고려도경』에는 그러한 여인들의 모습을 다음과 같이 기록하고 있다.

> 부인의 화장은 香油 바르는 것을 좋아하지 않고, 분을 바르되 연지는 칠하지 아니하고, 눈썹은 넓고, 검은 비단으로 된 너울을 쓰는데, 세 폭으로 만들었다. 폭의 길이는 8척이고, 정수리에서부터 내려뜨려 다만 얼굴과 눈만 내놓고 끝이 땅에 끌리게 한다.[76]

고려시대 여인들은 연지를 칠하지 않고 분을 바르며, 눈썹을 넓게 그리는 화장법에 너울을 쓰는 모습이었다. 고려시대 여인들의 연지를 바르지 않은 모습은 조선시대의 그것보다 더 자연

---

75) 신세영, 「한국입술화장 문화에 관한 통시적 고찰」, 한성대 석사논문, 2012, p.16.

76) "婦人之飾 不善塗澤 施粉無朱 柳眉半額 皂羅蒙首 製以三幅 幅長八尺 自頂垂下 唯露面目 餘悉委地", 『高麗圖經』第20卷, 「婦人·貴婦」

에 가까운 것으로 볼 수 있다. 즉 고려시대 미인들은 옅은 화
장으로 수수하면서 은은한 자연스러운 미인상을 추구했다고 간
주할 수 있다.

조선시대 미인상의 조건

1. 조선시대의 미의식과 인상학

1) 조선시대의 미의식과 여인상

조선시대에는 유교 성리학을 통치이념으로 받아들인 결과 남성중심의 가부장적 사회가 형성되었다. 이처럼 조선시대는 개국과 함께 채택된 유교가 정치·학술·문화·사상 등 다방면에 걸쳐 절대적인 영향을 끼치게 되었다. 이후 조선시대의 성리학은 조선왕조 500여 년간 국가적 차원에서 사회문화 전반을 지배하는 국가 이념이 되어 조선사회를 유교화 하였다.[77] 이러한 성리학적 윤리 관념의 규제 속에 조선시대 여성들은 능력과 권리를 인정받지 못하고 교육은 물론 외부 출입조차 힘든 상황에 이른다.

성리학적 유교이념은 절제와 인내, 헌신을 미덕으로 강요하였으며, 그것은 곧 여인들의 미덕으로 자리 잡게 되었다. 조선의 유교화는 한편으로 사대부 계급을 낳아서 일종의 '양반 지

---

77) 이은선, 「조선 후기 여성의 생애와 학문에 나타난 유교 종교성 탐구」, 성균관대 박사논문, 2007, p.33.

향화'라는 개념으로도 볼 수 있는데, 양반사회는 특히 여성들에게 검소와 실용의 노동력을 강요하며 많은 규제와 제약을 가했다. 양반여성이라 할지라도 조상의 이름을 읽을 정도의 교양만 있으면 불편함이 없다고 여겨 정식교육을 시키지 않았던 점은 순종과 남존여비 사상의 정착을 낳게 되었다.

그러한 시대에 오히려 기생들은 사대부들과 교류하기 때문에 그에 대응할 수 있는 일정한 시문과 예술을 교육받을 수 있었다. 그러한 경향으로 인해 오히려 기녀들이 문예와 창작, 시와 서예, 그리고 창 등의 다방면에 걸쳐 수준 높은 예술적 재능을 펼칠 수 있는 기회가 마련된 것이다. 그렇지만 그러한 소양도 철저히 사대부 남성들만을 위한 미적 봉사를 위한 것이었다. 그리고 여성들은 현모양처의 이념을 미덕으로 여기며 침선과 음식 등 가사를 돌보는 데에만 활용되는 제한된 교육을 하였다. 이러한 의식은 철저히 사대부 남성들만을 위한 미의식의 소유로 볼 수 있다. 뿐만 아니라 양반여성들은 집밖은 물론 남성들의 생활공간인 사랑채조차 자유롭게 드나들지 못했다.[78]

일반적으로 대부분의 미의식은 인간의 정신활동 중에 산출되는 것으로, 미의식의 주체가 되는 인간의 생활환경과 경험의 축적 속에서 영향을 받아 형성된다. 이는 곧 개인적인 미의식을 뛰어넘어 사회적 미학의 성립기반과 계기를 제공하게 되는 것이다.[79] 조선의 사회 환경은 곧 조선의 미의식으로 이행되

---

78) 박차지현, 『한 권으로 보는 한국미술사』, 프리즘하우스, 경기도, 2005, p.87.
79) 금기숙, 「조선시대 복식에 표현된 한국인의 미의식연구」 이화여자대학교 박사논문, 1987. p.14.

며, 이는 시대와 환경의 영향으로 민족적 미의식으로 형성된 것이라 할 수 있다. 규제와 억압된 환경의 한정된 규방에서도 여인들은 미모에 관해 지속적인 관심으로 외모의 복식은 물론 머리, 화장, 예절 등의 품위유지는 아름다움을 가꾸는 기본이 되었던 것이다. 평민들이나 기녀들은 화장을 할 때 백분을 바르지만 왕실이나 부유한 명문가 사대부의 여인들은 천연 진주가루를 발랐다.[80] 이러한 기록으로 볼 때 백옥 같은 흰 피부로 아름다움을 가꾸려는 노력은 동서고금이나 신분에 관계없이 모든 여인들의 본능적 소망이었던 것을 확인할 수 있다.

이상의 역사적 과정을 전제할 때, 조선의 여인상은 수수하고 담백한 자연의 산세 모습으로 부드러움과 포근함, 잔잔함과 편안함을 주는 아름다움으로 표현할 수 있다. 조선백자의 원만하고 담백한 미는 조선의 미인상을 연상케 한다. 이러한 사유는 자연을 기반으로 한 조선의 미의식이 우리민족의 심성 형성에 작용한 것으로 보아도 좋을 것이다. 이처럼 조선의 미는 꾸미지 않은 자연을 닮은 수줍은 듯 단아한 모습에 아름다움의 기준을 두고 있음을 주목할 수 있다.

인간은 어떤 대상을 지각할 때 그 대상에 대한 사실적 기억과 심리적 기억을 수반한다. 예를 들면 어떤 사람을 만났을 때 그 사람의 생김생김을 하나하나 세심히 관찰하면서 관찰된 사실의 형태를 기억에 담아 두는 것이다.[81] 이러한 사실적 기억

---

80) 이수광, 『한국 역사의 미인』, 서울: 영림카디널, 2006, p.185.
81) 그 사람이 좋다, 나쁘다, 마음에 든다, 들지 않는다 등 그 사람에 대한 기억을 담아 두는 것이

을 통한 패러다임은 역으로 그러한 사유를 규정한다. 예를 들어 우리나라 산의 부드러운 능선과 같이 낮은 듯 잔잔함으로 이어지는 자연의 미는 한국적 조형미라 할 만하다. 이러한 자연의 아름다운 미는 당연히 안정된 심리적 기억으로 민족의 기질과 성향에 영향을 미치며 우리 자신도 모르는 사이에 우리가 살고 있는 자연의 모습을 닮아간다. 즉 부드럽고 은은하며 포근한 우리만의 멋을 형성하게 되는 것이다.

조선의 문화는 크고 화려하고 두드러지는 것에 대한 거부감으로 소박하고 수수하며 담백한 것을 추구하는 면이 있다. 또한 조선의 미는 자연이 주는 미, 천성이 부여하는 미, 즉 조작 없는 자연성의 미라고 볼 수도 있다.[82] 그것은 조선 백자의 미로 자연의 수수하고 담백하며 단아한 천연의 미를 의미하는 것이다. 조선인의 기질과 성향은 살아온 풍토 속에서 씨를 뿌리고 가축을 기르며 추위와 더위를 견디며 살아오는 과정 즉 거역할 수 없는 환경을 삶의 모태로서 생각해야 한다. 그것은 사유와 생활의 방향을 의미하는 것이며,[83] 이러한 조선의 자연적 환경이 조선시대의 미인상을 형성하는 데에 기여했을 것임은 짐작하기 어렵지 않다.

다. 이때 전자를 사실에 기초한 기억이라 하며, 후자를 심리적 기억이라 한다. 김영기, 『한국인의 기질과 성향을 통해 본 한국미의 이해』, 서울; 이화여자대학교출판부, 1998, p.178.

82) 이와 같은 관점이 고유섭이 말한 미의 개념이다. 세부가 치밀하지 않은 데서 더 큰 전체가 포용되고 거기서 '구수한 큰 맛'이 생긴다는 것이다. (허영환, 『동양미의 탐구』, 서울: 학고재, 1999, p.167.)

83) 한국인의 기질과 성향에 큰 영향을 미친 것이 분명하기 때문에 자연을 미학적으로 해석하고 이해하는 것이 매우 중요하다. 위의 책, p.154.

더불어 조선의 미인상에 커다란 영향을 준 것은 조선시대의 국가 이념인 유교이다. 유교는 현세관을 버리지 못하고 이상세계로 교화하려는 과정에서 여성에게는 많은 인내와 좌절과 슬픔, 고통 등의 희생을 강요하였다. 그러한 유교적 사상에 따라 조선시대의 미인에 대한 관념이 형성되었다. 그러므로 조선시대의 미인상은 외면의 아름다움을 추구하지만 그것은 내면의 성숙된 미를 전제하는 것이어야 하며, 그것은 시대적 상황에서 자연스럽게 우러나온 풍조라 하겠다. 그러한 것이 여성미의 보편적 기준이 되어 고전적 미인상, 즉 조선시대의 미인상을 형성하였던 것이다.

조선시대 여인의 미는 조선백자의 형태와 색으로 비유하였듯이 은은함과 고아한 선에서 보는 바와 같이 조선의 미인은 단아하고 소박하며 자연과의 교감을 이루는 꾸밈없는 수수한 미인상이라고 단정할 수 있을 것이다.

외형적으로 추구한 조선의 미인상의 조건은 삼백(三百)·삼흑(三黑)·삼홍(三紅)으로 피부와 치아 그리고 눈의 흰자위는 하얀 것이 좋고 머리카락과 두 개의 눈동자는 새까만 것이 좋으며 볼과 입술 및 손톱은 붉은 모습을 선호하여 조선시대에는 일찍부터 연지를 바르는 화장법이 발달하였다. 따라서 조선시대에는 백옥같이 투명하고 깨끗한 피부, 초승달 모습을 띤 가는 눈썹, 숱이 많고 윤기 있는 검은 머리카락, 복숭아 빛깔을 닮은 볼, 앵두처럼 빨간 입술을 미인상의 조건으로 보았다. 또한 내면적으로 부지런하고 정결한 품성을 가지며 겸양의 예스러움과 청순함의 순결미를 추구한 것도 미인상의 조건에 영향을 주었을 것이다.

조선의 미의식은 조선의 자연을 닮아서, 자연스러우며 수수하고 소박한 아름다움으로 정의할 수 있겠다. 이는 곧 조선의 미의식이며 조선시대 미인상의 중요한 요소로 본 것이다.

한편 조선시대의 미인상은 성선(性善)에 기반을 둔 끊임없는 자기수양과 인격도야의 내면적 아름다움을 추구하는 것이 여성의 아름다움의 조건에도 적용된 것을 볼 수 있다. 그것은 유교를 근본으로 삼았던 조선시대의 사상적 영향으로 성선에 바탕을 두고 있기 때문이다. 그러한 이념은 나아가 자연을 사랑하며 혈육과 친지를 사랑하는 친화적인 정으로 전개되었고, 당연히 따뜻한 마음씨와 순수한 인간의 정을 닮은 인간상이 조선의 미의식에 커다란 영향을 미쳤을 것이라고 판단된다.

2) 조선시대 인상학의 위치

인상학은 아시아에서는 중국과 인도에서, 유럽에서는 그리스에서 비롯되었다고 한다.84) 중국에서는 AD. 3세기에 이미 인상학이 생겼으며 옛 설화에도 상을 보았다는 이야기가 자주 나오고 있는 것으로 보아 관상을 보는 것은 오래전부터 통용되었다는 것을 짐작할 수 있다. 그러나 언제 어디서 발생하고 어떠한 과정을 거쳐 발달되어 왔는가에 대한 정확한 문헌은 찾아보

---

84) 강은주,「눈썹화장이 얼굴이미지에 미치는 영향」, 한성대학교 석사논문, 2003, p 5.

기 어렵다.

본 연구의 배경인 조선시대의 인상학은 어떠한 위치를 차지하고 있는지 살펴보고자 한다. 인상학이 활발하게 통용된 시기는 고려시대로 관상은 상법(相法) 혹은 상술(相術)로 불렸으며, 학자 문익점에 의해 상서(相書)가 도입되었다. 고려시대는 도선국사와 혜징대사, 무학대사 등의 승려들이 관상을 보았다고 한다. 그중에서 무학대사는 풍수와 관상으로 유명하였으며, 혜증은 이성계의 얼굴을 보고 창국을 예언하였다고 한다. 조선 초기에는 세종대왕 때에 영통사의 도승이 한명회의 상을 보고 장래에 재상이 될 것을 예언했다는 것이 『한씨보응록』에 기록되어 있다. 그 밖에 『대동기문』에는 인상가들이 고관대작이나 사대부집에 자주 출입하면서 상으로 예언을 하여 세상 사람들을 놀라게 했다는 사실들이 기록되어 있으며 화담 서경덕·토정 이지함·서산대사 휴정·사명대사 유정·권율 장군·다산 정약용·격암 남사고·정북창 등 조선의 걸출한 학자, 종교인들도 인상학에 조예가 깊었던 것으로 전해진다.[85] 이처럼 조선시대에는 인상학이 널리 성행하였으며 종교계, 학자들 사이에 관상학의 신뢰도가 매우 높았음을 추정해 볼 수 있다.

특히 허준의 의학서적 『동의보감』도 인상학적 요소가 환자의 상태를 평가하는데 활용되었다.[86] 이는 인상학으로 본 환자

---

85) 주선희, 『인상학 개론』, 원광디지털대학교, p. 10.

86) 소경미, 「인상학적 측면에서 본 얼굴 형태적 특징에 따른 메이크업 기법 연구」, 한성대학교 석사논문, 2004, p.17.

의 기색을 통하여 오장육부의 건강 상태를 진단한 것으로, 인상의 찰색은 맥진과 치료의 과정에 중요한 요소가 되었던 것을 짐작하여 볼 수 있다.

또한 『경국대전』에 보면 전문적으로 사주팔자나 인상을 보는 사람을 국가에서 과거시험으로 선발했다는 기록이 있다. 이것은 중인계급들이 응시하는 잡과 중 하나인 음양과(陰陽科)로 천문학·지리학·명과학으로 나뉘어졌다. 명과학 시험은 자평(子平)과 천강(天綱) 등의 과목으로 자평은 사주팔자의 원리를 쓴 책이며 천강은 사람의 인상을 보는 원리를 밝힌 책이다. 명과학은 3년에 한 번씩 시행하여 응시자들 가운데 최종 2명만을 선발하는 매우 어려운 시험이었다.

이처럼 조선시대에는 인상을 보는 공식적인 책이 있었으며 선발된 이들은 왕실전용의 상담사들로 궁궐 내에서만 근무하였다. 이방원을 도왔던 하륜, 세조의 한명회 등은 현실치세에 인상학을 적용하는 데에 능했던 사람들이다. 그것은 아마도 당시의 풍조와 무관치 않다는 생각이다.[87] 이처럼 조선시대에는 잡과에 음양과 중 명과학을 통하여 인상학이 공식적인 과목으로 국가의 인정을 받았고, 요즘의 국가공무원으로 채용되는 위상을 분명히 한 학문이었음을 확인할 수 있다.

인상학은 국가의 인재등용 등에 다양하게 적용되었던 것으로 중국으로부터 들어온 관상학은 이미 고대로부터 유행하던 학문

---

87) 주선희, 「동·서양 인상학연구의 비교와 인상관리에 대한 사회학적 고찰」, 경희대 박사논문, 2004, pp.9~10.

이었다. 중국에서도 상법이 인재의 등용에 많이 이용되었는데, 한대 이후 정기신을 중심으로 인물을 품평하고 인재를 등용하는 것에 적용되었다.[88] 궁중에서의 유능한 인재선발 등용에 대한 상학적 논의는 일반적 분위기였고, 특히 조선시대에는 사회적으로 상당히 비중 있는 역할을 한 것으로 드러난다. 관상학은 소위 천인운화(天人運化)를 배경으로 형성된 중요한 학문이었던 것이다.

> 중용에 "仁은 人이다."라고 했고, 맹자에 "인이라는 것은 人이니, 합쳐서 말하면 道가 된다."고 했으니, 이것을 통틀어서 해석한다면 仁은 人道이다. 이미 사람이 되었으면 마땅히 인도를 究明하여 몸에 행해서 남에게 미치고, 우주의 생령에 근거를 두어 그 差誤를 바로잡고, 천지의 運化에 證驗하여 그 근원을 북돋아야 하니, 이것이 古今에 걸쳐 遠近이 없는 완전히 갖추어진 仁이다.[89]

조선 후기의 기 철학자 혜강 최한기[90]의 『인정』에 의하면 고전의 근간인 인(仁)을 사람의 핵심이라 하여 도라고 강조한 것을 말하고 있다. 이는 우주와 천지운화에 근원을 두고 인도사상을 전개한 것으로 판단된다. 이러한 사상에 바탕을 두고 혜강은 상학의 이론에 대하여 다음과 같이 피력한다.

---

88) 김연희, 「劉劭『인물지』의 인재론에 관한 연구」, 원광대 박사논문, 2008, p.3.

89) "中庸曰, 仁者人也. 孟子曰. 仁也者人也, 合而言之道也. 統而釋之, 仁者人道也. 旣爲人, 則當究明人道. 行之於身, 而達之於人. 就質於宇宙生靈, 正其差誤, 證驗於天地運化. 培其根源, 乃亘古亘今, 無遠無近, 完備之仁也.", 최한기, 『人政』 測人序.

90) 최한기는 기를 만물의 근원으로 본다. 천지만물의 생성은 모두 기의 조화에 말미암은 것으로서 기를 떠나 만물의 존재를 생각할 수는 없다고 보았다. 김낙필, 「혜강 최한기의 구조와 성격」, 『韓國儒學의 思想과 文化』, 원광대학교 교학대학, 2005, p.218.

귀한 상은 적고 천한 상은 많다. 중등의 상이 더욱 많은데, 모두 귀천이 서로 섞여 있는 상이다. 이 세 등급의 상은 각기 타고난 기의 명암과 通塞이 다르고 또 익힌 업의 生熟과 淺深이 다르고 또 交接과 運化에 있어 원근과 주편이 다르니, 이것이 어찌 형모와 신색에 모두 드러나는 것이겠는가? 모름지기 그들의 행사와 언론으로 참작해야 거의 투철하게 알 수 있다.[91]

사람을 관상하는 것은 형모와 신색으로 간단히 볼 수 있는 것이 아니다. 사람의 상은 단순히 외형이 형성된 것이 아닌 업의 생숙, 운화의 원근과 주편이 작용하는 것으로 관상을 한다는 것은 단순히 외형만으로 사람을 판단하는 것은 오류가 있을 수 있다는 것을 강조하는 것이다. 곧 내면의 품성이 표출되는 행사와 심성의 표현인 언론(言論)을 중시한 것은 내면의 참된 인간상을 밝히려고 한 것이다. 고전의 상에 기의 명암과 행사의 언론을 강조한 '관인법(觀人法)'을 제시한 혜강에 대하여 김낙필은 다음과 같이 설명하였다.

> 그는 넓게는 의연히 유학을 존중하고 성리학적 실천론의 내용도 많은 부분을 수용하였으며 좁게는 기론의 전통 중 많은 부분을 계승하였다. 그러나 이러한 수용은 어디까지나 기학에 준하여 이루어졌다. 그리하여 혜강은 기존의 유학전통에서 문제시 되던 도·덕·성·심·리·천·인의 등의 여러 핵심 개념들을 기를 통해 재규정하였다.[92]

---

91) "貴像少賤像多. 中等之像尤夥, 皆貴賤相雜之像也. 三等之像, 各有稟氣之明暗通塞, 又有建業之生熟淺深. 又有交接運化之遠近周偏, 是豈形貌神色所能畢露, 須參以行論.", 최한기, 『人政』測人三. 容貌

92) 김낙필, 「혜강 최한기의 구조와 성격」, 앞의 책, p.220.

우주의 생성은 기의 끊임없는 생성이며, 변화는 인간의 상이 잠시도 머무르는 법이 없다. 이러한 우주의 자연법칙이 인체에 적용되어 인간을 소우주로 보는 것이다. 기의 철학자 혜강의 사상은 인간을 폭넓은 기(氣)의 구성과 흐름으로 규정하였다. 이러한 생각이 인상학에 적용되어 관상에 있어서 행사와 용모, 언론의 천심이라는 품성을 중시하였음이 드러난다.

조선시대의 인상학은 고전적 상학의 이론만 중시한 것이 아닌 인성의 중요성을 근본으로 운화의 행하는 것에 역점을 둔 인상학적 전개라고 볼 수 있다. 이러한 관점을 중심으로 조선시대에 인상학은 인재를 판정하는 데에 있어서 중요한 학문이었으며 인상학적 요소가 환자의 상태를 진단·치료하는 데에도 중요한 역할을 하였다. 이는 국가의 인재등용 및 사회의 현실치세 등에 다양하게 인상학이 활용된 것을 알 수 있는 부분이다.

2. 조선시대 여인의 생활상과 미의식

1) 사대부 여인의 생활과 미의식

조선시대는 상, 하 관계를 중요시 여기는 성리학적 명분이 강조된 사회이다. 조선의 미의식은 성리학적 예도의 엄격한 도덕률 속에서 순종과 정절을 지키며 가산을 잘 이끌어 가는 현모양처의 모습이 강조된다.

조선시대 여성교육의 내용을 관통하는 두 가지 요소는 순종과 의존성을 의미하는 삼종지도(三從之道)와 언행과 솜씨를 의미하는 4행으로 요약된다. 4행은 절개를 지키며 순종하며 부끄럼 없도록 깨끗이 행동하는 것을 의미하는 부덕(婦德), 할 말은 분별하여 하는 것이라는 의미의 부언(婦言), 몸을 깨끗하고 청결하게 하는 것이라는 의미의 부용(婦蓉), 웃고 노는 것을 즐기지 않고 오직 길쌈에 전념하며 가족과 손님접대를 잘하는 솜씨를 지니는 것이라는 의미의 부공(婦功) 등을 말한다.[93] 사대부가의 여인들도 길쌈과 바느질은 모든 여성의 필수이며 안주인으로서 갖추어야 할 행동과 품성을 갖추고 가산을 규모 있게 이끌어갈 실용적인 내용을 익히는 것이 중요함을 보여준다.

노비들이 있는 경우 집안일을 직접 하지 않을 때에는 '노비 다스리는 법'이라는 여성 교훈서를 익히며 학문적으로는 여성에게 『여사서(女四書)』·『열녀전(烈女傳)』·『삼강행실도(三綱行實圖)』 정도만이 교육되었다.[94] 조선시대는 여성에게 수준 높은 교육이 금지되었으며, 남녀유별을 지켜야 할 첫째 덕목으로 삼았다. 조선의 양반여성에게 가장 중요한 것은 봉제사와 빈객접대의식이었으며 봉제사는 가문 내의 중요한 행사로 그 대표자는 종손이었지만 실제적인 준비와 진행은 종부인 여성의 역할 없이는 불가능한 것이었다.[95] 외식문화가 발달하지 않은 조선시대에

---

93) 규장각한국학연구원, 『조선여성의 일생』, 글항아리, 2010, p.p. 236-237.

94) 양인실, 「조선조 산문학에 나타난 여인상의 연구」, 건국대 박사논문, p.17.

95) 한국여성연구소 여성사연구실, 『우리 여성의 역사』, 청년사, p. 195.

손님접대의 책임은 여성의 중요한 몫이었다. 이러한 이유로 양반가문에서는 그 집안 특유의 음식 문화가 발달하기도 하였다. 대표적 요리서로 『규곤시의방』과 『규합총서』 등이 있는데, 그것은 음식조리법이나 술 빚는 법을 망라한 문헌이다.[96] 극심한 여성에 대한 차별제도는 조선 후기에 들어 더욱 강화된 것으로서, 조선 전기의 사회상은 조금 분위기가 달랐던 것으로 보인다. 조선 전기는 비교적 남녀가 평등하였으며 여성의 활동도 상당부분 인정되었으나 후기에 이르러 유학적 전통이 정착하면서 여성의 활동은 커다란 제약을 받기에 이르렀다. 초기의 분위기를 알 수 있는 자료가 있다.

> 아버지가 생전에 口傳으로 5남매에게 논과 노비를 나누어 주었으나 그 수량이 정확하지 않았다. 이에 아버지가 돌아가시자 나머지 재산을 5남매가 균등하게 나누어 갖고 부모제사를 돌아가면서 지내기로 했다.[97]

『경국대전』 상속 편에도 아들과 딸의 차별을 두지 않고 균등하게 배분되도록 명시하였으며 유교가 엄격히 적용되기 전에는 출가한 딸이 부모의 제사를 지내는 습속이 있었음을 알 수 있는 대목이다. 교육도 마찬가지로 상당부분 허용된 분위기가 감지된다. 조선 초기 성종의 어머니인 소혜왕후 한 씨는 『내훈(內訓)』을 지어 여성교육 필요성의 중요함을 다음과 같이 제시하였다.

---

96) 규장각한국학연구원, 앞의 책, p.239.
97) 규장각한국학연구원, 『조선여성의 일생』, 글항아리, 2010, p.200.

한 나라 정치의 치란과 흥망은 비록 남자대장부에 어질고 우매함
에 달려 있다고 하지만 역시 부인의 선악에도 달려있는 것이다.
그러니 부인도 가르치지 않으면 안 된다.[98]

그러나 조선 후기로 넘어갈수록 친정출입은 물론 외부출입조
차 허용하지 않는 여건에서 여식의 제사 참여는 어려웠을 것으
로 미루어 짐작 할 수 있다.

조선시대 여성에 대한 교육수준은 매우 낮아서 사대부가의
여식인 혜경궁 홍 씨도 세자빈으로 간택되어서야 비로소 아버
지 홍봉한(洪鳳漢)으로부터 『여사서(女四書)』·『여범(女範)』 등
을 배울 정도였다.[99] 이와 같이 제한된 행동과 외부 활동이 억
압된 모습은 조선시대 모든 계층의 여성에게 적용되었던 사회
적 습속이었다. 조선시대 사대부가의 아내들은 일부종사로 한
남편을 위해 평생 종사, 순종해야 하는 도리가 강조되었다. 시
부모의 뜻을 거역하는 자, 아들을 못 낳는 자, 음란한 자, 남편
을 투기하는 자, 나쁜 병이 있는 자, 말이 많은 자, 도적질 하
는 자 등 7가지 칠거지악의 금지 조항은 인내와 굴종, 헌신하
는 것을 여인의 상으로 규정하였다. 뿐만 아니라 고강도의 노
역도 여인에게 부과된 업무였다. 여성이 집안을 건사하고 경제
적인 활동을 해야 하는 분위기에 대하여 18세기에 살았던 이
덕무(李德懋, 1741-1793)는 길쌈이나 누에치는 일은 기본이고,

---

98) 부모와 조부모의 행동과 가르침이 배움의 원천이었고 딸의 거울은 어머니였으며 양반여성은
   어릴 적 할아버지, 아버지, 오빠로부터 배웠는데 학문의 깊이보다는 품성을 우선시했다. 규장
   각한국학연구원, 위의 책, p.218.

99) 양인실, 「조선조 산문학에 나타난 여인상의 연구」, 건국대 박사논문, p.18.

선비의 아내가 할 일을 구체적으로 제시하고 있다.

> 선비의 아내는 집안의 생계가 가난하고 궁핍하면 약간 살아갈 도
> 리를 마련하여 일을 하는 것이 안 될 것이 없다. 길쌈을 하고 누
> 에를 치는 일은 진실로 그 근본이 되는 일이요, 심지어 닭과 오리
> 를 치고 장과 초와 술과 기름을 팔고, 또 대추, 밤, 귤, 석류 등을
> 잘 간수하였다가 때를 기다려 내다 팔며, 또 홍화차, 단목, 황벽,
> 검금, 남정 등을 무역하여 모으고, 도홍분홍송화, 황유, 녹초록, 친
> 정, 아청, 작두다, 은색, 옥색 등 여러 가지 물들이는 법을 배워 알
> 면 이는 생계에 도움이 될 뿐만 아니라 역시 부녀자의 소공의 한
> 가지이다. 그러나 이욕에 고질이 되어 각박한 일을 많이 행하여
> 인정에 멀게 한다면 이 또한 현숙한 행실이겠는가?[100]

조선의 여성에 대한 교육으로 『사소절』은 선비·여성·아동
이 일반적으로 지켜야 할 내용을 다룬 것이다. 부인들에게 가
사노동은 특별한 일이 아니며 특산물들을 내다 팔아 가정 생계
를 꾸리는 일을 제시하고 있는 부분은 부녀자의 생업을 강조한
것으로 주목된다.

그러한 분위기 속에서도 천재적 예술의 여인상이 출현된다.
그 첫째는 허난설헌을 들 수 있다. 그녀는 유복한 명문가 출생
으로 당대 문장가로 추앙받던 초당 허엽의 셋째 딸이며 동생
허균 등 타고난 글재주는 가문의 영향을 받았다.[101] 아름답고
인품이 뛰어난 천재 예술인 허난설헌은 부자유스러운 사회의
신분제약, 남편의 방탕한 외도, 시어머니의 냉대, 자식 셋을 잃
는 아픔 등을 천재성 예술혼으로 승화시킨 여류시인으로 꼽힌

---

100) 규장각한국학연구원, 앞의 책, p.126.
101) 이배용, 『한국역사 속의 여성들』, 서울: 어진이, 2005, p.186.

다.102) 어려서부터 도가계열의 서적을 읽고 자란 허난설헌은
신선세계가 있었음을 믿었으며 신선세계를 동경하였으나 현실
에서는 삼종지도나 칠거지악 등 봉건적 관념으로 정절과 순종
을 강요당하며 짧은 생을 마감하였다.103) 사후에 동생 허균에
의해 그의 작품이 알려지며 천재 예술인으로 인정받았다.

둘째는 사임당이 있다. 사임당은 특히 자녀교육에 성공한 여
성상으로 꼽힌다. 조선시대에도 '책거리'라는 단계학습의 마침
을 축하하며 학습전진의 격려 풍습이 있었다. 이때에는 여성들
이 참여하여 자식의 졸업과 승급을 축하하였다. 사임당(1504-1550)
은 이이(李珥, 1536-1584)로 인해 주목받았다.104) 이외에도
어려운 환경임에도 자식을 훌륭히 성장시킨 한호(韓濩 石峯,
1543-1605)의 어머니, 이항복(李恒福, 鰲城, 1556-1618)의 어
머니 등은 아버지 없이 엄격한 교육으로 자식을 훌륭히 키워낸
어머니상으로 꼽힌다. 사임당의 경우를 미루어 본다면 모든 가
정에서 여성에 대한 교육이 제한적으로 이루어진 것은 아니라
고 판단되지만 여성에 대한 교육이 부분적으로 이루어졌다 하
더라도 폐쇄적인 분위기와 차별적인 제도에서는 사회활동의 기
회가 극히 제한적이었음을 알 수 있다.

조선시대에는 '여자는 재주가 없는 것이 덕이다(女子無才便

---

102) 그녀의 많은 작품에서 사랑의 부조화를 표출하고 있으며 이러한 갈등을 통하여 조선시대 여
    성들의 모순 된 삶을 그려내었다. 한성금,「허난설헌의 한시에 드러난 작가의식연구」,『고시
    가 연구』12집, 한국고시가문학회, 2003, p.246.
103) 김진영·연점숙,『여성문화의 새로운 시각』, 서울: 월인, 2011, p.183.
104) 한국철학연구회, 앞의 책, p.70.

是德)라는 고정관념이 강하였기 때문에 창작할 줄 아는 여자는 경시되었다. 또한 많은 문집과 어록에서도 여류시인의 시를 일부러 싣지 않았으며 심지어 여류시인의 시에 대하여 비판 글도 많았다. 그래서 여태까지 수집된 여성들의 시들은 대부분 작가 이름과 연대가 미상이다.105)

극심한 조선시대 여성에 대한 제약과 통제 속에서도 학문이나 예술적 재능을 겸비한 지식인 여성들이 많이 배출되었다. 신분층도 위로 왕실에서 사대부, 기녀에 이르기까지 여성의 문학, 회화, 학문, 시, 그림, 글씨 등 자질이 뛰어난 재능을 발휘한 경우도 있다. 작가로서는 앞서 언급한 사임당 신 씨의 경우 시대적 제약에 굴하지 않고 학문과 예술 면에서 남성 못지않은 재능을 발휘하여 조선의 문화발전에 크게 공헌하였다. 또한 전술한 허난설헌은 예술적 문화와 천부적 재능을 가진 조선 미인의 종합 예술인이었다.

이러한 조선시대의 바람직한 여성상은 유교의 도리와 부덕을 우선시한 것이었다. 그러한 규제와 제약 속에서도 사대부 여인들의 미적 추구에 대한 욕망은 감출 수 없었다. 머리와 복식의 우아함과 단정함은 기본이며 인상의 아름다움을 위하여 여러 가지 방법이 동원되었다.

조선시대의 미인상의 특징은 흰 피부에 이목구비가 작고, 부드러운 눈매에 초승달 눈썹을 꼽았다. 단아하고 수수한 용모와

---

105) 김진영 · 연점숙, 앞의 책, p. 188.

드러나지 않는 순수한 자연미를 추구한 것이 아래의 내용에 담겨있다.

> 조선시대 사대부여인의 미의 추구방법은 피부를 매끄럽게 하기 위해서 미안수를 사용했다. 미안수는 대개 수세미를 삶아서 끓인 물을 사용했는데 박하 잎이나 향기가 좋은 창포, 복숭아 잎사귀를 넣어서 사용하기도 했다. 이어서 백분을 사용하였으며 눈썹은 초승달 눈썹을 그리기 위해 족집게로 일일이 눈썹을 뽑아서 민숭민숭하게 만든 다음 花黃을 발랐다. 그런 다음 부드러우면서도 자연스러움을 강조하기위해 眉墨을 사용하여 검게 그렸다. 푸른 기운이나 붉은 기운이 도는 눈썹을 만들기 위해서는 솔잎이나 목화의 자색 꽃을 이용했다. 연지는 紅花(잇꽃)와 朱砂(붉은 돌가루)를 사용했다. 치마 안의 속바지에는 사향주머니를 달았다.106)

여기에서는 얼굴을 가꾸는 방법이 주로 동원되고 있지만 이를 통해서 그들이 추구했던 아름다운 얼굴의 조건을 유추할 수 있다. 피부는 하얗고 눈썹은 초승달 눈썹으로 검게 그려진 것을 선호하였다. 연지를 붉게 하였다는 것은 발그레한 볼을 강조하기 위한 것이다. 건강미 흐르는 복사꽃빛의 볼이 조선 미인의 요건이었음에 틀림이 없다. 또한 하얀 피부를 유지하기 위하여 백분을 사용하고 있음을 알 수 있는데, 상류층이나 왕실에서는 백분 대신 천연 진주가루를107) 사용하여 흰 피부를 관리하였다. 다음은 사대부 여인들의 아름다움을 가꾸는 방법의 기록이다.

---

106) 이수광, 『조선을 뒤흔든 16가지 연애사건』, 서울: 다산초당, 2007, p.213.
107) 이수광, 『한국역사의 미인』, 서울: 영림 카디널, 2006, p.185.

머리는 동백기름을 바르고 가르마를 타서 쪽을 진 뒤에 비녀를 꼽는다. 피부는 천연진주가루를 사용하여 창백해 보일 정도로 흰 피부를 선호하였으며, 도화 빛을 강조하기 위해 색 분을 사용하는 경우도 있었다. 조선시대에 賣粉嫗라 하여 화장품 파는 여자가 존재한 것을 보면 화장술이 상당히 발전했던 것을 알 수 있다.[108]

아름다움을 위하여 여인들은 이와 같이 관리를 하였다. 화장술에서 흰 피부를 선호하는 것은 고금의 변화가 없다. 미를 가꾸기 위한 방법의 차이만 있을 뿐 아름다움을 추구한 여심은 일맥상통하는 바로 볼 수 있다. 피부의 아름다움을 가꾸기 위한 방법의 하나로 천연진주가루는 왕실, 사대부의 부유층에서 주로 사용하였다. 진주가루는 중국의 서태후나 이집트의 클레오파트라도 사용했을 만큼 특수한 화장품이었다. 이처럼 흰 피부는 아름다움의 모태로 동·서양 미인들의 공통적 희망이었음을 엿볼 수 있다. 인상학에서도 흰 피부는 선호되며 귀격으로 간주된다.

2) 평민·노비층 여인의 생활과 미의식

신분사회인 조선시대에 상민은 평민과 노비로 분류되며, 그에 속한 여성들은 집안일 외에도 직접적인 생산노동에 참여하였다. 당시 전반적인 사회적 생산력은 낮고 노동은 절대적으로 부족했기 때문이다. 『경국대전』에 여자노비에 대한 신공이 면포 1필과 저화 10장인 것을 보아도 노비층이 길쌈을 담당하지

---

108) 위의 책, pp.186-189.

않을 수 없는 상황임을 짐작할 수 있다. 다음은 세금에 대한 압박감으로 마음고생 하는 부분을 표현한 대목이다.

가난한 집의 나라세금은 심장을 도려낼 듯
시골 계집 옷 짜는 북은 이르는 곳마다 바빠
반 필밖에 못 짠 면포를 잘라내어
밝기도 전에 모두 논산장으로 달려간다.[109]

조선시대는 여성들이 육아와 집안일, 농사나 옷감 짜는 일, 옷 짓는 작업, 세탁, 대가족 봉양 등 많은 일을 능수능란하게 잘하는 것이 최상의 미의식으로 작용한 것을 미루어 짐작 할 수 있다. 특히 평민의 경우 며느리를 택할 때 몸이 건강하고 일을 잘할 수 있는 육체구조를 가진 이를 선호하였다. 그래서 집안이 어려우면 행상을 해서라도 가족의 생계를 이어가는 능력을 가진 이를 바람직한 여인상으로 추구하였다. 더불어 가사와 가정경제에 도움이 되는 건강성이 선호되는 미의식으로 작용하였음을 짐작할 수 있다. 조선 전기에도 농사일에 여성 노동력이 집중 투입된 것을 다음의 설명으로 알 수 있다.

"돌샘 골 올 벼논을 매러 수야 하고 용수 아내와 계집 안종 넷이
갔다." "돌샘 골 올 벼논을 두 번째 매러 집의 종 아홉과 정수 夫
妻까지 열하나가 갔다." "거리실 논을 수야가 마저 매러 갔다."[110]

---

109) 조선시대 평민여성들이 농사일에 참여하는 것이 매우 일상적이라는 사실을 확인하게 할 수
있게 한다. 한국여성연구소 여성사연구실, 『우리 여성의 역사』, 서울: 청년사, 1999, p.209.

110) 위의 책, p.204.

이는 17세기 『병자일기(丙子日記)』에서 작자가 집안소유의 토지를 직접 경작하는 과정에서 경험한 일을 적어놓은 기사들이다. 여기에 출현하는 이들은 평민과 노비층의 여성을 일컫는 것으로 추측할 수 있다. 섬세한 종자준비나 김매기 등이 여성의 몫으로 볼 수 있는 부분이다. 또한 길쌈은 전 근대사회생활에서 농업 못지않게 중요한 의미를 지니는 여성의 몫이었으며 생산 활동이었다.

조선의 평민이나 노비층의 여인들은 아름답게 가꾸기 위해 화장조차 할 수 있는 시간적 여유가 없었다. 이런 사유로 이들 계층의 화장에 대한 기록이 거의 없는 편이다. 그러나 노동의 힘든 환경에서도 여인들이 아름다움을 추구하고자 하는 열망은 변함이 없었던 것이 한 기록으로 드러난다. 그들은 흰 피부를 관리하기 위해 백분을 바른 것을 알 수 있다.111) 이처럼 미에 대한 추구는 평민층에서도 틈새로 관리한 것을 볼 수 있다. 또한 조선의 평민, 노비층의 미의식은 외형의 아름다움보다 삶의 노동 속에서 찾아야 했다. 길쌈, 직조 등 옷감 직조부터 옷 짓기의 바느질 솜씨 등이 뛰어나야 하는 일들이 이들이 추구한 미의식이며 미인상이었다. 그러한 일상 속의 건강하고 활동적인 평민층 여인을 바람직한 아름다운 여인으로 선호하였음을 주목 할 수 있다.

---

111) 당초의 분을 말한다. 백분은 분꽃의 열매를 빻아 썼으나 그 후 쌀가루와 송화 가루를 적당히 배합하거나, 칡을 잘 말려서 가루를 내어 쓰기도 했다.

3) 기녀의 생활과 미의식

본래 기녀 또는 기생의 근원은 고려시대 외국사신의 접대에서 여악을 사용하는 풍습에서 내려왔다. 원래 기녀는 의약이나 침선의 기술, 또는 가무의 기예를 배우고 익혀서 국가의 필요한 일에 참여하던 여성들을 말한다. 그러므로 처음에는 특별한 기능을 가진 여성이라 하여 기녀 또는 기생이라 부른 것이다.[112] 이들은 젊고 아름다우며 예술적 소질이 탁월하였다.

조선시대 기녀의 대표적 미인상으로는 황진이를 꼽을 수 있다. 황진이(黃眞伊)[113]는 빼어난 미모를 지닌 천부적 예술인으로 조선조 중종, 명종 시대의 명기였다. 그녀는 시와 창, 음악, 무용 등 다방면의 뛰어난 재능과 지성미를 겸비한 아름다운 매력을 지닌 유명한 기녀로 학식과 미모, 그리고 지성미와 매력은 하늘의 천사에 비유할 정도였으며 중국에까지 명성이 전해졌다. 타고난 노래 소리는 선녀에 비유되고 기생이지만 화려하지 않으며, 지성미를 겸비하여 천부적 재능을 타고난 명기였다. 외모뿐 아니라 고고하고 우아한 품성, 그리고 가무음곡 모두 일절이라고 불릴 정도로 뛰어났다.[114]

그녀는 기녀의 신분으로 유교사상의 남존여비 환경에서 자유

---

112) 조선 초기에는 바느질의 침선비도 기녀로 충당하고 질병 치료하는 의녀도 기녀였으며 내의원과 상의사에 속해 약방기생, 상방기생으로 불리었다. 시대가 어려울수록 기녀는 사대부나 변경지방 군사들을 위한 매춘의 역할이 커지게 되었다. (한국여성연구소 여성사연구실, 위의 책, p.215.)

113) 朝鮮珍書刊行會本, 『靑丘永言』(1948)에는 黃眞이라 기록되어있다.

114) 이수광, 『한국 역사의 미인』, 서울: 영림카디널, 2006, p.15.

로운 사고방식을 가지고 있었고, 봉건사대부 지배층의 위선에 대한 저항의 삶을 산 측면도 있다. 조선시대의 선호한 미의식 으로 신분상 기녀이지만 추구한 미인상은 외적인 용모뿐만 아니라 내면의 품성과 우아하고 기품 있는 아름다움을 추구하였음을 알 수 있다. 신분제 사회에서의 기녀들은 천인, 하층의 계급에 속하는 위치에 있었으며 정상적인 가족제도에 포섭될 수 없는 소외된 존재이기도 했다. 이 때문에 사대부들에 의하여 엄격한 유교 윤리의 틀에서 벗어나 쉽게 성적인 욕구를 해소할 수 있는 존재로 여겨졌다.

양반 사대부들은 정처에게는 적자 생산자로서의 의미를 중시하는 반면 기녀들에게서는 성적 또는 감정적인 충족을 얻고자하는 이중적 윤리관을 가지고 있었던 것이다.115) 정처에게는 후덕함과 절제된 인내를 요구하였지만 기녀는 남녀 관계에서 적극적인 애정을 실현할 수 있는 대상이라는 관념도 통용되고 있었다. 특히 부부 사이에도 예절이 무엇보다 우선시되었기에, 사대부들의 입장에서는 기녀들이 비교적 대화와 감정의 교류가 가능했던 대상이었을 것으로 추정된다. 이러한 상태에 대하여 박애경은 '가장과 정실의 역할을 명시한 합법적 가족 제도와 그 외곽에서 이루어지는 사대부와 기녀와의 낭만적인 연애는 가문의 관리자의 역할과 성애의 대상을 분리한 중세적 분할론의 한 형태'라고 기녀제도를 규정하고 있다.116)

---

115) 한국여성연구소 여성사연구실, 『조선시대 여성의 일과 생활』, 서울: 도서출판 청년사, 1999, p.217.

기녀들의 미의식은 양반 사대부들과 고급문화를 향유할 수 있는 예능적 능력과 다양한 기예를 잘할 수 있는 실력에서 나타난다. 노래와 춤과 같은 전문적 예술은 물론 서화·시·문장 등 당대 지배층의 문화를 능숙하게 구사해야 풍류 세계에서 인기를 누릴 수 있었기 때문이다. 조선의 미인인 기녀들은 조선의 일반여성들은 전혀 교육을 받을 기회조차 없었던 것과는 달리 전문가에 의해 교육을 받는 특혜를 누리며 사회의 풍속과 그들의 사상을 담아내는 기능을 하기도 하였다.117) 한시와 시조를 창작하고 향유하면서 기녀들은 동시대의 상층 남성들과 풍류를 함께 즐기는 동반자로서의 교육과 예술의 교류역할을 했던 것이다.

기생들은 사대부와의 폭넓은 교류로 인하여 상당부분 격조 높은 문학 형태에 접근한 것이다. 기생들은 폐쇄된 사회에서도 은밀한 지위를 확보했으며 기예의 달인으로서의 면모를 유감없이 발휘하여 사대부는 물론 아녀자의 부러움의 대상이 되기도 했다.118) 그렇기에 이들이 처한 특수한 상황을 '귀족의 머리, 천민의 몸'119)이라는 표현도 한다. '몸은 천민이요, 눈은 양반'이라는 말처럼 이중적 신분구조 속에 위치했던 기생은120) 조선

---

116) 박애경, 「기녀 시에 나타난 내면 의식과 개인의 발견」(『인간학연구』 9, 가톨릭대학교 인간학
    연구소), 2005, p.75.
117) 그들이 남긴 문학작품은 전반적으로 사회의 다양한 모습을 지니면서 심층적인 의미를 조명
    할 가치가 있다. (윤향기, 「기생문학에 나타난 성」, 경기대 석사논문, 2003, p.77.)
118) 윤향기, 앞의 논문, p.77.
119) 박애경, 앞의 논문, p.75.
120) 이영화, 『신분으로 읽는 조선사람 이야기』, 서울: 가람기획, 1998, p.333.

의 문화와 예술을 향유하는 특수 예술인의 계층에 속했다고 규정 할 수 있을 것이다.

기녀의 생활사를 잘 정리해 놓은 문헌으로 이능화(1686-1945)의 『조선해어화사(朝鮮解語花史)』가 있다. '해어화'는 '언어를 아는 꽃'이란 뜻으로 유녀, 노는 계집, 기생, 기녀 등으로 불리는 여성들을 가리키는 별칭이다.[121] 이와 같이 조선시대의 기녀는 별명이 '해어화' 즉, '말하는 꽃'이었다. 화사한 웃음과 재치를 남성들에게 접대하도록 길러진 천민여성, 혹은 신분적 의미에서 시작했지만 나름의 경지를 일군 예술가들인 여성들에게 호의적인 해석을 한 것이다.[122]

기생은 양반을 만나 첩이 되면 기생을 면천할 수 있어 첩이 되기를 바라는 시대였다. 하지만 좋은 집안일수록 기생이 들어가는 것은 더욱 어려웠다. 혹 성공해서 첩이 되었다 해도 행복이 보장된 것은 아니었다. 낯선 집에 들어와 경계와 질시를 한 몸에 받고 있는 고단한 기생첩의 신세는 「별실자탄기」에 잘 나타난다.

음전하고 진중하면 대가 세다 논란이요
새침하고 얌전하면 방자하다 등 돌리고
조용 않고 떠들면 거만하다 수군수군
똑똑하고 어여쁘면 여우라 별명이요
능수능란 은근하면 흉측하다 별명이요
맵시 있고 간드러지면 방정맞다 쓴말이요

---

121) 손유주, 「개화기 기생들의 예술 활동 연구」, 단국대 석사논문, 2005, p.6.
122) 규장각한국학연구원, 앞의 책, p.26.

생그럽고 민첩하면 奸物로 지목하고
경우 바르고 눈치 빠르면 얄밉다 퉁문 돌고
정직하고 씩씩하면 밥맛이라 삐죽 삐죽
여기 좇고 저기 좇아 得人心 하려한 즉
고맙단 말하나 없이 미쳤다 흉을 보며
순진하고 무던하면 물어미라 지목 일세
잘한다는 말이 없고 칭찬들을 일이 없네.[123]

　　이처럼 조선의 미녀인 기생의 신분은 첩이 되어도 한탄스럽
고, 기방의 생활도 감정보다는 손님의 취향과 요구를 들어야
했기에 사랑을 진심으로 노래하는 삶이 아니었음을 알 수 있
다. 조선시대의 기녀는 서울에서 활동했던 '경기(京妓)'와 지방
의 관청에 소속되었던 '향기(鄕妓)'로 나눌 수 있다.[124] 이들은
모두 관에 예속된 존재로서 음악과 가무를 담당하는 여성 예인
이라 할 수 있다. 기생의 문학은 시대성의 반영이며 실생활에
서 느낀 솔직한 감정의 표현이므로 그 시대 사회풍속과 긴밀한
관계를 맺고 있음을 확인할 수 있다.[125] 이처럼 조선시대 기녀
의 생활상은 화려한 옷차림과 화장 및 치장, 고관과 명사를 상
대하여 많은 돈과 권력의 주변까지 이를 수 있지만 일찍부터
모욕과 수치, 배신과 버림을 감수해야 하는 그들의 생활상을
추측할 수 있다.

---

123) 규장각한국학연구원, 앞의 책, p.158.

124) '경기'는 내의원에 소속되어 혜민서에서 醫業을 담당했던 藥房妓生과 상의원 소속의 針線婢
로 일했던 尙房妓生, 그리고 장악원에 소속되어 女樂에 참여했던 歌妓 등이 있다. 이들의 결
원이 생길 경우 지방에서 뽑아 올리기도 하였는데, 지방 관아에 소속된 기녀들은 鄕妓라 했
다. 이능화 저, 앞의 책, pp.82-112 참조.

125) 윤향기, 「기생문학에 나타난 성」, 경기대 석사논문, 2003, p.81.

기녀의 미의식은 특출한 미모와 뛰어난 재능으로 인기를 얻는 것이다. 비록 기녀의 신분이지만 뛰어난 재능으로 다양한 사회참여와 활동을 기반으로 많은 인기로써 부와 재예에 강점을 부여 하는 것이다. 남존여비의 신분제도에서 기생이 누린 특전은 엄격한 내외법도 예외로 인정받아 외간 남자와 자리를 같이할 수 있었으며 그들이 활동하는 무대와 상대하는 남성들이 광범위하였다. 그들의 특수교육과 글씨와 시, 그림 등 다양한 공부는 직업상 필요한 것이지만 조선사회에서 있을 수 없는 일이었다. 이러한 기생의 생활상은 천민의 생활보다는 지배층의 양반생활에 더 가까웠을 것이다.

　기녀들의 미모관리는 직업에 충실하기 위하여 특별하였으며 복장에서도 사치의 허용과 몸치장에 정성을 들이는 것은 물론 화려한 장신구를 많이 착용했다. 여인의 삶으로는 화려함과 모욕적 수치도 함께하는 특수층이었다. 천민이지만 특수교육과 재능을 발휘하며 화려한 생활을 하기에 힘들지 않게 살면서 천인계층의 시비(侍婢)도 거느렸다.126) 조선시대의 기녀는 최상의 화려함과 특수교육을 받은 특수 예술인이었으나 남존여비가 추구했던 모순된 삶은 기녀들에게도 예외가 아니었다. 여성으로서의 자유로움을 추구하였지만, 신분의 현실적 제한 속에 아픔과 애절함을 문학작품으로 남겼다.

---

126) 정유진,「기생 장신구의 미적 특성에 관한 연구」서울과학기술대학교 석사논문, 2011,p.12.

4) 무녀의 생활과 미의식

조선시대는 신분적 사회제도에서 궁녀·기생·의녀·무녀 등은 천민 계급으로 분류되었으며, 전문직 일을 하였다. 무녀는 무속에 관련된 일을 하는 여인을 의미하며, '무당'으로도 부른다. 일반적으로 무당에는 여인이 많았기 때문에 무녀는 무속(巫俗)을 대변하는 신분층이라 하겠다.

여기서 무속이란 말은 일반적으로 사용되는 말이 아니라 종교적 사제인 무당을 중심으로 한 신앙을 일컫는 학술용어이다. 한국적 무의 유형에는 '세습무'와 '강신무'로 대별된다. 강신무는 '신 내린 무당'이고 세습무는 신분제도나 사회적 제약에서 '대물린 무당'을 일컫는다. 조선의 유교사상은 현실적 삶을 중심으로 하여 인륜 도덕의 실천을 강조한 반면, 마음의 위안을 주거나 구원을 약속하는 종교는 아니었다. 이에 아녀자들은 삶의 돌파구를 찾기 위해 불교에 의지하였다. 불교의 인과응보, 윤회사상은 이들에게 많은 위로와 위안을 얻는데 적합했기 때문이다.

주지하는 바와 같이 한국불교와 무속은 서로 영향을 주고받으며 발전해 왔다. 외래 사상인 불교가 한국에 뿌리를 내리기 위해서는 기층신앙과의 융합을 도모할 필요가 있었고, 그에 가장 합당한 것이 바로 토속적 무속신앙이었기 때문이다. 그러므로 불교는 무속과 습합하여 민중의 요구에 부응하였다.

조선시대 여성들은 답답한 규방 안에 갇혀 살며 불교를 믿음으로써, 그리고 淫祀라 불리는 무속을 믿음으로써 위안을 삼았다. 즉 절에 가서 기도를 하거나 무당을 불러 굿을 하거나 점을 쳐봄으로써 답답한 마음을 풀어보고자 했던 것이다.127)

무녀는 원시시대부터 인간과 신의 매개자로 제의를 주관, 신을 즐겁게 하여 맞이하고 인간의 재앙을 피하고 복을 받게 하는 일을 수행하는 사람이었다. 즉 신을 모시는 성(聖)의 세계와 일상생활을 영위하는 속(俗)의 경계를 넘나드는 삶을 영위하였다. 무당을 만신이라 부르기도 하는데, 남자무당은 박수라고 부르며 인간의 길흉화복을 신에게 비는 의식문화를 행하였다.

특히 심한 파도와 변화가 많은 어업이나 힘든 직업군에서 인간의 안전을 기원하며 신에게 비는 행위로 굿 행사가 치러진 것을 볼 수 있다.128) 조선시대는 공식적으로는 기신행위를 금지하였지만 비가 오지 않을 때 기우제를 지내거나 병든 사람의 치료를 위해 신에게 제를 지내는 등 무녀들의 일들은 궁궐에서도 행해졌다. 왕실의 안녕을 기원하는 일, 수명과 복을 기원하는 일, 왕비나 공주의 사주를 받아 저주행위를 하는 일 등 무녀들의 역할은 사람의 심리적 방면에 큰 역할을 한 것으로 드러난다. 이러한 영향으로 조선사회는 무녀를 근절시키기 어렵다는 것은 다음의 내용에 담겨있다.

---

127) 이배용, 『한국 역사 속의 여성들』, 서울: 어진이, 2005, p.76.
128) 한은선, 「어업환경의 변화에 따른 어촌마을 굿의 변화양상」, 목원대 박사논문, 2004, p.3.

무녀로 인해 생길 수 있는 사회적인 문제를 최소화 하는데 주력하였다. 세종 때는 무녀들을 동서활인원에 소속시켜 병든 사람을 치료하게 하자는 건의가 있어 세조대 이후 실제 무녀들이 동서활인원에서 활동했던 것으로 보인다. 또한 무녀에게서 무세를 받았다.[129]

무속을 완전히 배제할 수 없던 이유로 무녀들에게 무세를 받고 있었는데, 이 무세는 전국적으로 적지 않은 액수이며 다산의 『목민심서』에서 "세 집이 있는 마을에도 모두 무녀가 있다."고 할 만큼 무녀는 민간에 고루 퍼져 있었다. 더구나 조선의 내외법으로 인해 여성들과 친근할 수 있는 무녀들이 세를 확장하기 수월하였으며 이에 따라 남자무당은 사라지게 되었다.

이들은 치병에도 역할을 하였는데, 세종 11년 3월에 예조에서 계를 올려 각 관과 각 마을 민가 가까이 사는 무격으로 하여금 질병을 다스리도록 청했다. 즉 열병이 있는 집에는 수령이 의원과 무격에게 명령하여 진찰하여 치료하고 만약 낫지 않으면 곧 치죄토록 할 것을 건의했다. 이로 인해 많은 사람들이 완치됐으며 공이 있는 무녀에게는 세금을 감해주거나 부역을 덜어주기도 했다고 한다.[130]

조선시대의 신분차별 속에서 무녀들의 생활 또한 힘들고 어려웠음을 볼 수 있다. 국가의 끊임없는 제재와 신분적 차별대우, 조선의 가부장 문화 속에 여성으로 겪어야 했던 어려움은 모든 여성에게 적용되었다. 천민인 무녀의 역할을 살펴보면 몇

129) 한국여성연구소 여성사연구실, 『우리 여성의 역사』, 서울: 청년사, 1999, p.222.
130) 이배용, 앞의 책, p.78.

가지로 요약된다.

첫째, 조선의 무녀들은 국가의 탄압과 제재에도 무세를 통해 국가경제에 기여하였다. 둘째, 일반인에게는 삶의 어려움에 대한 신앙적 위안을 주는 심리치료사 역할을 하였다. 셋째, 실제적으로 진료도 하고 병의 치료도 하였다.

무녀의 역할은 일반적 민중은 물론 유교적 교양을 쌓은 양반이나 왕실도 마찬가지였다. 이처럼 무녀들은 천민의 신분으로 많은 차별대우 속에 살아야 했지만 오늘날 관점으로 보면 전문 직업인으로의 면모를 가지고 많은 역할을 한 것으로 볼 수 있다.

무녀들의 미의식은 신명과 자연 순응의 의식이 춤으로 나타나는 것에서 엿볼 수 있는데, 이들의 춤을 민속춤으로도 볼 수 있다. 춤을 통해 그들만의 의식을 키워[131] 억압으로부터의 긴장이나 갈등을 해소하기도 하며 미적인 욕구를 충족시키기도 했던 것으로도 생각할 수 있다. 또한 춤 이외에 의상에서도 그들만의 미의식을 발휘하여 붉은색이나 푸른색의 원색을 사용하여 아주 화려하게 장식하였는데 소매 끝에는 청홍황 삼색의 끝동을 달아 신명을 몰아가는데 한 몫을[132] 한 것이 무녀들이 선호하는 미의식으로 볼 수 있다.

무녀들의 미의식은 민족학적 춤을 형성하며 미적정서를 발휘하였고, 종교적으로는 신명과 자연합일을, 미적표현으로는 정중동의 미, 곡선의 미, 풍자의 미를 굿이라고 하는 행사를 통해 표

---

131) 이지은,「민속춤에 내재된 미의식」, 이화여자대학교 석사논문, 1996. p.18.
132) 위의 논문, p.p.33- 34.

현하였다.[133] 신을 섬기는 제천의식을 통하여 가무오신(歌舞娛神)하는 표현이 곧 미의식으로 생활화 된 것이다. 또한 무속의 중심에는 조화주의를 세계관으로 삼고 있는데, 조화의 개념으로 근본을 삼고 있음[134]은 미의 본질인 조화와 균형이라는 측면과도 상통하는 것으로 볼 수 있다. 이는 인간과 신령과 자연의 생명이 조화를 이룰 때 신명과 통하는 것으로 간주되었으므로 조화의 미의식은 무녀들에게도 존재하였던 것을 주목 할 수 있다. 무녀들은 자연 속에 태어난 생명체로서 인식하고 자연의 주인이 아니라 자연 품에 안기려는 감정을 나눔으로써 민족의 근본을 흐르는 순응의 미의식을 표출한 것으로도 추측 할 수 있겠다.

3. 조선시대 여인상의 인상학적 범주

사람들은 자신의 상이 좋은 상이기를 바란다. 그러나 인상은 누구나 좋을 수만은 없으며, 자질과 품성에 따라 극귀상, 중등의 상, 극천상 등으로 나뉘게 된다. 즉 좋은 점을 더 많이 함축하고 있는 사람과 좋지 않은 점이 많이 있는 사람에 따라 분류될 수 있는 것이다. 본 연구에서 접근할 조선시대 여인의 상에는 다양한 옛 상서를 참고하여 분류한 귀인상·부귀상·빈천상·고독상 등의 네 가지 범주에서 인상학적 접근을 시도하고자 한다.

---

133) 위의 논문, p.55.

134) 곽영화, 「한국 무신도의 미의식」, 부산대학교 석사논문, 2008. p. 117.

네 가지 기준은 정밀한 등가성은 없으나 나름대로의 근거가 있으며, 중국의 성리학적 유교사상과 일치하는 부분이 많아 그 가치가 인정된다. 그러나 조선시대의 기 철학자 혜강 최한기의 『인정』에서는 "귀한 상으로 여러 좋은 점을 겸하고 있으면 극귀(極貴)가 됨은 따질 것도 없거니와, 혹 여러 나쁜 점이 있으면 도리어 그 귀한 상이 애석하게 된다."135)고 하였다. 그것은 외형상으로 인상이 귀한 상으로 보이더라도 그것이 극히 귀상으로 발전하거나 반대로 나쁜 상으로 전개될 수 있는 것은 내면의 인품에 따라 달라진다는 말이다. 또한 형상뿐만이 아니라 그 위에 형질의 기를 살필 수 있어야 바른 '관인'을 할 수 있다는 것이 혜강의 측인법이다.

> 도덕·재능의 유무, 淺深과 驕吝, 殘虐의 大小와 微顯이 모두 形質의 氣에 나타나니, 측인의 妙理는 오직 기를 살피는 데 달렸다. 대저 사람 형질의 기는 천지의 氣化에서 稟賦하여 부모의 기화에서 이루어지고 習染의 운화에 따라서 변화하니, 형질의 始終이 곧 한 몸 운화의 氣이다.136)

내면의 도와 덕, 재능의 정도, 천심과 교린, 잔학의 대소와 미현이 모두 형질의 기에 나타나므로 몸에 드러나는 운화의 기를 살피는 것이 으뜸임을 혜강이 강조하는 부분이다. 따라서 인상학적으로 귀한 상으로 분류되었을지라도 반드시 그에 해당

---

135) 貴像之兼有諸善者, 爲極貴不須論也. 或有諸劣, 反庸慨惜也. 『人政』 제1권, 測人門三, 貴賤中優劣.

136) 道德才能. 有無淺深. 驕吝殘虐. 大小微顯. 盡著於形質之氣. 測人之妙. 惟在於察氣. 夫人形質之氣. 稟賦於天地之氣化. 得逢於父母之氣化. 隨變於習染之運化. 形質始終.卽一身運化之氣也. 『人政』 제1권, 측인문.

하는 평가를 받을 수 없을 뿐만 아니라 반대로 낮은 상으로 분류되었을지라도 내면의 마음가짐에 따라 좋은 평가를 받을 수도 있는 것이 관상학에서 중요한 요점인 것이다.

마음가짐 등 내면의 상태로 외면을 보는 관상학에서 중시한 것은 정과 신의 조화로 지혜와 명석함 그리고 분별력이 뛰어나는 것 등은 내면의 문제이기 때문이다. 명석한 사람은 양기를 많이 품부 받아 신이 강하여 민첩하고 순간적 판단을 잘할 수 있는 상이 될 수 있다. 또한 사려가 깊은 사람은 음기를 많이 품부 받아 정이 강하기 때문에 고요함의 근원을 알아 침착하며 맑은 내면의 형상을 이루는 것을 볼 수 있다. 따라서 외면적으로 타고난 모습이 비록 꼭 좋은 상이 아니더라도 환경과 마음의 상태에 따라 인상은 변화하게 된다.

이와 관련하여 긍정의 밝은 마음은 외형을 밝은 모습으로 화하게 하므로, 운세나 형상까지도 변화시킬 수 있게 된다. 특히 밝게 웃는 해맑은 모습은 인상학적으로 높이 평가하며, 건강은 물론 좋은 복운의 기운으로 변화하게 하는 것이라 할 수 있다. 요컨대 아무리 좋지 않은 상이라도 긍정적 마음에 따라 좋은 상으로 변화되는 것이 인상학으로 본 관인법이다. 즉 빈천상도 개성 있는 길상으로 변화될 수 있는 것이다.

또한 미인상에 대한 관점은 시대와 환경에 따라 변화할 수밖에 없다는 것도 염두에 두어야 한다. 조선시대에서는 꺼리는 여인상이라도 현대의 다양한 직업군 속에서는 개성과 매력을 지닌 능력을 갖춘 미인상으로 바뀔 수 있기 때문이다. 예를 들면 특수한 직업 즉 모델 등에서는 적극 요구하는 상으로 섹시함과 멋스러움의 개성을 강조하는 적합한 상이지만 조선시대라면 좋은 상으로 간주하지 않을 것이 분명하다.

1) 귀인상

상학에서 논하고 있는 귀인상은 인성이 고상하고 우아한 덕성을 지닌 상으로 일거수일투족이 단정하고 엄숙하면서도 온화함을 갖추고 있는 상이다. 대체로 상학의 텍스트에서 논하고 있는 귀인상은 공통점이 있다. 古相書인 『太淸神鑑』137)에서는 귀인상을 다음과 같이 보았다.

> "머리가 둥글고 목이 짧은 자는 부유하고 이마가 편평하고 넓은 사람은 주로 귀하다. 눈썹이 길고 수려한 자는 어진 부인이 된다. 눈이 청수한 사람은 귀합한 인물이 된다. 코가 깍은 듯이 곧은 사람은 귀하고 장수한다. 눈썹이 팔자인 사람은 성정이 온화하고 복이 있다. 입이 가늘고 모진 사람은 영부가 되며 혀가 연꽃 같은 사람은 현숙한 바탕이다. 입술이 주사 같은 사람은 착하고 아름다운 처로 될 수 있다. 치아가 석류 같은 사람은 명부가 된다. 인중이 깊고 곧은 자는 자식이 많다. 눈 아래가 윤택하면 아이들이 참하고 귀가 붉고 둥근 자는 귀부인이 된다. 귀의 윤곽이 이루어진 자는 어질고 부하다. 왼쪽 귀가 두터운 자는 먼저 생남하고 오른쪽 귀가 두터운 자는 먼저 딸을 낳는다. 입술에 주름이 많은 자는 아들이 많다. 볼에 두 턱이 있는 자는 부유하고 영화롭다. 머리가 검고 가는 실 같은 자는 귀부인이 된다. 손바닥이 붉고 솜 같은 자는 읍봉을 받는다. 뼈가 가늘고 살결이 부드러운 자는 귀하다. 살이 밝고 몸이 향기로운 사람은 사랑스러운 사람이다. 성정이 느리고 기질이 유연한 자는 복과 수를 누린다. 심신이 조용하고 기

---

137) 『四庫全書術數類全編』 「子部」에 수록된 『太淸神鑑』은 6권이며 舊本은 後周의 王朴, 撰.

색이 안일한 자는 정결하다. 웃으며 눈감는 자는 화기롭고 아름답
다. 행동이 섬세하고 느린 자는 맑고 화려하다. 손바닥과 발바닥
에 검은 사마귀가 있는 자는 귀하고 남편에게 이롭다. 겨드랑이와
유방 사이에 선모가 있는 자는 착하고 귀한 아들을 낳는다."138)

이처럼 인상학에서는 체형이 반듯하고 성품이 맑고 밝으며
공손한 예절로 기운이 화합되는 상을 귀한 상으로 본다. 이는
神이 맑고 밝으며 이목구비 오관이 단정하게 조화를 이루어 너
그럽고 후덕한 상을 말한다. 신을 강조한다는 점에서 내면의
아름다움을 우선시하는 태도를 엿볼 수 있다. 이는 착한 善의
도리로 성품과 기운이 진실하고 명랑하며 깨끗하고 온화한 상
을 귀하게 보았다. 또한 실천의 행동이 바른 모습과 겸손한 행
동을 귀한 상으로 본 것이다. 또한 『面相秘笈』139)에는 귀한 여
인의 상을 다음과 같이 보았다.

인당이 꽉 차고 코가 반듯하게 수려하며 눈썹과 눈이 청정하고 잘
생기면 귀한 남편을 보며, 코가 곧으며 이마가 두텁고 관골이 두
터우면 필히 부유한 남편을 배필로 맞으며, 코가 수려하게 잘생기
면 남편도 빼어날 것이다.... 연상과 수상이 고르게 잘생기고 준두
가 풍만한 사람은 남편과 부인이 보통사람과 달리 비범한 뜻을 이
루어 이마의 주름이 붓 도랑을 이루듯 잘생겼을 것이다.140)

---

138) "… 頭圓項短者, 主富. 額平而方者, 主貴. 眉長而秀者, 賢婦眼秀而淸者, 貴閣. 鼻直如削者, 貴
而多壽. 眉分八字者, 性和而福. 口細有稜者, 令婦. 舌如蓮花者, 淑質. 唇如朱砂者, 令妻. 齒如
石榴者, 命婦. 人中深又直者, 多子. 目下潤澤, 宜兒. 耳紅而圓者, 貴婦. 耳成輪廓者, 賢富. 左耳
厚者, 先生男. 右耳厚者, 先生女. 唇多紋理者, 多子. 頤生重頷者, 富豪. 髮青黑如細絲者, 貴婦.
掌紅如綿者, 邑封. 骨細而肉膩者, 貴質. 肉潔體香者, 令相. 性緩氣柔者, 福壽. 神靜色安者, 貞
潔. 笑而閉目者, 和美. 行而詳緩者, 淑麗. 掌中足底生黑痣者, 貴而益夫. 腋下乳間生旋毛者, 善
生貴子矣.",「女人賢貴部」(『太淸神鑑』, p.293).

139) 小通天(史廣海),『面相秘笈』, 臺北, 小通天相舘, 1982.

140) "引滿鼻秀眉眼淸秀, 定配貴夫, 鼻直形厚額顴厚必配富婿, 鼻秀夫秀.…年壽平而準豊者, 夫妻異

이마는 관록궁(官祿宮)으로 조상·부모·배우자의 인연을 보며, 반듯하고 넓고 높은 모습은 이상이 높으며 좋은 부모의 인연으로 편안히 성장하고 귀격의 배우자를 만나는 상으로 볼 수 있다. 더불어 꽉 찬 듯한 인당, 눈썹이 아주 수려하고 깨끗하면 성정이 어질고 슬기로운 상으로 본다. 또한 곧은 코와 풍만한 준두를 가진 여인을 귀격의 상으로 본다. 흑백이 분명하며 맑은 정기의 神이 살아 있는 두 눈의 모습은 기가 맑고 선한 사람으로 보며, 가늘고 긴 눈으로 멀리 보는 모습은 지혜로운 귀격의 여인상으로 보았다.

> 아들을 구하려고 첩을 구할 때는 반드시 청순하고 평온하며 연상, 수상(콧등)이 높이 일어나지 않아야 한다.[141]

산근이 편평하며 코의 선이 부드럽게 완만한 곡선으로 내려오고 콧등이 드러나지 않고 준두가 풍성하여 난대, 정위[142]인 창고, 산근과 코는 건강과 명예, 의지력, 자존심을 나타내어 나의 위상을 나타낸다. 난대와 정위는 재물의 창고로 든든하며, 건강하고 강한 추진력으로 재를 이룰 수 있는 좋은 상으로 본다. 코가 높이 솟지 않으며 눈 밑 와잠 부위[143]가 윤택하고 도톰하며 코밑의 인중선이 넓고 깊은 모양으로 선명하면 건강하고 귀한 자식을

志, 額上成溝."『面相秘笈』p.134.
141) "求子問妾 定須淸穩 而年壽不降".『達磨相法』總訣, 제4권, 專論女相.
142) 관상 용어에서 양쪽 콧방울을 일컫는다.
143) 여인의 상에서 와잠은 지손을 보는 곳으로 풍륭하면 자손을 多産하는 좋은 상으로 보았다.

두는 여인의 상으로 보았다. 특히 와잠 부위가 풍륭하고 밝으며 누에가 누워있는 모습은 자손이 번성하는 귀한 여인의 상이다. 다음으로『神相全篇』144)에는 귀인상을 다음과 같이 보았다.

> 뼈가 맑으면 의록이 자연히 풍부하고,…눈썹이 초승달 같으면 신이 맑으며…언어가 가볍고 맑으면 신기가 더욱 좋다. 걸음걸이는 흐르는 물과 같아야 하고 일어서면 봉우리 같아야 한다.…몸에 난초와 사향이 없어도 자연히 향기로우며, 앉은 자세가 큰 산과 같으면 정신이 여유롭다.…위엄이 있고 요염하지 않으며 정신이 바르고, 걸을 때 먼지가 날리지 않으며 웃을 때 치아가 보이지 않고 어깨가 없고 등이 있으며, 선 자세가 거북이 같으면 이것은 여자의 정조와 품행이 바른 몸이다.…머리가 길고 많으며 검고 천정이 넓고 이마가 반듯하고 머리가 둥글며 지각이 네모지며, 입술이 丹砂같고 치아가 희고 광택이 나며 촘촘하고, 몸가짐을 삼가고 씀씀이에서 절약할 줄 알면 영원히 근심이 없다.145)

골이 맑고 깨끗하면 神이 밝고 유여하며, 언어에 두서가 있고 음성이 청정하며 맑고 아름다우면 귀함이 있다. 특히 등이 둥글며 두터운 느낌으로 넉넉하면 부귀한 상으로 등과 어깨는 몸의 바탕으로 풍후하며 둥글게 등이 불룩하면 부유하고 건강하며 수명까지 좋은 상으로 분석된다. 입술이 주사와 같이 붉으며 이가 석류 알처럼 고르고 희면 부와 귀를 겸비하는 상이다. 법령은 웃을 때 생기는 미소 선으로 코 옆에서 입가를 둥글게 감싸듯이 내려오는 선이다. 법령선이 길고 분명하면 법과 약속을 잘 지키

---

144) 宋·陳搏 秘傳, 明·柳莊·袁忠散 訂正,『神相全編』, 臺北: 新文豊出版司, 출판년도 미상,

145) "骨淸衣錄自然豊, 眉如新月氣神淸.…語話輕淸神更好, 步如流水立如峰. 身無蘭麝自然馨, 坐如山嶽精神緩.…有威無媚精神正. 行不動塵笑藏齒. 無肩有背立如龜. 此是婦人貞潔體.…髮長雲黑天庭廣, 額正頭圓地閣方. 脣若丹砂銀 齒密. 謹身節用永無憂.",『神相全編』9권, pp.2-4.

는 상으로 분석된다. 또한 지각과 턱이 넓으며 부드러우면 의지력이 강한 귀격의 상으로 볼 수 있다. 귀가 붉고 윤택하며 상부가 둥글고 윤곽이 분명하면 지혜가 있고 수주가 두터우면 심성이 후덕하다. 걸음걸이가 완만하고 행동거지가 바르고 성품이 부드러우면 귀인의 상이다. 이처럼 인상학에서의 범주는 생긴 모습만이 아닌 행동거지와 내면의 신기를 중시하고 있는 것이다. 그것은 다음 『達磨相法』146)에서도 나타난다.

> 부인의 중요한 德은 요염하거나 경솔하지 않으며 웅장하지 않고 조급하지 않아야 한다. 머뭇거리는 것은 부끄러워하는 것이니 염치를 알아 신중히 하는 것이고, 침묵하는 것은 말을 많이 하지 않는 것이며, 몸이 향기롭고 머리카락이 윤택한 것은 德이 몸을 윤택하게 한 것이다.147)

부인의 모습은 유순하여야 하며 행동이 요염하지 않고 단정하고 성품이 부드러우며 공손해야 한다. 함부로 나서지 않는 진중함을 갖추고, 알뜰히 가산을 잘 다스리는 것이 중요한 덕목이 된다. 피부는 부드러워 향기가 있으며, 살이 지나치지 않고 윤택하다면, 이는 모두가 음의 화기를 상징하는 것으로 부덕을 갖춘 상으로 유추할 수 있다.

또한 "인당과 천정에 홍·황의 색이 항상 밝으면 남편이 과거에 급제한다."148)고 하여 부인의 인상과 남편의 출세를 연결

---

146) 宋·達磨道者의 저서, 『達磨相法』, 『達磨道者正易心法』이 있으며 『達磨相法』은 각론과 총론으로 麻衣先生 石室神異賦의 金鎖賦, 銀匙歌, 達磨相法 등의 내용이 실려 있다.

147) "婦人重德 不媚不輕 不雄不燥, 澁者羞也, 知恥慎重也. 默者 不多言也, 體香髮潤 德之潤身也." 『達磨相法』, 總訣, 제4권, 專論女相.

시키고 있는 점이 흥미롭다.

기색은 몸 안에 있는 기가 몸 밖으로 표출된 것을 말하는데, 그 표출된 것을 색이라 표현하며, 은은하게 뿜어져 나오는 발그레한 자색과 홍색과[149] 자기가 가장 귀한 색이다. 면 기색의 경우는 수시로 변화하기 때문에 당시의 모습을 파악하는데 있어 가장 핵심이 된다고 할 수 있다. 좋은 기색은 몸속에서 가득차서 은은하게 표면으로 뿜어져 나오는 색을 의미한다.

다음은 언어의 상으로 말이 예절에 맞고 질서가 있으며 부드러우면 성품이 화합하고 마음가짐이 정결하다. 즉 인의예지의 지혜와 총명함으로 바른 인성이 함께하는 선한 여인상을 귀한 여인상으로 보았음을 알 수 있다. 이는 유교의 이념이 귀인의 요건에 중요하게 작용하고 있는 것이다. 또한 여인의 앉은 자세가 반듯하고 정신이 근엄하며 당당하면 귀한 여인상으로 볼 수 있다. 특히 높은 지위격인 군왕의 배필이 되는 상은 육체와 정신이 비범한 상으로 보았으며 심성이 후덕하며 부드러운 눈빛의 은은하고 화한 모습을 중시하였다. 인상학적으로 본 귀인상은 전술한 바와 같이 타고난 용모도 중요하지만 더욱 중요하게 본 것은 바른 마음의 덕성을 소유하는 것이 으뜸인 것이다. 인상학적으로 귀한 상으로 분류되었을지라도 반드시 그에 해당

---

148) "印庭火土常明, 相夫登第 (火土紅黃之色也)." 『達磨相法』總訣, 제4권, 專論女相.

149) 『고려도경』에서도 다음과 같이 고려의 여인들이 홍색을 좋아하는 것을 소개하기도 하였다. "王妃와 夫人은 홍색을 숭상하여 더욱 그림과 수를 더하되, 관리나 서민의 처는 감히 이를 쓰지 못한다.(或云王妃夫人 以紅爲尙 益加繪繡 國官庶民 不敢用也)", 『高麗圖經』 第20卷, 「婦人·貴婦」

하는 평가를 받는 것은 아닐 수 있다.

2) 부귀상

옛말에 "부자와 군왕은 하늘이 낸다."는 말이 있다. 하늘은 귀(貴)를 주며 땅은 만물의 소득인 부(富)를 준다. 바른 마음과 측은지심에 기초한 어진 마음은 하늘을 감동시킨다. 땅의 인내력으로 생명을 키우는 힘이 부를 부르며 부와 복록을 얻는 사람은 심덕을 실천하는 사람이어야 한다.

인상학적으로 부귀상으로는 체형이 전체적으로 두툼하며 심신이 안정되고 기상이 맑고 청정한 것을 우선으로 본다. 또한 홍기와 황기의 氣(윤기로움)가 있으면 귀하고 삶에 기쁨이 있는 것으로 본다. 일반적으로 부를 보려면 코를 보며 코의 모양이 쓸개를 달아놓은 모습이 부의 상이다. 또한 귀한 상은 눈썹과 눈의 조화를 같이 본다. 『태청신감(太淸神鑑)』에 나타난 부귀상에 대한 묘사를 보면

> 코는 쓸개를 매단 듯 곧고, 입술은 네모난 배아 같고, 눈썹은 고르고 눈은 청수하며, 치아는 희고 턱은 모나며, 귀는 우뚝하고 귓방울이 부드럽고 정기가 돌며, 이마는 모나고 일월각이 분명하고, 몸은 희고 촉촉하며, 근육은 향기롭고 앉은 자세는 산이 서 있는 듯하고, 정신은 근엄하고 비속하지 않으면 당당하고 귀함은 말할 것도 없을 뿐만 아니라 귀한 자손이 태어난다.[150]

---

150) "鼻直如懸膽, 脣方口似胚. 眉疎幷眼秀, 齒白更方頤. 耳聳垂珠軟, 神和色又怡. 額方分日月, 體白潤香肌. 坐穩如山立, 神嚴不去卑. 莫言當自貴, 更主子孫奇.", 女富貴, 『太淸神鑑』

코의 생김이 대나무 통을 잘라 세워놓은 모습으로 견고하고 모양은 쓸개를 달아 둔 것 같이 풍륭하며 난대, 정위의 창고자리가 튼튼히 잘생긴 사람은 식복과 재록이 함께하는 부의 상으로 일컫는다. 입이 네모난 배아 모습은 식록이 넉넉하며 이마의 일월각이 분명하고 밝으면 도량이 넓다. 그리하여 그러한 사람은 "마음이 부드럽고 도량이 너그러우며, 준두(準頭)151)가 높고 풍만하면 종신토록 재물이 넉넉하다."152)고 한 것이다.

부자의 상에 필수적인 요소는 후덕하여 심량이 너그러운 심상이다. 그러한 심상이 준두가 높고 풍만하여 잘생긴 인상의 요소와 조화하면 부자의 상으로 본 것이다. 준두는 심상을 볼 수 있는 중요한 부분으로 준두가 높고 둥글며 풍만하게 잘생기면 성품도 부드럽고 후덕하다. 또한 비속하지 않고 당당하며 심량이 너그러우면 부귀함과 귀한 자손을 둘 수 있는 부귀의 상으로 보는 것이 인상학의 입장이다. 더불어 난대, 정위인 콧방울이 잘생기면 재물의 창고로 보며, 그러한 상은 마음속의 충만한 기상으로 심성이 관대하며 일의 추진력, 실천력이 좋은 상으로 볼 수 있다. 그러한 사유로 재물이 함께하는 부자의 상으로 본 것을 주목할 수 있다.

> 명궁은 양 눈썹 사이의 산근 위를 이르며 빛나고 밝아서 거울과 같으면 학문에 통달하고, 산근이 평평하고 가득차면 주로 복과 수명을 누린다.153)

---

151) 코끝을 가리킨다.

152) "心軟量寬 準頭圓滿 終神財裕". 『達磨相法』, 제4권, 總訣,, 專論女相.

인당에 관한 부귀의 인상을 살펴보면 양 눈썹 사이인 인당을 명궁이라 이르는데, 이 부분이 밝으면 학문에 통달하고 기쁜 일이 있다. 여자로서 이마가 반듯하고 편평하고 넓으며, 밝고 인당과 천정이 연결되어 좋으면 귀격의 남편과 지혜로움이 함께하는 귀격으로 부가 따르는 상으로 인지된다. 부자와 귀한 벼슬을 한 자는 신(神)을 나타내는 눈과 눈썹의 생김이 맑고 윤택하며 눈의 흑백이 분명하고 눈썹이 수려하고 깨끗해야 한다. 산근이 평편하고 기색이 윤택하고 기운이 충만하면 건강과 수명을 누리며 부와 귀를 좋게 하는 상이 된다.

관상학에서는 일반적으로 코의 준두를 재백궁으로 본다. 천창과 지고 또한 재백궁과 관련이 있다. 천창은 조상의 유산에 관한 것이고 지고는 자녀의 효경·공양, 그리고 아랫사람의 협조에 따른 사업의 성취에 관한 것이다. 따라서 많은 상서들이 천창과 지고까지 재백궁의 범주에 넣고 있다.

여인의 부귀상을 볼 때, 코를 중심으로 천창과 천정(이마) 부위가 높이 솟아 있으면 재백궁과 관련하여 좋은 상으로 보았다. 이마는 초년의 운을 나타내어 좋은 이마의 경우 소년시절에 귀를 이루며 부모의 좋은 인연으로 편안히 성장하며 좋은 남편의 인연이 있다. 이처럼 관상학에서는 부모의 보호를 받는 초년의 운을 좋은 이마가 요건이 되는 것으로 보았다. 조혼의 경우에도 이마의 운이 좋은 남편과 만나게 되는 것은 자연스러

---

153) 韋千里 著, 『中國相法精華』, 武陵出版有限公司, "居兩眉之間, 山根之上, 光明如鏡, 學問皆通. 山根平滿, 乃主福壽", 2005, p.13.

운 분석일 것이다.

코는 오행에서 중앙의 토를 의미하며 흙이 풍부하면 재물이 풍족한 것으로 보았다. 코의 준두를 재백궁으로 보는데, 지각(턱) 부위가 솟아 있으면 말년까지 부와 귀를 함께 영달할 수 있다. 눈 밑이 도톰하며 흉이나 점이 없고 윤택하면 자녀들이 어질고 재주가 많으며 효성스러운 상이다. 이러한 이유로 많은 상서들이 이마에서 지고까지 전체를 재백궁으로 본 것은 초년, 중년, 말년의 작용력을 보는 것으로 천인운화의 밝은 이치를 헤아리는 합리적인 추정이라 하겠다.

여인의 입은 작고 입술이 단사(丹砂)를 문 듯하여[154] 붉은 색을 선호한 것은 혈액순환이 좋은 건강상태를 본 것으로 짐작될 수 있다. 또한 입이 넓고 입술 산이 뚜렷하며 사자(四字) 모양으로 네모지면 부와 귀를 겸비하는 상이다. 얼굴의 삼정이 균형을 이루고 오악이 두둑이 잘생기면 부와 귀의 상으로 본 것이다. 두 눈의 흑백이 분명하며 부드러운 눈빛이 아름답게 빛나면 총명하고 지혜로운 상이다. 입은 식록과 언어의 복록을 쌓는 집으로 건강과 오복의 창고이다. 특히 입 끝이 활모양이고 입을 벌리면 크고 다물면 작은 모습이면 출납관이 잘 형성된 모습으로 부와 귀가 영달할 수 있는 상으로 분류 된다. 또한 양쪽의 관골이 받쳐주고 오관이 반듯하며 굴곡 없이 풍륭하면 일평생 부와 귀가 함께하는 상으로 본것이다.

---

154) "口小含丹分".,宋・陳搏 秘傳,『神相全編』, 臺北: 新文豊出版司, 출판년도 미상, 7권 p.6.

법령인 미소 선은 입을 지나야 부귀가 있으며 두 귀가 튼실하고 두터우며 수레바퀴의 모습이면 지혜와 총명의 귀상으로 분석된다. 특히 턱의 지각부분이 풍만하고 둥글며 가지런히 일어나는 상이면 노후에 발복하는 부의 상이다. 손발이 두터우며 손이 솜처럼 부드럽고 손바닥의 혈색이 좋으며 신광이 얼굴에 가득하면 부자의 상으로 본다. 손가락이 뾰족하고 길며 가는 사람은 일을 많이 하지 않는 여유로움이 있는 편안한 상이다. 걸음걸이가 단정하고 바르며, 식사하는 자세가 바르고 편안하면 귀격의 상으로 본다. 반듯하게 앉는 자세와 구름 흐르듯 부드러운 행동의 모습이 부귀의 상이며 몸 전체로서는 촉촉하고 근육이 향기로우며 앉은 자세가 산이 서있는 모습이면 부귀의 상으로 보았다. 머리 전체가 공 모양으로 둥글고 목이 짧으며 등이 두터우면 부한 상이다. 허리가 가늘지 않고, 배의 모습이 키의 모습을 닮아 풍만하면 부의 상으로 본다. 가슴은 만사의 부(府)로서 평평하고 바르고 넓어야 부귀하다.155)

　또한 음성이 맑고 종을 치듯 청아하면 부귀의 상이다. 여기에서 음성을 부귀상으로 본 것은 언어는 사고의 표현이며 심상의 거울이기 때문이다. 특히 언상은 마음의 덕을 나타내는 것으로, 흉을 길로 바꿀 수 있는 중요한 작용을 한다. 심상이 밖으로 나타나는 직접적인 통로가 언어에 있기 때문이다. 인상학에서는 "사주가 관상만 같지 못하고, 관상이 심상만 같지 못하고, 심상

---

155) "胸中爲萬事之府, 平正而广闊者富貴.", 希夷·陳博 秘傳, 柳莊·袁忠撤 訂正, 『神相全編』, p.93.

이 언상만 같지 못하다." 하여 언어의 상을 최선으로 보았다.

> 전택궁이 눈썹과 눈 사이에 두 손가락 굵기를 넘을 정도로 아주
> 넓은 사람은 부귀한 상으로, 심성이 넓고 인자하며 항상 즐겁고
> 장수를 누리며 예지능력 또한 지니고 있다.[156]

특히 여인의 상에서 전택궁[157)]은 매우 중요한 위치를 점하고 있다. 전택궁은 상학에서 두 눈을 일컫는다. 한편 상학서인 신상 전편에서는 눈과 눈썹사이를 전택궁으로 보았다. 이러한 사유로 보면 전택궁은 가정이고 전답이며 창고의 역할을 하는 곳이기 때문이다. 전택궁이 넓고 도톰하며 윤택하면 심성이 넓고 인자 하며 건강이 좋은 상으로 본다. 이곳에 점이나 흉이 없으면 물 심양면으로 여유로운 상으로 본 것은 심성과 재력을 같이 본 것 으로 짐작할 수 있다.

또한 상을 볼 때 제일 중점적으로 보는 것은 기색이며 윤택함 이다. 두 가지가 더불어 아름다우면 생명력과 근기가 뛰어나고 수명까지 길다고 본 것은 내면의 충만한 기운이 기(氣)와 색(色) 으로 발현 되는 것이기 때문이다. 이와 같이 외형으로 나타나는 형상은 곧 내면의 마음상태를 보여주는 것이다. 밝은 마음과 바 른 심성의 측은지심은 어진 마음이므로 소우주인 인간의 형상을 통해 기색이나 행동으로 나타난다. 부귀상은 자연의 이치인 땅 의 인내력으로 생명을 키우듯이 그러한 인간의 힘이 부를 부르

---

156) 오현리,『정통 관상 대백과』, 서울: 동학사, 2001, p.98.
157) 눈썹과 눈 사이를 말한다.

는 것으로 보았으며, 반대로 부와 복록을 얻는 사람은 심덕을 실천하는 사람으로 보아도 무방할 것이다. 이러한 조선시대의 부귀상은 심덕을 귀히 보는 미인상과도 상통하는 부분이 많은 것으로 판단된다.

3) 빈천상

최한기는 사람의 형편이 어렵고, 운이 통달하고 막히는 것이 기(氣)로써 나타나기 때문에 상학에 나타난다고 보았지만, 얼굴이 귀한 상이라고 꼭 작록을 얻고 천한 상이라고 반드시 곤궁하게 되는 것은 아니라고 보았다.158) 그러나 일단 얼굴 기색이 구름이 낀 듯 탁하고 어두우면 대인관계 등이 막힘이 많아 곤궁이 따르는 상으로 보았다. 다음은 『면상비급(面相秘笈)』159)의 빈천상에 대한 설명이다.

> 인당이 함몰된 사람은 남편이 무정하고 코가 작고 관골이 높은 사람은 어려움이 많은 남편이고, 코가 함몰되고 끊기면 남편에게 속임을 받는다. …관골이 드러난 사람은 남편의 수명이 길지 않고, 코뼈가 드러난 사람은 남편의 복을 길게 하기 어렵다.160)

얼굴의 상중하 삼정 중 이마는 상정의 자리로 초년의 운세를 관장하며 부모·학운·배우자의 인연 등에 해당하는 것으로 본

---

158) "貴像必得爵祿. 賤像必致困窮哉.", 『仁政』, 側人門三, 容貌. 貴賤有虛實.

159) 小通天(史廣海), 『面相秘笈』, 臺北: 小桶天相舘, 1982..

160) "印陷者婿無情, 鼻小顴高者夫婿多難, 鼻□嶺斷定受夫期…觀露骨者, 夫壽不永, 鼻露骨者, 天福難永.", 『面相秘笈』, p.134.

다. 그것은 상정의 자리가 해당하는 시기에 해당하는 것들이기 때문이다. 따라서 인당이 함몰되면 초년에 고생이 많고 배우자의 덕이 부족하다고 보았다. 또한 코가 함몰되면 남편의 속임을 받는다 함은 코는 자신의 위상과 자존심을 뜻하며, 여인에게는 남편으로도 보기 때문이다. 관골이 두드러지면 강인한 성품으로 자존심과 추진력이 강하여 적극적인 반면 대인관계에 트러블이 많은 상이다. 그러므로 남편의 심기를 불편하게 하여 수명과 건강을 단축케 하므로 남편 복을 약하게 본 것으로 추정할 수 있다. 이는 여인의 바깥출입조차 꺼렸던 조선시대에는 좋지 않은 상으로 보았으나 적성에 맞는 직업선택과 사회활동이 필수인 오늘날에는 재해석이 필요한 부분으로 간주 된다.

> 입술이 어둡고 귀가 작으면 태아가 여러 번 유산되고 입술이 희고 눈이 함몰되면 태아가 떨어지는 것이 중첩되고, 작은 손가락의 절단된 상처가 있으면 많이 낳아도 적게 살며, 살이 많아 뼈를 이기면 난소가 막히며 장애가 있고, 작은 손가락이 굽거나 꼬부라지면 자식과 동거하기 어려우며, 맥이 동하는 주름이 손 안에 있으면 유산이 될 수 있으니 예방하여야 한다. 입술이 얇고 희면 혈액이 부족하여 잉태가 어렵다.[161]

조선시대는 다산이 미덕으로 여겨지던 시대였으므로 여인의 외형적 모습의 작은 부분에서도 자식과의 관계나 자녀 출산 등과 연관시켜 중시하였음을 볼 수 있는 부분이다. 입술이 얇고 희면 꺼리는 여인상으로 본 이유는 여인의 붉은 입술을 통해 혈

---

161) "脣暗耳小流産屢屢, 脣白眼陷墜胎重重, 小指斬傷多生少活, 肉多勝骨, 卵巢故障, 小指灣曲子同居, 脈動紋(卽手頸是也)入掌流産宜防. 脣薄而白, 血枯不 孕.", 『面相秘笈』, p.133.

액의 풍부함과 혈맥의 순환으로 건강을 중시한 것을 볼 수 있는 부분이다. 자손의 잉태와 다산을 위한 건강한 여인상을 추구한 것이 극명하게 드러나는 자료이다. 『신상전편(神相全編)』에서는 여인의 빈천상에 대하여 다음과 같이 설명한다.

> 눈이 드러나면 성격이 독하고, 사시이면 질투심이 있으며, 성격이 강하면 마음이 반드시 굴곡이 있다. 얼굴 전체에 청색이 있으면 실패가 많으며 흑백색이면 근심과 질병이 분분하다. 붉은색이 만연하면 관재에 이를 것을 믿는다. 요긴하게 알아야 할 것은 눈 아래에 살이 없으면 아이를 해치거나 자식을 극한다. 간사함이나 속임, 고독함을 알고자 함은 그의 준두가 뾰족한가 엷은가를 보라. 중년에 쇠약하고 곤궁한 것은 風門의 어금니가 드러나기 때문이다. 치아가 드러나고 목에 결후가 있는 것은 상학에서는 크게 꺼리는 일이다. 부인이 이러하면 남편을 훼방하며 자식이 끊어진다. 입이 작고 입술이 엷으면 시비가 많은 사람이고 인당에 난문이 있으면 형법을 벗어나기 어렵다. 입의 양쪽 끝이 아래로 드리우면 간사하고 속임과 경박함이 마땅하다. 초년의 사나운 운세는 미간에 검은 사마귀가 있기 때문이고 사마귀가 눈꼬리에 있으면 중년에 필히 水厄을 입게 된다. 몸이 살이 찌고 목이 짧으면 목숨이 오래 길지 않다.[162]

이처럼 얼굴의 형체로 정신의 상태를 보았는데, 맹자는 '사람을 관찰하는데 눈동자를 보는 것보다 더 좋은 것은 없다'고 한 것은 바른 정신과 인성의 자질까지 읽어낸 것을 인지할 수 있는 부분이다. 눈이 드러나면 정과 신이 안정되지 못하며 성격이 강

---

162) "眼露而性毒, 斜視而懷妬忌, 性剛强而心必曲. 滿面毒藍, 多逢邊否.黑白色侵, 憂橫疾病紛紛. 赤色縱橫, 信官災而將至. 要知克子害兒, 必是眼下無肉. 要知奸詐孤, 着他鼻頭尖薄. 衰困中年, 定是風門牙露. 露齒結喉, 相中大忌. 婦人如此防夫絕子. 門小脣薄此人多是多非, 印上雜紋決定難逃刑法. 口角兩垂而下因知如詐便宜. 初年水厄之憂但有眉間黑子, 徒生眼尾中年必遭水厄. 身肥項保命不久長.", 『神相全編』 1권, p.39.

인하여 트러블이 많고 굴곡이 따른다. 또한 눈의 상이 좋지 않으면 박정하고 심성도 아름답지 않은 상으로 보았다. 피부의 기색으로 청색과 흑백색은 근심과 질병이 따르며 붉은 기색은 관재가 따르는 상으로 보았다. 눈의 생김이 악하면 성품이 강해 남편과 자식을 해롭게 하며, 눈 밑이 건조한 듯 메마르고 주름이 있으면 자식을 극하고 힘든 일이 많은 상으로 본 것이다. 또한 준두의 원만함으로 부드러운 성품을 파악하였다.

어금니와 치아가 밖으로 드러남을 꺼렸으며 여인의 목에 남자처럼 결후가 드러난 남자상은 극히 꺼렸다. 입이 작고 입술이 얇으면 마음의 옹색함을 나타내는 것으로 시비와 건강의 약함으로 보았으며 덕이 부족하고 이기적이며 인색하고 빈한한 상으로 분석한 것이다. 이마에 끊어진 주름살이 있으며 인당에 주름이 있으면 어려움이 많이 따르는 상으로 보았다. 또한 구각이 밑으로 드리우면 마음이 바르지 못함으로 본 것은 그 사람의 바른 정신의 상태나 인성의 자질까지 읽어낸 것으로 설명된다. 미간이나 눈꼬리에 점이나 사마귀가 있으면 액이 따르는 것으로 보았으며 목에 살이 찌면 요즘의 비만으로 보아 혈액 순환 등의 문제로 건강을 약하게 보는 것으로 분석 할 수 있겠다.

기운이 탁하고 귀의 빛이 검고 귀가 엷으며 윤곽이 뚜렷하지 않으면 건강과 운기가 약하며 지혜가 부족한 상으로 본것이다. 또한 피부가 깨끗하지 못하고 근육에 탄력이 없으며 손가락이 뻣뻣하게 굳으면서 성근 사람은 힘든 일을 많이 하는 여인의 상으로 보았다. 또한 여인의 성품이 급하면 실수가 많아 흉하게 보았으며 골절이 어둡고 불거지는 상은 남성적 요인이 드러나는 상으로 보아 꺼리는 상으로 분류할 수 있다. 허리가 길며 너무 가늘어 끊어진 듯한 모습이라든지 걸을 때 몸이 기울고 바르지 못하며 하체가 부실한 체형은 건강도 약하며 빈한한 상으로 분류된다. 뿐만 아니라 만약 얼굴이 길며 이마가 동시에 길면 남편을 형극하는 상으로 간주한다. 여자의 머리가 산발되고 얼굴에 생기가 없으며, 머리가 비스듬히 비뚤어지고 등이 기울며, 살이 메마르고 목소리가 웅장하며 남자의 얼굴을 가지면 이런 여자들은 흉포하여 남편을 극한다고 보았다.163)

또한 여인의 얼굴이 긴 상을 꺼리는 것으로 이마가 너무 길면 남편 운을 약하게 본 것으로 여인에게 이마는 남편으로 보았기 때문이다. 어깨와 등이 솟아 오른 듯 보이는 상은 남자의 상을 가진 모습으로 등이 얇거나 구덩이처럼 함몰되면 빈천한 상으로 분류되며 조선시대에는 이러한 여인상을 꺼렸다. "여자의 목소리가 남자의 목소리이면 끝내는 안녕하지 못하다."164)고 한 것은 남자의 목소리를 가지면 남편을 극하는 여인의 상으로 흉하게 보았기 때문이다. 요컨대 관상에서도 여성성을 중시한 것이며, 그런 이유로 여성이 남성성을 나타내는 인상을 가진 것은 길한 상이 아니라고 분석한 것이다.

骨는 사람의 기둥인 형틀을 말하기 때문에 숨어 있으되 음이

---

163) 『神相全篇』, "若是面長額又長. 刑夫. 婦人髮亂顏色無. 頭斜背反及乾枯. 雄聲更帶男兒 面. 此輩雄豪殺丈夫.", 9권, p.5.

164) 『神相全編』, "女作丈夫聲. 若然有此相. 終見不安寧.", 9권, p.5.

아닌 양으로 비유되기도 한다. 여인이 골격은 적은데 살이 많으면 음과 양이 조화롭지 못하다고 보았다. 이처럼 비만을 꺼리는 모습은 난소의 혈행 순환이 원활하지 못해 자손잉태에 부적합한 여인상으로 보았기 때문으로 판단된다. 또한 골격이 너무 두드러지게 강하게 나타나도 빈천상에 속하였다. 예컨대 곡식을 방아 찧어 겨를 벗겨내도 알곡은 그대로 존재하는 것처럼 사람의 골격은 변화하지 않는다고 보았기 때문이다. 골격이 두드러진 것은 남성성이 엄존함을 말한 것이다. 그래서 『빙감(氷鑑)』에서는 "이것은 神을 말한 것이며, 산은 이지러져도 붕괴되지 않는 것은 오로지 돌이 지탱하기 때문이다."[165] 사람의 몸을 형성하는 기둥인 골격이 노출되고 여인의 뼈가 강하게 튀어나온 상은 남성성으로 어리석고 흉한 일이 많은 상으로 본다. 또한 뼈가 너무 가벼우면 정신력이 약해 높은 뜻을 품거나 추진하는 실천력이 부족하여 빈천한 상으로 분류된 것으로 볼 수 있다.

4) 고독상

고독상은 전술한 빈천상과 더불어 흉상에 속한다. 고독상과 빈천상은 중복되는 부분이 많은 상으로 부귀상과 상반되는 상으로 분류할 수 있다. 여인의 고독상은 머리가 너무 크고 이마가 너무 높으며 특히 이마의 양쪽 부분이 튀어나오면 남편을 극하는 고독한 여인의 상으로 보았다.

---

165) "脫穀爲糠. 基礎斯存. 神之謂之. 山虧不崩. 惟石爲鎭. 骨之謂之.", 曾國藩, 『氷鑑』, 「神骨」.

일월각이 높이 매달려 있으면 태음에 임하여 과부가 되어 비참한 생활을 한다고 하는데, 이는 일월각이 높이 솟아있는 것을 말하며 반드시 남편을 극하게 된다. 그 응험이 36~38세에 나타난다.[166]

『달마상법(達磨相法)』을 보면 일월각[167]이 높이 매달려 있을 경우 태음 즉 36세에 이르면 양쪽 눈 부분을 점하게 되기 때문에 37세 혹은 38세에 이르러 기운이 약해질 때 남편에게 좋지 않은 일이 있는 상으로 본다. 또한 이마와 지각이 서로 조응하지 않고, 지각이 밑으로 쳐져 있거나 뾰족한 상은 고독하고 힘든 일이 많은 상으로 보았다. 또한 이마가 얼굴보다 높아 얼굴이 뒤로 들어간 듯한 상도 고독한 여인의 상으로 보았다. 이처럼 이마의 앞 양쪽이 튀어나와 이마가 좁은 상은 액고면함상(額高面陷相)이라 부르는데, 이러한 상은 고독하고 외로운 여인의 상으로 본 것이다. 그 밖에 눈썹이 끊긴 듯 짧으며 너무 숱이 많고 검거나 눈을 누르는 모습 또한 고독하고 삶이 힘든 여인의 상으로 분류하였다.

준두가 뾰족하고 치아가 입술 앞으로 튀어 나오고 울대뼈가 튀어 나오며 이마가 기울며, 입술이 위로 들리고 골격이 드세며… 사시이며 정기가 적은 자는 그르치려 들지 말라. 남편 몰래 외간남자를 만나 나쁜 짓을 한다. 입술이 파손되고 눈동자가 붉같으며 머리에 머리카락이 없으면 사지를 상해하며 정신기운이 약하며, 표정에 살기가 있으면 부모를 방해하여 형벌을 받게 하며 남편을 극하여 과부가 되고, 고독하여 고생이 끝이 없다.[168]

---

166) "日月高懸臨太陰 而媚慘. 謂日月角高起 必剋夫, 應在三十六八之部." 總訣, 『達磨相法』 제4권, 專論女相.
167) 이마의 눈썹 위의 양쪽부분을 말한다.

콧대가 뾰족하고 비뚤어져 있으며 엷은 사람은 마음이 바르지 않고 심신이 허약해 건강이 약하고 외로운 상으로 보았다. 입과 입술이 윤택하나 이가 보이고 입술이 엷은 사람, 또는 입술이 들리고 치아가 드러나면 남에게 함부로 심한 말을 하거나 비방하여 다툼이 많아 고독한 상인 것이다. 입 주변에 쭈글쭈글한 주름이 있거나 피부에 금이 주름처럼 자리 잡은 모습과 "입모양이 불을 부은 듯하고 말하기 전에 웃거나 허리가 굽으면 상법에서 파패상(破敗像)이라 하여 좋지 않게 여겼다."[169] 입술 부위의 골격이 나온 듯이 튀어나오면 고집이 세고 성품이 강하여 대인관계가 원만치 않아 외롭고 고독한 상인 것이다.

그 밖에 눈에 대해서는 "눈꺼풀이 얇고 붉으면 절제가 적다. 눈꺼풀은 눈의 덮개이다. 만약 눈의 덮개가 얇고 눈이 붉으면, 염치없는 행위가 많고 절조 있는 행위가 적다는 뜻이다."[170]라고 하여 눈에 대한 내용도 적지 않다. 특히 눈이 붉은 것을 여인의 상에서 매우 꺼리며, 황색이나 탁한 눈빛도 좋지 않은 상으로 보았다. 또한 눈꺼풀을 일반적으로 전택궁이라 칭하는데 전택궁의 정확한 표현은 전술한 바와 같이 두 눈을 의미하는 것이다. 눈꺼풀이 너무 얇거나 두터워도 행동의 절제가 약하여 남편이 떠나거나 인연이 적어 고독하게 보았다. 또한 걸어갈 때 머

---

168) "準尖齒露并喉結. 額側唇掀骨格粗.…莫敎射視精神短. 背塌尋夫做不良. 缺唇火日頭無髮. 肢體相傷神帶殺. 妨刑父母尅夫多. 螺寡孤獨思不歇.",『神相全編』9권, p.2.

169) "口似吹. 發言先笑腰肢折. 相法名爲破敗像.",『神相全編』9권, p.4.

170) "瞼薄赤而少節, 瞼者爲目蓋也, 若目蓋薄而赤者, 主有不廉之態, 少有貞潔之行.",『人倫大統賦』, p.179.

리가 먼저 나가는 상은 성격이 빠른 상으로 이 또한 여인의 상에서 꺼리는 상이다.

> 부인의 눈 밑에 살이 없으면 세 사람의 남편을 살해하지 않으면 두 사람의 남편을 살해하며, 사람을 만나면 입을 가리고 웃음이 멈추지 않으면 행인을 따르기를 좋아하여 사랑을 좇아 한밤중에 달아난다.[171]

자손의 관계는 눈 밑의 와잠 자리를 본다. 눈 밑 와잠 자리에 점이나 흉이 있으면 좋지 않은 상으로 본다. 눈 아래에 살이 없이 메마르면 자식인연은 물론 남편을 극하는 고독한 상으로 보았다. 따라서 눈 밑이 두둑하고 편편한 상이 좋은 관상이다. 나이 들어서는 인중과 턱에 운이 해당한다. 그러므로 이곳에서 말년의 운과 건강, 자손의 덕 운을 본다. 인중이 깊이가 없고 얕거나 좁으며 턱이 약하면 자손 덕, 운이 약하여 떨어져서 살거나 정이 약하다고 본다. 고독하게 사는 사람은 몸에서 차가운 느낌이 나는 상, 즉 기색이 차가운 느낌이 드는 사람이며 그는 정신과 기운이 약하다. 또한 눈에 눈물의 흔적이 있는 사람, 눈가에 물기가 젖어있는 듯한 모습을 한 사람, 얼굴이 창백한 듯 흰빛이 나며 피부가 얇은 느낌의 상, 얼굴생김이 복숭아꽃이 핀 듯한 색깔을 띤 사람은 도화의 작용으로 보아 절제된 여인상과는 거리가 있는 상으로 인지된다.

---

171) "婦人眼下肉常無, 不殺三夫殺兩夫. 見人掩口笑不斷, 愛逐行人半夜逃.", 婦人孤獨, 『太淸神鑑』「婦人孤獨」

이러한 사유가 불안정한 여인상으로 보아 고독한 상으로 본 것으로 추정된다.

말할 때 한숨을 짓는 상은 외롭고 고독한 상으로 좋지 않은 것이다. 또한 아무 때나 입을 가리고 실없이 웃는 행동의 상은 아무나 따라가는 지조 없는 여인의 상으로 본다. 등뼈가 움푹 하게 들어가거나 낮은 사람도 고독하고, 허리가 너무 가는 사람도 외로운 상으로 보았다.

또한 사람의 목소리는 내면의 기를 발설하는 것이므로 드러내는 내면의 기운을 볼 수 있는 부분이다. 따라서 목소리는 사람의 기를 직접 알 수 있는 중요한 작용을 하는데, 여기서 목소리라 함은 말의 정확함, 정직함이 묻어나는 바른 소리를 아울러 일컫는 것이다. 그것은 안에 있는 것은 보고 듣기가 어렵지만 바깥에 나타난 것은 보고 듣기가 쉬우니, 그 소리를 가지고 그 오장육부의 기질을 아는 것이 측인(測人)의 본원(本源)이기 때문이다.172) 따라서 목소리가 웅장하거나 심하게 쉰 소리 또는 남자 같은 걸걸한 목소리의 여인상은 결혼을 해도 원만한 결혼생활 유지가 어려워 혼자 사는 고독한 상으로 보았다. 이처럼 "세 번 시집간 원인은 여자가 남자 목소리를 가졌기 때문이다."173)라고 말하는 것처럼 목소리 또한 인상학에서 중시하는 부분이다.

---

172) "在內者難於見聞. 發外者易得見聞. 固當因其聲而知其臟腑之氣質. 測人之本源也. 최한기, 『人政』測人三. 容貌.

173) 鄭民鉗 譯, 『신상전편, 하』, 삼원문화사, 서울, 1998, p.156

귀의 생김이 엷으며 윤곽이 흐린 사람도 지혜가 부족하고 고독한 상으로 분류된다. 귀는 사독으로 분류되며 귀의 윤곽이 뚜렷하고 두터운 상은 총명하고 지혜로움을 겸비한 귀격의 상으로 간주된다. 특히 여인의 귀에서 가운데가 견고하지 못하면 만족이 없고 실행력이 약한 상으로 볼 수 있는 부분이다.

걸음걸이가 참새가 뛰어가는 것 같은 촉박한 걸음은 성품이 급하여 실수가 많고 정서적으로 불안정한 상으로 간주된다. 얼굴의 골격이 납작하듯 들어가 보이고 얼굴전체가 낮고 하관의 뼈가 약하여 살이 없고 앙상한 느낌의 여인의 상은 건강이 약하고 말년이 고독한 상으로 추정할 수 있다. 얼굴의 피부가 귤껍질처럼 단단하고 얼굴빛이 청색으로 파리하면 고독하고 쓸쓸한 여인의 상으로 볼 수 있다.

고독상의 분석결과 인상은 희노애락으로 전개되는 인간 삶이 얼굴의 무대 위에 유형화되는 형상이다. 외형은 인간외부에 나타나는 것으로서 길흉화복을 주재하는 의미로 분석되며 귀상과 천상은 비단 외형의 모습만이 아닌 천인운화의 밝은 이치로 헤아리는 것이라 할 수 있겠다.

이상은 귀인상, 부귀상, 빈천상, 고독상을 인상학적으로 접근해 보았다. 전술한 바와 같이 여인의 상학은 여러 이론들이 있지만 실제로 임상을 통해 볼 때, 여인들의 모습은 극귀상이나 극천상은 매우 적고 보통의 모습이 더 많다고 판단된다. 인상학을 보는 길은 여러 가지 접근 방법이 있으며 각각의 특징이 있고, 때로는 상충하는 바도 있기 때문에 관상을 보고 판정하는 데에는 어려움이 따른다. 그러나 어떠한 입장에서도 우선시하여 보는 것은 맑은 정신을 나타내는 눈(神)의 상태와 내면의 기(氣)가 드러나는 기색이라고 본다.

첫째, 눈은 거짓이나 진실을 가장 정직하게 나타내기 때문이다. 또한 현재의 사고와 내면의 정서를 담고 있기 때문이다. 아무리 형상이 잘생기고 풍륭한 상이라도 정과 신이 나약하고 탁한 상은 좋은 상으로 볼 수 없다. 정과 신은 특히 눈에 나타난다. 정과 신이 맑고 진실하며 풍부하면 비록 형상이 빈천상이나 고독한 상이라도 개운의 가능성이 존재하는 것으로 보는 것이 관상의 기본이다.

둘째, 기색은 내면의 건강·심리·정서·사고 등이 나타나는 것이기 때문이다. 이처럼 한 자(一尺)의 얼굴에 나타나는 정과 신의 모습은 매우 중요하다. 비록 고독상에 속하는 상이라든지 기괴한 부분이 있어 좋지 않은 인상의 소유자도 마음의 상태가 긍정의 사고와 후덕한 심성을 가졌다면 삶에 전환을 가져와 개운을 할 수 있다는 뜻이다.

요컨대 성실한 마음은 성공하고 형통할 수 있다는 것이 인상학의 개운법이며 지향하는 목표이다. 동양의 인상학은 이러한 사유에 바탕을 두고 전개되어 왔다. 바로 이러한 점이 문헌에 나타난 상학과 실제 관상의 차이점이라고 말할 수 있다. 이론과 실제라는 간극은 관상가의 깊은 통찰을 요구한다.

뿐만 아니라 미인상 또한 시대적 산물로 생각해야 한다. 예컨대 조선시대에 선호한 미인상과 오늘날의 미인상과의 차이점은 사회와 환경이 요구하는 시대상이 반영된 것으로 볼 수 있다. 그러나 어느 시대 어느 지역에 가더라도 바른 심덕이다. 그리고 정결한 언어와 후덕한 마음이 미인상의 덕목으로 작용한다고 할 수 있다.

CHAPTER

조선시대의 〈미인도〉에
나타난 미인상

1. 풍속화에 나타난 미인상

1) 풍속화의 형성

풍속화는 사람이 살아가는 생활을 묘사한 그림이다. 풍속화는 생활상을 표현한 만큼 무엇보다도 사실성이 중시되기 때문에 기록적 성격을 지닌다. 이는 곧 시대성을 담고 있다는 말이 된다.[174) 우리는 풍속화를 통해 당시대의 문화와 생활상에 접근할 수 있으며 작가의 철학을 읽을 수 있다. 그러나 전통회화에서는 원래 풍속화라는 갈래개념이 없고, 단지 작품명으로 풍속도가 있을 따름이다. 오늘날 통용되는 풍속화는 유럽적 개념인 'Genre'의 번역어이다.[175) 이러한 풍속화의 형성배경은 바라는 바를 바위 위에 혹은 벽화로 그리기 시작하는 선사시대부터 유래된 것으로 볼 수 있다.

선사시대의 암반에 신앙과 종교적 의미를 새기거나 식량의 의미로

---

174) 안휘준, 『한국 그림의 전통』, 서울: 사회평론, 2012, pp.322~323.
175) 정병모, 「조선시대 후반기 풍속화의 연구」, 동국대 박사논문, 1991, p.8.

고기·생선을 많이 잡기를 희망하는 기원도로서의 역할이 있었다. 고구려 벽화에서 보이는 왕족들의 무덤에서 자신의 내세적 준비, 부귀영화의 염원, 또한 신선사상 및 불교적 천상세계로부터 감로도가 있다. 질병과 죽음으로 고통 받는 육도중생이 불교의식의 공덕을 쌓으면 감로로 말미암아 극락에 왕생된다는 내용이다.176)

종래에 풍속화를 그린 목적으로는 왕의 입장에서 백성을 다스리기 위한 목적, 왕에게 백성의 어려움을 일깨우기 위한 목적, 또는 사회교화의 목적 등을 꼽을 수 있다. 한 예로 <빈풍칠월도>는 농사짓고 길쌈하는 내용을 병풍으로 만들어 백성의 삶을 파악하고 이해하고자 한 풍속도인 것을 알 수 있다. 교화용으로 사용된 이들 풍속화는 생생한 현장감이 없는 것이 특징이며 교화용으로 사용된 것이다. 우리나라에서 제대로 된 의미인 현실생활 자체를 뜻하는 풍속화는 18세기에서 19세기 초 조선 후기를 장식한다. 사대부 및 일반 서민들의 생활상을 묘사하고 사회 갈등에 대한 비판을 과감하게 하는 수단으로 풍속화가 활용된다.177) 조선후기를 장식한 풍속화는 현실세계를 그린 것으로 그 시대에 살았던 사람들의 다양한 생활상을 표출하고 있다. 조선의 성리학적 유교이념은 국가를 경영하였을 뿐만 아니라 사람들의 세계관과 가치관, 그리고 미의 감각까지도 결정짓는 하나의 중요한 이데올로기였다고 추정된다. 특히 사대부들은 이러한 유교적 미의식으로 조선의 예술과 문화를 이끌어 나갔다.

---

176) 김영순, 「조선 후기 풍속화 연구」, 『미술론집』, 전남대미술연구소, 2008, p.55.
177) 위의 논문, p.58.

전통적으로 조선의 문화와 미술은 기본적으로 화려함과 과장을 피하고 소박하고 자연친화적인 것을 추구하는 경향을 보인다. 그 배경에는 유교적 미의식이 자리매김하고 있는 것으로 판단된다. 그리하여 화려한 채색을 쓰지 않는 수묵화, 무늬가 없거나 많지 않은 백자, 자연재료의 특성을 살린 목공예, 자연과의 조화를 중요하게 이루는 건축과 조경 등 모든 분야에서 조선미술의 특징이 되었다.178)

조선시대의 회화는 왕조통치에서 안일과 향락을 경계하고 수행의 시각모체로서 활용되었으며 이 시대를 주도했던 문인사대부들의 예술로서 크게 애용되었다. 이에 따라 조선 왕조는 개국 초부터 회사(繪事)를 전담하는 도화서(圖畵署)를 확장·설치하고 화원들을 양성하는 등 적극적인 자세를 보였다.179) 이와 더불어 조선 후기는 사회적으로 농업기술이 발전하여 농촌사회가 분화되었고 대동법의 실시와 금속화폐의 적극적인 유통으로 인해 상업자본주의가 발달했다. 또한 임진왜란과 병자호란 등 양란으로 말미암아 양반 지배체제가 붕괴되었고, 서민생활의

---

178) 조선시대의 미술은 역사의 변천과 양식의 변화에 따라 대체로 4시기로 구분할 수 있다. 초기: 조선이 건국된 1392년부터 약 1550년까지. 중기: 약 1550년부터 1700년까지. 후기: 약 1700년부터 약 1850년까지. 말기: 약 1850년부터 1910년까지. 유교적 통치체제가 정비되고 서서히 그 영향력을 미치게 되는 조선 전기는 조선 500년의 역사와 문화의 방향을 형성한 중요한 시기라고 할 수 있다. 박차지현, 『한 권으로 보는 한국미술사』, 앞의 책, pp.48~49.

179) 홍선구, 『조선시대회화사론』, 서울: 문예출판사, 1999, p.51. 도화서는 삼국시대부터 전하는 것으로 신라의 '彩典'이 '典彩署'로 변경되었고, 고려시대에는 '圖畵院'으로 되었다가 조선 성종이 『경국대전』을 반포하는 시기를 전후한 1463년부터 1474년 사이에 '도화서'로 개칭한 것이다. 도화서에 관련된 자세한 내용은 윤범모, 「조선 전기 도화서 화원의 연구」, 동국대 석사논문, 1979; 김동원, 「조선왕조시대의 도화서와 화원: 조선왕조의 법전규정을 중심으로」, 홍익대 석사논문, 1980; 이동숙, 「조선시대 후기 도화서 화원 연구」, 충남대 석사논문, 2002; 김선태, 「도화서 제도 연구: 삼국시대에서 근대까지」, 홍익대 석사논문, 2005를 참조.

경제적 조건이 향상되었다. 더불어 영·정조의 탕평책으로 인재등용의 문호가 개방되면서 인간평등 사상이 고취되었다. 또한 사농공상의 신분차별에 의해 천대받아 왔던 중인·서민·천민계급들이 중농사상에 힘입어 서민경제의 육성이 이루어졌으며, 서민예술의 신장을 유도하였다.

양란이후 건국이념이었던 유교적 질서는 한계를 드러내었고 사대부 계층의 분화가 시작되며 기존의 통치 이념이 흔들리게 되고 사대부들이 서민 삶의 가치를 수용하게 되면서 가치관의 변화도 수반되었다. 이러한 환경은 자연과 조선인의 삶의 모습을 그린 풍속화의 유행을 낳게 하였는데 그것은 사회적·경제적 조건의 성숙과 사상적 변혁에서 일어난 자연스러운 경향이었다고 할 수 있겠다. 그렇지만 중요한 점은 중국화풍에서 탈피한 한국적 회화였다는 데에 있다.[180] 조선 후기의 풍속화는 정치·사회·문화적 배경을 담아냈으며, 특히 정조(1777~1800)에서 순조(1800~1834)까지가 그 절정기였다고 할 수 있다. 사회문화전반에 걸쳐 민족의 긍지가 잘 반영된, 가장 한국적이고 민족적이라 할 수 있는 화풍들이 주류를 이룬 것이다.

영·정조의 문예부흥 정책으로 인하여 당시의 사회는 과학적이고 합리적인 실학사상이 사회 전반에 만연하게 되었다. 실학사상은 회화분야에서도 적용되어 진경산수 등 새로운 화풍이 등장하게 되었다. 당시의 서민경제의 발달과 실학사상의 융기,

---

180) 홍성원, 「조선 후기 풍속화를 통해본 한국적 미의식에 관한 연구」, 홍익대학교 석사논문, 2002, p.8.

그리고 정조문화의 유입은 회화의 대상과 창작태도를 변모시켰던 것이다. 관념적 세계에서 현실적 세계로 인식의 대상이 바뀜에 따라 조선의 산천과 민중의 삶 자체가 대상이 되었고 회화에도 사실주의가 팽배하게 되었다.181) 이와 같이 사실주의 서민 풍속화는 인간사의 모습을 회화로 담아내고 지속적으로 발전시키면서 조선 후기에 크게 발달하였다.

한편 진경산수화는 겸재 정선(1676~1759)이 일찍이 전통산수화풍과 중국으로부터 수입된 남종문인화풍을 계속적으로 수련하여 창안한 독창적인 경지이다.182) 그는 우리나라에 실재하는 경관의 사생에 주력하여 정선 특유의 화풍으로 발전시켰다. 그리하여 우리나라의 화단은 오랜 중국화풍의 모방과 답습에서 벗어나 관념세계로부터 탈피하여 현실에 참여하게 되고 진경산수와 풍속화로 우리의 산천이나 생활모습·이미지·색을 담은 회화를 추구하게 되었다. 이렇듯 조선의 산수화풍인 진경산수가 발흥하는 분위기는 풍속화로 발전할 수 있는 터전이 되었다. 진경산수와 풍속화의 발달은 조선시대 회화사에서 그 이전과 그 이후의 시기를 구분하는 계기가 된다. 그만큼 진경산수나 풍속화는 다른 유형의 회화와 달리 주제의식과 표현양식에서 후기의 시대정신에 맞는 예술의지를 담고 있다고 평가된다.183)

풍속화는 독창적이고 개성적인 기법으로 한국이라는 주제와

---

181) 박경민, 「조선 후기 풍속화에 대한 연구」, 홍익대학교, 석사논문, 2006. p.10.

182) 김영숙, 「18세기 사인화가의 풍속화 연구」 숙명여자대학교 박사논문, 2002.p.1.

183) 이태호, 『조선 후기 회화의 사실정신』, 서울: 학고재, 1996, p.139.

장소를 소재로 하여 토착적이고 풍토적인 성격을 나타낸다. 또한 서민예술로서 당대에 제기된 문예계의 자주성 인식을 함께 하고 있다. 이 시기에 대두한 실학의 발전과 현실 비판 여론의 형성, 속어나 민간어를 사용한 한시·한글소설·판소리 사설184) 등 조선적 시문학의 등장은 동시기의 시대정신을 형성하면서 풍속화의 유행에 일조했다고 볼 수 있다. 이 같은 영향으로 조선 후기 풍속화가 탄생하였는데, 그 배경에 대한 견해를 보면 첫째, 서민경제의 발달에 의한 향락생활의 추구와 서민의식의 성장에 따른 문화적 욕구의 확산에서 당시 기인한 실학의 발달과 연관을 두는 내재적 요인의 드러남으로 보는 견해이다.

둘째, 조선 초부터 국왕의 안일과 향락을 경계하고자 제작한 <무일도(無逸圖)>와 중국에서 전래된 <경직도(耕織圖)> 등과 관련시켜 그 기원을 이전의 화풍이나 외국과의 교류에서 찾는 견해이다.

셋째, 조선 후기 진경산수화의 등장과 동일한 맥락에서 사회문화전반에 팽배한 긍지와 자신감이 조선의 자연과 조선인의 삶을 그림의 소재로 확산시킨 결과로 나타났다고 해석하는 경우이다.185)

조선 후기 풍속화의 유행은 나라 전반의 사회적·경제적 성숙과 사상적 변화에서 기인한 자연스러운 현상이다. 그러나 오

---

184) 『춘향전』이 등장한 것도 이 시기이며, 숙종 이후에 비롯된 판소리도 이 시기에 그 예술적 지위를 확립하고, 서민의 애환을 실어주는 가극으로 자리 잡았다. 김원용, 『韓國美의 探究』 서울, 열화당, 1987. p.153.

185) 국립중앙박물관, 『조선시대 풍속화』 9, 서울: 한국박물관회, 2002, p.9.

랫동안 중국화풍으로 일관되어 오던 조선시대에 중국화풍을 탈피한 가장 한국적인 회화였다는 점에서 중요한 의의가 있다는 관점이다.

18세기의 선비화가들은 화원보다 먼저 시대적 흐름을 감지하고 일찍 서민풍속을 시도하여 변화의 선두에서 화원들에게 방향을 제시하였다. 그들은 자신들의 감정표출의 자율성을 충분히 이용하여, 선도적인 위치에서 이런 작업을 시도하였다.[186] 조선의 사대부 화가들은 유교적 미의식으로 조선의 예술과 문화를 이끌어 나갔으며 선비들이 선두에서 시대적 흐름을 감지하여 서민풍속도를 시도하였다. 이러한 시도는 화원들에게는 변화로 이어져 풍속화의 새로운 방향을 제시하였음을 유추할 수 있다.

초기 풍속화를 그린 문인화가로는 윤두서(尹斗緖, 1668~1715), 조영석(趙榮祏, 1686~1761), 강세황(姜世晃, 1713~1791) 등이 있으며, 사인풍(士人風)의 풍속화를 그린 작가로는 김두량(金斗樑, 1696~1763), 이인문(李寅文, 1745~1821) 등을 들 수 있다. 이 중에서도 인물과 속화(俗畵)의 전문성을 확보하면서 회화세계를 추구해 나갔으며 대표적인 화가는 선비화가 조영석이다. 17세기 말에서 18세기 전반에 활동한 윤두서와 조영석이라는 양반 사대부에 의해서 시작된 조선 후기 풍속화는 정선·심사정(1707~1769)·이인상(1710~1760)·강세황과 중인

---

186) 김영숙, 「18세기 士人화가의 풍속화 연구」, 숙명여자대학교 박사논문, 2002, p.79.

층인 김윤겸(1711~1775)·강희언(1710~1781)·김두량 등이 그들의 전통을 계승 발전시키게 되며, 18세기~19세기 초 김홍도·김득신·신윤복 등에 의해 예술적 완성을 보게 되었고 정리할 수 있다.[187)

18세기 풍속화는 현장감 있는 장면 포착을 위해 대각선이나 원형의 구도, 배경 없이 인물 형상을 중심으로 묘사하는 화면 구성법을 주로 사용하였다. 그러나 19세기에 이르러 조선의 풍속화는 독창성이나 개성보다는 김홍도·김득신의 화법을 답습하는 형식주의 경향으로 흐르게 되고, 주제에서도 중국식 경직도류나 세시풍속도 병풍이 다수 제작되었으며, 성희의 묘사를 다룬 춘화첩 등 대중적 정서에 부합하는 풍속화의 양적 확대가 이루어졌으나 질적으로는 쇠퇴기를 걷게 되었다. 그러나 이상의 풍속화는 민중의 삶을 비롯한 인간의 일상을 탁월한 예술성으로 구현해냈다는데 미술사적 의의가 있다고 본다.

2) 풍속화의 유형

(1) 契會圖

계회도(契會圖)는 풍류를 즐기고 친목을 도모하기 위한 지배층 문인들의 계회 광경을 기념과 기록을 목적으로 그린 풍속화이다. 우리나라에서 처음으로 계회가 시작된 고려시대의 계회도는 현존하는 작품이 없기 때문에 기록에 의존할 수밖에 없

---

187) 박경민, 「조선 후기 풍속화에 대한 연구」, 홍익대학교 석사논문, 2006, p. 11.

다. 기록에 나타난 고려의 계회도는 중국에서 그려진 계회도인 중국 당 대 백락천(白樂天, 772~846)의 <낙중구로회(洛中九老會)>와 북송대 문언박(文彦博, 1006~1097)의 <진솔회(眞率會)>를 본받아 고려의 최당(崔讜, 1135~1211)이 조직한 <해동기로회(海東耆老會)>를 그린 것이라고 할 수 있다. 이는 이인로(李仁老, 1152~1220)의 '제이전해동기로도후(題李佺海東耆老圖後)'라는 글을 통해 알 수 있다. 여기서는 음악과 바둑, 시와 술을 즐기며 자유롭게 행동하고 있는 참석자들의 모습을 표현하고 있는 것으로 묘사하고 있다. 그 내용은 다음과 같다. "이제 이전(李佺)이 그린 <해동기로도>를 보니, 창안(蒼顔)에 흰 머리털, 금기(琴碁)와 시주(詩酒)에, 하품하고 기지개 켜며 누워 있는가 하면, 구부린 자의 형태가 그 묘함을 얻지 않은 것이 없어 비록 표제를 보지 않더라도 가히 그 사람을 알 수 있을 정도이니, 족히 이름을 무궁하게 전할 것이다. 더구나 태위공(太尉公)이 시를 지어 그 빛의 가치를 보태어 주었으니 어떠하겠는가."[188]

조선 전기의 계회도는 산수를 위주로 하고 있어서, 정작 역점을 둬야 할 계원들의 모습이나 계회 장면은 그 중요성에도 불구하고 아주 작게 상징적으로만 표현되어 있다. 그러하여도 항상 의관을 정제한 계원들의 모습을 볼 수 있어 당시의 엄격하던 유교적 규범을 엿보게 한다. 계원들의 주변에는 큰 동이

---

188) "今見李佺所畫海東耆老圖 蒼顔華髮 輕裘綏帶 琴碁詩酒 欠伸俯仰之態 無不得其妙者 雖不見標誌 可知其人則足以垂名於不朽矣 況乎太尉公作詩以增益其光價歟", 『東文選』 第102卷, 「跋・題李佺海東耆老圖後」"李仁老".

에 담겨진 술이 준비되어 있는 모습이 그려져 있어 계회에 흐르는 풍류와 친목의 정경을 실감하게 한다.

조선 전기 계회도를 통하여 당시 문인들의 생활을 이해할 수 있으며 조선 전기회화 연구에도 도움이 된다. 기로회(耆老會)나 기영회(耆英會) 등의 경우 일단 회원으로 가입하면 그 서열이 나이에 의해 정해지고 관직의 등급은 무시되는 반면, 문인계회(文人契會)의 경우는 나이보다 관계(官階)에 의해 서열이 결정되는 차이가 있다. 기로회(耆老會)가 경노사상과 국로우대라는 유교사상에 의해 제도화 되었으며, 각종 계회는 화원에 의해 그림으로 기록되어 보존되는 것이 일종의 유행이었음을 알 수 있다.[189]

계절에 따라 행해지던 각종 계회는 초기에는 주로 야외에서 행해졌으나 중기로 접어들면서 실내로 그 장소를 옮김에 따라 압도적인 산수배경의 비중이 초기에 비해 크게 줄어들면서 계회의 장면 그 자체가 부각되어 풍속화로서의 성격을 가지게 되었다.

산수를 위주로 표현하던 계회도의 경향은 16세기 중반에 이르러 계회의 장면을 산수와 대등한 비중으로 표현하는 것으로 변모하게 된다. <호조랑관계회도(戸曹郎官契會圖)>의 경우를 들어보면 이 계회도의 형식이 본래는 여타의 계회도들과 마찬가지로 상단에는 제목, 중단에는 계회장면, 그리고 하단에는

---

189) 하영하, 「조선시대 계회도 연구」, 이화여대 석사논문, 1992, pp..15-16.

참석자들의 약전(略傳)을 적은 좌목으로 구성되었을 것이 분명하다. 그러나 이 계회도는 현재 상단의 표제는 떨어져 나가고 없으나 대체로 시기는 1550년대로 추정할 수 있다.[190] 이 그림의 특징은 계회장면을 크게 그려 사람을 부각시킨 점에 있다. 또한 <연정계회도(蓮亭契會圖)>의 경우를 보면 옥내의 계원들을 훨씬 크고 자세하게 그렸으며, 계회의 장면도 중요하게 부각되어 있음을 알 수 있다. 그 후의 계회도들도 배경에 산수를 그리지 않거나 매우 소극적으로 묘사하고, 옥내에서 열리는 계회의 장면과 참석자들의 모습을 부각시키는 경향으로 변화하였다.

조선 후기에 이르면 조선 중기 계회도의 경향이 더욱 굳게 자리를 잡아 철저하게 계회의 장면과 인물 중심으로 그려지고 있다. 그러나 김홍도가 1804년 개성의 만월대를 배경으로 그린 <기로세련계도(耆老世聯契圖)>의 경우처럼 화풍은 조선 후기의 것이나, 형식은 조선 전기와 중기 이래의 전통을 따른 예도 남아있다. 김홍도는 사대부뿐 아니라 여항인의 아회에 참석하여 어울리면서 역사적 고사와 인물의 여러 도상을 차용하여 고금의 조화를 화면에 실현하였다.[191] 이와 같이 계회도는 풍속화적인 성격을 띠면서 문인들의 생활 단면을 묘사하고 있어, 당시 문인들의 삶의 모습을 이해하는 데는 물론 문인사대부의 풍속화에도 영향을 주었다.

---

190) 위의 논문;p, 31.

191) 송희경, 「조선 후기 아회도 연구」, 이화여대 대학원, 박사논문, 2004, xii.

(2) 빈풍칠월도

<빈풍칠월도(豳風七月圖)>에는 무일도(無逸圖)·경직도(耕織圖)가 포함된다. 이는 『시경』과 『서경』을 전거로 하여 백성들의 생활상을 담은 것이다.[192] <빈풍칠월도>는 『시경』「빈풍칠월편」의 내용을 표현한 그림으로, '빈'이라는 지방의 7월 풍속을 그린 것이다.

즉 주나라 백성들의 생업인 농업과 잠업에 종사하는 장면과 자연을 노래한 일종의 월령가로, 주공은 조카인 성왕에게 백성들이 겪는 농사의 어려움을 일깨워 주기 위해 시를 지었다.[193] 그러므로 산수를 배경으로 농경생활의 모습을 담은 빈풍도가 조선 초기부터 중기에 걸쳐 자주 그려졌다.[194] 1424년 11월 세종은 예문관 대제학 변계량(卞季良, 1369~1430)에게 중국의 <빈풍칠월도> 및 <무일도>를 본떠 우리나라 백성들의 어렵고 힘든 생활을 담은 그림을 월령의 형식으로 제작하라고 지시하였다. 9년 뒤 세종은 다시 경연에서 『시경』의 빈풍편을 모방하여 우리나라의 풍속을 바탕으로 한 조선식 <빈풍칠월도>를 제

---

192) 정병모, 『한국의 풍속화』, 서울: 한길아트, 2000, p.117.

193) 『중종실록』에서 다음과 같이 밝히고 있다. "빈풍칠월편은 곧 주공이 성왕으로 하여금 농사짓기가 어려움을 알게 하려고 지은 시이다. 그러므로 옛적의 임금들이 더러는 병풍을 만들어 좌우에 놓아두고 항상 살펴보고서 민간의 간고를 갖추어 알았던 것이다.(豳風七月篇 乃周公欲使成王知稼穡艱難而作也. 是故古之人君 或作屛置諸左右常觀省 備悉民間艱苦也)", 『中宗實錄』 103권, 39년(1544), 5월 2일(己亥)

194) 안휘준, 『한국 그림의 전통』, 서울: 사회평론, 2012, p.338. 조선왕조실록에서 빈풍도가 거론된 것을 찾아보면 다음과 같다. 『태종실록』 3권, 2년(1402), 4월 26일(무인); 『세종실록』 44권, 11년(1429), 5월 28일(계유); 『세종실록』 61권, 15년(1433), 8월 13일(계사); 『세종실록』 80권, 20년(1438), 1월 7일(임진); 『연산군일기』 47권, 8년(1502), 11월 1일(경오); 『중종실록』 18권, 8년(1513), 8월 7일(임인); 『중종실록』 103권, 39년(1544), 5월 2일(기해); 『숙종실록』 30권, 22년(1696), 12월 30일(임자).

작하라고 지시하였다. 그 내용은 다음과 같다.

> 내가 빈풍칠월도를 보고 그것으로 해서 농사짓는 일의 힘들고 어
> 려움을 살펴 알게 되었는데, 나는 보고 듣는 것을 넓혀서 농사일
> 의 소중한 것임을 약간 알지마는, 자손들은 깊은 궁중에서 생장하
> 여 논밭 갈고 곡식 가꾸는 수고로움을 알지 못할 것이니, 그것이
> 가탄할 일이다. 예전에는 비록 궁중의 부녀들이라도 모두 누에치
> 고 농사짓는 책을 읽었으니, 빈풍에 모방하여 우리나라 풍속을 채
> 집하여 일하는 모습을 그리고 찬미하는 노래를 지어서, 상하 귀천
> 이 모두 농사일의 소중함을 알게 하고 후손들에게 전해 주어서 영
> 원한 세대까지 보아 알게 하고자 하니, 너희들 집현전에서는 널리
> 본국의 납세·부과금·부역·농업·잠업 등의 일을 채집하여 그
> 실상을 그리고, 거기에 노래로 찬사를 써서 우리나라의 칠월시를
> 만들라.195)

세종의 이러한 지시로 인해 이후 수많은 풍속화가 제작되었
을 것이다. 그러나 현재 남아 있는 것으로는 조선 후기 이방운
(李肪運, 1761~?)이 제작한 『빈풍도화첩』만 현존하고 있다.196)
<무일도>는 『서경』의 주서(周書) 「무일편」의 내용을 묘사한
그림이다.197) 이 또한 주공이 성왕에게 무사안일하지 않고 노

---

195) "子觀 豳風七月圖, 因此而省念稼穡之艱難. 子則廣其視聽, 稍知農事之爲重, 子孫生長深宮, 不
識耕耘之苦, 是可歎已. 古者雖宮中之婦女, 皆讀蠶農之書, 欲倣豳風 採我國風俗, 圖形贊詩, 使
上下貴賤皆知農務之重, 傳之後嗣, 永世監觀. 惟爾集賢殿博採本國貢賦徭役農桑之事, 圖其形狀,
仍贊以詩歌, 以成我國七月之詩.",『世宗實錄』61권, 15년(1433), 8월 13일(癸巳)

196) 이 작품은『시경』의 내용을 반영하여 모두 여덟 폭으로 이루어져 있고, 각 장면마다 화면 위
에 시의 내용 전문을 화제로 써 넣었다. 이 화첩의 그림들은 일종의 남종화법을 구사한 산수
를 배경으로 하여 그림에 나타나는 상황과 인물, 소재 등은 모두 글의 내용을 반영하고 있으
며, 농사일과 양잠을 비롯한 전원생활의 다양한 모습을 담고 있다. (리움미술관,『조선화원대
전』, 서울: 리움미술관, 2011, p.323.)

197) 「무일편」은 고려 태조가 정한 「훈요십조」에 '나의 자손도 마땅히 무일편을 그려 붙이고 출
입할 때마다 보고 반성하라'고 언급되어 있다. 또한 고려시대 어좌 뒤에 그림 병풍이나 글씨
병풍으로 만들어 설치했다는 기록이 분명히 나와 있다. 박정혜,『왕과 국가의 회화』, 서울:
돌베개, 2011, p.120.

력하여 백성을 잘 다스리도록 가르치기 위해 지은 충고의 글이다. 그 내용을 요약하면, 주공은 좋은 정치를 하기 위하여 힘써야 할 부분이 백성들의 고충을 이해하는 것이라고 조언하고, 이를 모범적으로 실천한 예로 선대 임금의 행적을 설명한 그림이다.198) 그러나 이 <무일도>는 중종조를 전후해서 <경직도>가 소개됨으로 해서 점차 사라지게 되었다.

우리나라에서 경직도는 농업과 양잠업에 종사하는 농민들의 생활상을 묘사한 것이 목판화로도 간행되었다. 조선 후기의 풍속화 중에 종종 보이는 논 갈기·모심기·벼 베기·도리깨질하기·실 감기·베 짜기 등의 장면은 경직도에 그 연원이 있다. 조선 후기 숙종 때 중국에서 <패문재경작도(佩文齋耕作圖)>가 전해져 한국적으로 변화되기도 했다.199) <패문재경작도>의 제작목적은 주공이 성왕에게 충고하듯이 다음 세대의 정치를 담당할 후손들에게 농부와 잠녀의 소임을 분명히 인식시키고 그들과 더불어 생업인 농업 및 잠업에 부지런히 힘쓰도록 권장하고 있으며, 바깥세계와 단절된 궁궐에서는 백성들의 고충을 피부로 느끼기 힘들기에 간접적이고 피상적으로나마 그 고충을 전달하는 기능을 한다. 이렇게 함으로써 궁극적으로는 백성들이 물질적 풍요를 누려 안락한 삶을 영위하도록 하는 것이 목적이다.

이상의 빈풍칠월도류는 당시 백성들의 풍속을 담았다는 점에

198) 정병모, 앞의 책, p.118.
199) 김원룡,『한국미술문화의 이해』, 서울: 예경, 2006, pp.100~101.

서 풍속화의 효시가 될 뿐만 아니라 당시 그림의 소재가 거의 산수나 인물이었으나, 이에 반대하고 현실생활에서 그 소재를 찾고자 하였다는 점에서 회화사적 의미가 있다.

(3) 기방풍속화

조선 초기부터 여성들에게 유교적인 부덕이 제도화되어 강요되기 시작한 것은 고려시대 말기에 문란해진 성 풍속에 기인하는 점도 있다. 그렇기 때문에 여인들은 시대가 부여한 역할을 충족시키기 위해 성욕을 승화·제지 시켜야만 하는 문화적 압력을 받고 있었으므로 여인의 성은 크게 위축되고 장애를 받은 반면, 남자의 성은 비교적 자유롭게 표현을 할 수 있었기 때문에 여성은 부부간의 성생활에 있어서도 자신의 성적인 욕망을 드러낼 수가 없었다. 따라서 남성들은 부인에게서 얻지 못하는 자유로움을 기녀에게서 찾고자 하는 이들이 많았다. 이에 편승하여 기녀를 찾는 문사들은 미모가 출중하고 가무와 탄금, 그리고 화술까지 능했던 기녀들에게 빠져들 수밖에 없었다. 결국 기녀의 수가 증가하고[200] 급기야 기녀의 폐지에 대한 논의가 제기되기도 하였다.

『태종실록』에 보면 "경외(京外)의 창기를 없애라"고 명하였

---

[200] 연산군 때 특히 기녀의 수가 대폭 증가하여 1300여 명에 이르렀는데 연산군은 지방으로 採靑使·採紅使를 파견하여 전국을 돌며 미모의 여성을 뽑아 올렸으며, 그들을 '運平'이라 불렀다. 운평은 태평한 운수를 만났다는 뜻으로, 궁중 내에 들어와 있는 기녀는 '繼平', '興淸', '假興淸', '續紅' 등으로 부르며 즐겼다. 이때 궁궐에 거주하며 봉록을 받은 기녀의 수만 해도 300명이나 되었다고 한다. 『燕山君日記』59卷, 11年(1505), 9月 18日(己亥) 등 참조.

으나, 일이 마침내 행해지지 않았다. 그것은 여러 신하가 모두 임금의 뜻을 맞추어 창기를 없애자고 청하였으나, 하륜(河崙)이 홀로 불가하다고 하니, 임금이 웃고 그대로 따랐다.”[201]고 하는 내용이 나와 있다. 조선 초기 기녀의 문제는 태조 5년(1396)대의 기사에서부터 등장하고 있는데, 당시 세자가 창기를 궁중에 출입시킨 데 대하여 함부림(咸傅霖)이 직간하여 세자가 무안해 하는 내용도 나온다.[202] 태종대에는 창기와 관계한 영해 부사 김사천(金四川) 등을 파직시키기도 하였고,[203] 국상이 난 지 3년 안인데 기생을 불러 놓고 관청 안에서 술을 마신 호조 정랑 허반석(許盤石) 등을 파직시키기도 하였다.[204] 이러한 논의는 조선 중기 이후에도 계속되었다.[205] 반면 허주(許稠,1369~1439) 같은 인물은 다음과 같은 반론을 제시하기도 하였다.

누가 이 계획을 세웠는가. 남녀 관계는 사람의 본능으로서, 금할 수 없는 것이다. 주읍 창기는 모두 公家 소속이니, 취하여도 무방한데, 만약 이 禁法을 엄하게 하면 명을 받들어 직책을 받아나가는 나이 젊은 조정 선비들이 모두 그릇되이 私家의 여자를 빼앗게 될 터이니, 많은 영웅 준걸이 죄에 빠질 것이다. 내 생각으로는 없애는 것이 마땅치 않은 줄로 안다.[206]

---

201) “命除京外倡妓, 事竟不行 群臣皆希上旨, 請除倡妓, 崙獨以爲不可, 上笑而從之.”,『太宗實錄』卷20, 10年(1410), 10월 13日(丙午).

202) “世子在書筵講畢, 諸講官皆出 右輔德咸傅霖進曰 有所聞不告, 不直也, 世子曰 宜盡言 傅霖曰 娼妓出入宮中, 信乎. 世子有慙色曰 更不令近之”,『太祖實錄』9卷, 5年(1396), 1월 24日(癸未)

203) 『太宗實錄』18卷, 9年(1409), 7월 5日(乙亥)

204) 『太宗實錄』19卷, 10年(1410), 4월 2日(戊戌)

205) 숙종 19년(1693)에는 창기 출신의 첩을 요란스럽게 맞이한 충주 영장 河重圖를 파직하게 하였다.『肅宗實錄』25卷, 19年(1693), 8월 4日(乙亥)

이처럼 조선시대 기녀는 필요악처럼 여겨졌던 것이다. 이러한 기녀제도는 중종반정 이후 해체되었지만 기녀 자체가 없어진 것은 아니었다. 기녀의 풍속을 그린 기방풍속화는 기방을 중심으로 벌어지는 일상들을 그린 풍속화를 뜻한다. 그러나 시대상황으로 볼 때 여인들의 외출이 자유롭게 허용된 시기가 아닌 만큼 기방을 벗어났어도 기녀들을 대상으로 하고 있는 모든 풍속을 포함하여 언급하기도 한다. 여기에는 야유회(화류놀이) 장면을 담은 풍속화, 기녀 1인을 주제로 한 풍속화, 기녀와 정인의 만남을 주제로 한 풍속화, 기방을 중심으로 한 만남 장면을 담은 풍속화, 기녀들의 일상을 그린 풍속화 등이 있다.

3) 풍속화의 문화성

전술한 바와 같이 조선 후기는 양란 이후 전후복구와 함께 전통적 유교에서 비롯된 중화주의적 모화사상이 약화되면서 지식층의 의식에 변화가 일어나 실학사상이 출현하게 된다. 실학의 궁극적 목표는 조선시대의 현실적 개혁을 통한 이상국가의 건설에 있었지만 그 학문적 발생은 성리학의 모순현상에 기인한 것이었다.[207] 조선시대 성리학의 모순 현상은 실학사상을

---

206) "誰爲此策 男女人之大欲 而不可禁者也. 州邑娼妓 皆公家之物 取之無防 若嚴此禁 則年少奉使朝士 皆以非義 奪取私家之女 英雄俊傑 多陷於辜 臣意以爲不宜革也.",『慵齋叢話』卷之九.

207) 현상윤은 율곡 이후 우암에 이르기까지의 연구경향과 그 학문적 환경을 "율곡과 우암의 시대가 불과 백년 이내로되 그 양시대가 사상의 자유에 대하여 거의 霄壤의 차이가 있다. 즉 율곡 당시에는 율곡이 퇴계를 비평하고 주자의 설에 반대한 일까지 있었음에 불구하고 우암 당시에는 尹鑴를 살해까지 한 것이다"고 지적한 바 있다. (현상윤,『조선유학사』, 현음사, 1986, p.217.)

발생하게 하는 동기가 되기도 하였다.

민족적 자아의식을 바탕으로 한 실학사상의 대두와 더불어 풍속화는, 문인화풍의 사대부 지향의 관념적 그림으로부터 화가들 자신이 직접 본 실경과 체험을 바탕으로 한 서민 지향적 풍속화로 발전하게 된다.

지금까지 학계에서 실학사상을 이해하는데 역사적 관점에서 이를 파악하고자 한 경향이 강하였다. 곧 조선시대 후기에 일어난 하나의 역사 현상으로 보고자 한 것이다. 다시 말해서 당시의 현실을 개혁하기 위해서 경세치용의 정신을 중시하고 근대성을 지향한 태도로 이어진 것이라고 보았던 것이다.

분명 실학은 역사적 현상이지만 유학 정신의 실현이며, 조선시대 학문으로서의 재창조였다. 역사적 산물이라는 관점에서는 경세치용·실사구시·이용후생적 특징으로 발전한 것이라 할 수 있지만, 조선시대의 실학은 당시 청대 학풍의 아류이거나 그 현상으로 이해될 수 있는 소지를 안고 있다. 이용후생은 원시 유학의 정신이지만[208] 실제로는 청대학풍의 성격이라 할 수 있다.

그러나 실학은 조선시대 신유학에 대한 개혁의지로 나타난 것은 분명하지만 신유학의 개선에 머물지 않고 원시 유학의 정신을 되살려 조선시대의 학문으로 재창조되었다는 점을 인식해야 할 것이다. 따라서 실학의 생명성은 신유학의 개혁에 있었

---

208) "利用者工作什器通商貨財之類…", 『書經』 大禹謨註.

던 것이 아니라 오히려 그 창조성에 있는 것이며 그 창조성으로서 유학적 정통성을 계승하였다는데 그 가치가 있다고 하겠다. 회화 전반에도 이와 같은 시대적 조류에 의해 새로운 회화 경향이 등장하였다. 조선 전기 풍속화의 발전을 살펴보면 전술한 바와 같이 조선 후기에 풍속화가 본격적인 발전을 보인다. 조선 전기에는 기록적 성격의 궁중의궤도를 비롯하여 사대부들의 계회를 그린 <계회도>가 유행하였다. <계회도>는 산수 위주의 안견(安堅)의 화풍으로부터 계회 사람의 모습이 부각되며 풍속화의 성격을 강하게 띠게 되었다. 백성들이 농사의 어려움을 왕에게 일깨우기 위한 <빈풍도>, 백성들의 생활모습을 그림으로써 왕이 백성들을 올바르게 다스릴 수 있도록 한 <무일도> 등도 중국으로부터 전래되어 조선왕조에 수용되고 한국화되면서 풍속화 발달을 촉진하는 요소가 되었다.

'풍속'은 옛적부터 사회에서 행해온 의식주와 그 밖의 생활에 관한 습성, 또는 세상의 시례(時禮)와 풍기(風氣)를 의미한다. 따라서 풍속화는 '왕실이나 조정의 각종 행사, 사대부들의 여러 가지 문인취향의 행위나 사습(士習), 그리고 일반 백성들의 다양한 생활상이나 전승놀이・민간신앙・관혼상제 등과 같은 세시풍속 들을 묘사한 것들'을 모두 포함한다.209)

또한 관념적 중국화풍의 산수화에서 실제로 우리나라에 존재하는 산경을 독특한 화법으로 표현한 진경산수가 탄생하였다.

---

209) 안휘준, 『한국 회화의 전통』, 앞의 책, p.310.

또 서양화법이 전래되어 초상화에 부분적으로 사용되기도 하였다.[210] 이것은 진경문화의 탄생을 의미하며, 이 진경문화의 유행 속에서 풍속화가 큰 흐름으로 형성되어갔다. 그런데 이 진경문화의 발생과 더불어 유행하였던 풍속화는 진경문화의 퇴조와 함께 쇠락하게 된다.

16~17세기 임진왜란과 병자호란에 이어 18세기에 전개된 실학을 배경으로 하여 나타난 봉건체제의 붕괴는 민족적 자아의식의 자각을 가져오게 함으로써, 소위 북화풍도 남화류도 아닌 새로운 화풍을 대두시켰다. 이것은 근대화에 따른 사회현상의 일면으로서 필연적인 미의식의 변화였으며, 후기로 오면서 점차 본격화된 혁신적인 풍속화가 등장한 것이다.

본격적인 풍속화의 전개는 조선 후기의 영·정조 때부터라 할 수 있다. 이 시기의 풍속화는 기록적이고 개념적인 성격을 벗어난 순수한 목적의 회화라 할 수 있기 때문이다. 이 시대는 시기적으로 김홍도·신윤복과 같은 화가로서는 더 없이 좋은 시절이었을 것이다. 왜냐하면 윤두서·조영석이 풍속화에서, 또 정선이 진경산수에서 새 길을 열었고, 김두량·변상벽 등 화원들의 사실적 묘사력이 증대되어 있었으며, 서양화의 입체화법과 원근법이 소개되어 자극을 받았던 시기였기 때문이다. 한편 심사정·이인석·강세황 등 선비 화가들의 남종화풍의 수용과 화격에 대한 인식이 높아지는 등 여러모로 회화 역량이 새롭게

---

210) 안휘준, 『한국 회화사』, 서울: 일지사, 1982, p.212.

창출되어 성숙해가는 토대 위에 서 있었기 때문이다. 이 작가들은 필법과 구도와 화제에서 모두 종래의 화풍을 벗어나 현실 생활에 깊이 파고들어 유불선의 영향에 의한 소박미를 나타내면서도 의식적인 창의성을 가지고 해학적이며 풍자적인 화풍을 수립하여 보다 높은 차원에서 자아 표현을 하려 하였다.[211]

여기에서 정선을 진경산수의 시조로 여기는 것은 정선이 우리나라 산천을 자신만의 독특한 개성적 기법으로 다루었고, 독특한 한국적 화풍을 형성하였으며 그의 작품 속에 한국적 이미지를 내포하고 있기 때문이다. 당시 사대부들은 중국의 산과 중국인을 그려야만 유식하고 또 그것이 정석이라고 생각했다. 그들은 중국의 산이나 인물을 실제로 대할 수 없었으므로 사본에 의지하여 중국의 것을 그리는데 집착하였다. 이러한 화단의 풍토에서 우리의 산천을 그리고 우리의 인물을 그렸다는 것은 한국 회화사에 있어 대단한 전기라 볼 수 있다.

따라서 풍속화 출현의 의의는 현실적인 삶의 문제에 관심을 가지며 서민적 인간사회를 그림의 대상으로 바꾸면서 순수한 한국적인 분위기를 선구적인 표현으로 창조했다는 점에 있다고 하겠다. 여기에서 자연히 문인 사상이 배제되었으며 새로운 화법으로 시대적 진실에 다가서서 실재성과 현실성을 추구함으로써 형식에 치우치기 쉬운 약점에서 벗어나며 삶의 현장에 접근하였다.[212]

---

211) 조요한, 『예술철학』, 서울: 경문사, 1980.
212) 박용숙, 『한국화의 세계』, 서울: 일지사, 1975.

삼강오륜의 유교만이 유일한 생활 신조였던 당시에 그 테두리를 벗어나 비례를 상실하지 않은 생략과 과장, 관조와 긍정으로 현실적인 삶을 토착적인 해학미로 은근하게 드러낸 김홍도·신윤복·김득신 등은 미의식을 존중한 화가들로 정선의 실증적 합리주의 정신을 이어받아 현실 생활의 갖가지 정경을 개성적인 화법으로 전개함으로써 민중화를 개척하였다.

그러므로 조선 후기 풍속화의 태동을 예고하는 실제 작품으로는 17~18세기 기록화에서 찾을 수 있다. 조선시대에는 궁중의 의궤와 양반 관료층의 계회나 향연을 담은 기록화가 성행하였다.213) 조선 후기에는 인물 초상화의 발달이 획기적인 변화를 일으키고 있었다. 그것은 청조 문화의 유입과 더불어 그곳에서 이미 행해지던 서양화의 음양기법이 함께 따라 들어온 것으로 보인다. 이러한 초상화들은 그 자체로서 상당한 회화적 성과를 거두고 있었다. 초상화는 안면묘사에 음영법과 입체적인 사실묘사를 하였다. 대표적으로 윤두서의 <자화상>을 보면 앞에 거울을 얼굴에 비추고 그려낸 듯한 그림으로서 위엄이 풍기는 눈동자, 상대를 꿰뚫어 보는 듯한 표정이 살아있다. 또한 얼굴에 명암 표현이 잘 이루어져 밝음과 어두움이 확실하다.214) 이러한 서양화풍은 초상화뿐만이 아니라 동물과 민화 등에도 잘 전해지고 있다.

---

213) 안휘준, 「고려 및 조선왕조의 문인 계회와 계회도」(『고문화』 20, 한국대학박물관협회), 1982, pp.4~8 참조.
214) 김종태, 앞의 책, p.192.

풍속화의 의미가 시정풍속을 뜻하는 경향으로 나타나기 이전에 조선시대의 풍속화가 사대부 화가에 의해서 시작된 것은 의미 있는 일이라 할 수 있다. 그러나 여인풍속을 주제로 한 화면의 배경과 인물 모습에서는 중국화본의 영향이 다소 들어 있어 현실감을 감소시키고 있다는 지적도 있다. 그 대표적 화원이 윤두서인 것이다.[215] 그러나 윤두서의 뒤를 잇는 조영석은 조선 후기 풍속화를 새로운 방향으로 개척한 인물로 평가되고 있는데, 그는 세조와 숙종의 초상화를 중모(重模)하는 일이 있었을 때 사대부로서 체통을 지키기 위하여 끝까지 거부한 일화로도 유명한 인물이다.

이처럼 조선 후기의 서민풍속화가 사대부 화가에 의해 시작된 것은 당시 유행했던 실학의 영향도 있었지만, "문인재사로서 통속을 모르면 훌륭한 재주라 할 수 없다"[216]는 관점이 당시 풍속화에 관심을 갖게 했던 것 같다. 즉 사대부들이 추구하는 고아한 가치와 아울러 통속의 세계까지 표방해야 진정한 문사가 될 수 있었던 것이다. 이러한 논리는 조선 후기 사실론적 회화관에 의해 풍속화를 새로운 양상으로 변화시키게 하는 원동력이 되기도 하였던 것이다.

그러나 결론적으로 풍속화는 당시 화론의 정통에서는 벗어난

---

215) 유홍준, 『화인열전』, 서울: 역사와 비평사, 2001, p.96 참조.

216) "文人才士로서 通俗을 모르면 훌륭한 재주라고 할 수 없다. 이 두어 사람은 그 묘함을 곡진하게 했는데, 만약 상것들의 통속이라고 물리친다면 人情이 아니다. 淸 나라 선비 張潮가, '문사는 능히 통속 글을 해도 俗人은 능히 문사의 글을 못하고 또 통속 글에 능하지 못하다' 했으니, 참으로 知者의 말이었다.(文人才士 不知通俗 不可謂盡美之才也. 此數子者 曲盡其妙 若以俚俗斥之 非人情也. 淸儒張潮有云 文士能爲通俗之文 而俗人不能爲文士之文)", 『靑莊館全書』卷52, 「耳目口心書五」

그림이었다. 그렇지만 양반들에게서는 품위가 없다고 멸시되면서도, 일부 지식인과 서민들에게는 환영받던 그림으로서의 풍속화는 우리 옛 그림의 한 시기를 뚜렷이 드러내는 역사적 조류였다고 할 수 있다.[217) 한편 좁은 의미에서 풍속화는 소위 '속화(俗畵)'라고 하는 개념과 상통한다. 이때의 '속'이라는 것은 단순히 풍속이라는 뜻이 아니라 오히려 '저속하다' 혹은 '저급한 세속사'라는 의미를 내포하고 있다.

풍속화는 생활상을 표현해야 하기 때문에 무엇보다도 사실성이 중시된다. 또한 인간 생활상의 여러 단면들을 사실적으로 다루어야 하므로 많든 적든 기록적 성격을 가지게 된다. 김홍도나 신윤복의 풍속화가 당시 조선시대만이 아니라 현대를 살고 있는 우리에게까지도 많은 공감과 즐거움을 느끼게 하는 이유는 그들 작품들의 사실성·기록성·시대성과 함께 한국적 정취를 구비하고 있기 때문일 것이다.[218)

이러한 풍속화들에 여성들이 등장하는 것은 당연한데 그것은 풍속화들이 시대적 증거라는 위치 때문이다. 당시 풍속화가들이 이룩한 성과는 단순히 사람들의 풍속을 담는데 그친 것이 아니라, 긴장미 넘치는 화면의 짜임새와 등장인물의 성별·나이·신분에 걸맞은 자세나 표정을 정확히 잡아내고, 조선 특유의 삶과 멋이 스며있는 인간을 형상화하는 표현 형식을 완성해 내었다는 점에 있다. 당연히 이들 풍속화에 나타나는 여성들

---

217) 이동주,『우리나라의 옛 그림』, 서울: 박영사, 1975, p.196.
218) 안휘준,『한국 회화의 전통』, 앞의 책, pp.311~312.

또한 그들 삶의 상당부분이 잘 드러나 보이도록 되어 있어, 여성들을 통한 생활 속의 풍속미를 엿보게 한다.

이상의 풍속화는 조선 말기에 이르러 진경산수의 퇴조와 더불어 급격히 쇠퇴하는 추세를 띠게 된다. 이러한 배경에는 창조적이고 사실적 화풍을 경시하고 사의(寫意)를 존중하는 남종화의 이론이 당시의 화단에서 지배적인 위치를 차지하게 되었던 데에 있을 것으로 추측된다. 이러한 경향을 주도했던 것이 김정희(金正喜, 1786~1856)였으므로 그 일파의 대두가 풍속화의 쇠퇴와 전혀 무관하지 않을 것으로 짐작되고 있다. 이후 경직도 병풍이나 성희 묘사를 다룬 춘화첩 그리고 기록적 성격의 풍속화첩이 잠시 유행하지만, 창의성이나 개성적 화풍은 쇠퇴하고 김홍도·김득신의 화법을 답습하는 형식주의 경향으로 흐르면서 풍속화는 퇴조하게 된다.

조선 후기의 대표적 풍속화가인 김홍도는 소탈하면서도 성실하게 농촌과 시정의 소박하고 구수한 생활에서 주제를 가져오고 있다. 동네 우물에서 물 떠주는 광경과 타작하는 모습, 대장간과 기와 잇는 모습 등의 그림과 흥미와 해학이 넘치는 <씨름도>와 <서당도> 등 서민들의 일상생활의 모습과 주변의 풍속을 순간적으로 꾸밈없이 묘사하여 한국적 정감이 물씬 풍기고 있으며 인물이나 의습의 처리에서 단순함과 해학, 그리고 익살이 들어 있음을 볼 수 있다. <타작도>에서 보는 바와 같이 밝은 표정으로 일에 열중하는 모습이 담겨 있어 현장감이 강하며, 일종의 여유 있는 모습을 통해 무위도식하는 양반들의 세계를 풍자하기도 하였다. 김홍도는 예리한 관찰력과 표현력으로 등장인물의 표정과 의습을 처리하고 있으며 익살스런 표현을 통해 해학미와 생활의 어려움을 긍정적으로 해석하는 관조의 미를 표현함으로써 사회에 대한 비판을 간접적으로 나타내고 있다.

신윤복은 유교적 도덕 관념이 아직도 우위를 점하고 있던 당시 <월하정인>, <월야밀회> 등과 같이 남녀의 애정을 적나라하게 묘사한 인물이다. 그의 풍속화 속의 남과 여는 현저히 다르게 묘사되어 있다. 여인의 경우 가냘픈 듯한 인체의 묘사와 짧은 저고리와 부푼 듯한 속바지의 표현, 그리고 화면을 주도하는 농염한 색조가 매우 선정적이다. 김홍도가 서민의 생활을 위주로 그렸다면, 신윤복은 한량과 기녀들을 즐겨 그렸으며, 효율적인 분위기의 묘사를 위해 유연한 필선과 세련된 색감을 사용하였다.

이상의 풍속화는 성리학적 세계관에서 벗어나 새로운 인간 긍정을 향한 노력을 하며, 생활상의 자유로운 표현 가능성을 넓혔다고 볼 수 있다. 또한 중국 고사 위주의 구성에서 벗어나 새로운 회화법을 세웠다는데 커다란 의미가 있다.

4) 풍속화의 여성미

미인에 대한 관념은 그 시대의 모습과 사고를 반영한다. 조선시대는 유교적 국가 이념으로 인해 미인에 대한 관념도 서서히 변모되어 갔다. 『대학』에서 강조한 '수신제가치국평천하'는 여성에 대한 존중과 가정 화목에 대한 원칙이 아닌 현실적 지배 이념을 통해 여성을 지휘하였으며 결국 이러한 사상에 적합한 조선시대 유교적 미인상을 창조하게 된 것이다. 그러한 경향은 외면의 아름다움을 가진 미인을 사랑함과 동시에, 내면의 아름다움을 갖춘 여인을 미인상으로 꼽게 되는 분위기도 낳게 되었다.

조선시대의 남성들은 부인들에게 점잖고 운치 있는 단아한 용모를 종용하였고, 이런 사상은 여성미의 보편적 기준이 되었다. 그리하여 여성들은 평상시에는 화장을 잘하지 않았고, 손님맞이나 외출 시에는 반드시 화장을 하였다. 그러나 이때의 화장도 기녀로 오인 받는 것을 우려하여 엷고 자연스럽게 하기 위해 노력하였다. 인물화로서의 미인도는 아름다운 사람을 그린 그림, 즉 예쁜 여자를 그린 그림을 말한다. 전술한 바와 같이 미는 객관적인 시각에 따라 달리 요구되어 시대와 장소를 달리하면 재료와 화풍도 달라진다. 또한 미감과 미인에 대한 판단 기준도 달라진다. 풍속화 중에서도 우리의 미인도는 서양의 미인도에 비해 그 양이 훨씬 적다. 그 이유는 조선시대 유교사상의 영향을 간과할 수 없다. 유교적 분위기에서 여성들의 외면적 미를 추구하는 것은 어려웠기 때문이다. 조선시대는 여성들의 사회 활동을 극단적으로 제한했고, 이런 사상의 영향으로 그림에서도 여성의 얼굴과 신체를 사실적으로 표현하는데 많은 한계가 존재하였다.

김홍도·신윤복·채용신 등에 의해 발달하기 시작한 미인도는 전형적인 한국의 전통성과 토속화된 유형으로 정착되기에 이르렀다. 인물의 전반적인 추세가 여인을 소재로 한 것이었고 독립성을 위주로 하였으므로 미인도는 외적인 조형과 기교를 중시하게 되는 화풍이 만연하게 되었다.

한국과 서양의 미인도를 비교해 볼 때, 정적인 초상화나 인물화 혹은 조각에서도 알 수 있듯이, 서양화는 강조하고 싶은 부위를 강조하는 경향이 있고, 조선의 미인도에서는 부분이 아닌 전체를 보여주는 경향이 있다. 서양화는 한 사람을 그릴 때 그 대상을 강조하여 그리는가 하면 동양화는 한 사람을 전체 그림에 포함시키는 구도를 지향한다. 이런 문화적 관습이 우리 인간의 아름다움을 판단하는 데도 적지 않은 영향을 끼치고 있다.

조선시대의 여성미는 조선백자처럼 은은하면서도 겸허한, 그러면서도 진솔한 멋을 풍기고 있다. 조선의 여성미에 대한 미의식의 흐름은 수수하고, 소박하며, 밝고 깨끗하면서도 단아한 것으로 표현될 수 있고, 자연과의 교감을 이루는 인위적인 꾸밈이 없는 순수함이 강조된 경향이라고 하겠다. 조선시대 사람들의 이상형은 백옥같이 투명한 흰 피부, 가는 눈썹, 숱이 많고 윤기 있는 검은 머리카락, 복숭아 빛깔을 닮은 뺨, 앵두처럼 빨간 입술, 은쟁반에 옥구슬을 굴리는 듯한 낭랑한 목소리를 미인상으로 표현한다. 다른 동양의 미인들과 비교할 때 중국의 여성미는 무겁고 투박한 듯 섬세하지 못하며, 일본의 여성미는 아기자기하고 너무 기교적인 여성미라는 점과 대비할 때 좋은

<그림 2> 단오풍정

대조를 보여주고 있다.

한국 미인의 조건 중 '삼홍(三紅)'이라 하여 볼과 입술 및 손톱이 붉어야 했기 때문에 일찍부터 연지를 바르는 화장풍습이 있었다. 이에 따라 선비들은 미인의 규정을 삼백(三白)·삼흑(三黑)·삼홍(三紅) 등으로 정리하였다. 즉 피부 및 치아와 눈 흰자위는 하얗고, 머리카락과 눈동자는 새까만 것을 이르는 것이다. 그러나 허리는 길고 팔다리는 짧아야 한다는 등의 당시 기준은 현대인의 기준과는 상반되는 것이다. 이 외에도 미의 평가 기준을 외모에만 두지 않고 내면적 미를 함께 표현했다. 그리하여 타고난 외면의 미인보다는 부지런하고 깔끔한 성격과 교양에서 오는 정결함과 단아한 미에 강점을 부여하였다. 이에 따라 피부를 윤택하고 아름답게 가꾸는 청결미도 강조되었다. 품행과 외모, 용모도 아름다워야 하지만 신체와 정신을 단정히 가다듬고, 외면과 내면이 동일해야 진정 아름다운 여인으로 보았던 것이다.

흔히 '한국적'이란 형용사가 무엇을 뜻하는가를 물으면 '정(情)'이라고 말하는 경우가 있다.219) 어떤 의미에서 정은 우리 민족이 다른 민족보다도 고귀한 가치로 생각하고 있으며, 한국인의 성격과 문화적 정체성을 구성하는 핵심요소로 꼽을 정도로 우리의 민족성과 어울리는 개념임에 분명하다.220) 이런 특성이 회화에도 반영되어 풍속화에는 서민들의 따뜻한 마음씨와 정이 담겨있다.

그리하여 정과 자연의 풍광을 인물과 매치시킨 풍속화가 남아있다. 조선시대 풍속화가의 걸출한 인물 중 대표로 꼽히는 신윤복의 <단오풍정>에서는 낭만성과 사회성, 풍속성 등을 한눈에 엿볼 수 있다. 그것은 단옷날 청포에 몸을 씻고 그네 타는 풍습을 포착한 것으로 우리 회화사에서 첫 누드 화가의 일면을 보여준다. 잘 알려진 바와 같이 이 그림의 낭만적 분위기는 바위에 몸을 숨긴 채 훔쳐보는 두 동자승의 설정에 있다.

이들과 함께 그네 타고 나무 아래서 담배 피우고, 가채를 매만지고, 빨랫감을 이고 오는 여인이 있다. 세상사를 무심히 넘

---

219) 情은 한국인의 고유 정서가 아니지만 한국인의 한국인다운 동일성 때문에 여느 다른 외국인의 그것과는 어떻게든 달라져 있다. 정은 한국인의 존재 증명을 하는 정서의 동일성 가운데 하나인 것이다. (이규태, 『한국인의 의식구조』, 서울: 신원문화사, 1983, pp.132~133.)

220) 이진우, 『한국인문학의 서양 콤플렉스』, 서울: 민음사, 1999, p.59.

기지 않는 것은 신윤복의 세
심한 관찰력과 천부적인 표
현의 매력이라 할 것이다.

또 <연당의 여인>에서는
연꽃이 활짝 피고 연잎이 다
자란 연못 너머의 별채 툇마
루에 한 퇴기로 보이는 여인
이 오른손에는 담뱃대를 왼
손에는 생황을 들고 앉아있
는데 여름 한낮 손님이 없는

<그림 3> 연당의 여인

무료함에 생황을 불다가 무슨 소리라도 들은 듯 고개를 돌리고
있다. 귀를 세우고 두 다리를 편안히 취한 포즈와 얼굴에 스치
는 표정에서 한창 때를 지난 여인의 회한과 쓸쓸함이 스쳐간
다. 이 작품은 적막한 후원의 분위기와 감칠맛 나는 담묵, 담채
의 색감에 신윤복 말년의 완숙한 필의가 배어 있다.221) 풍속화
에 이러한 정감어린 내용이 묘사되어 있기 때문에 우리는 여기
서 꾸밈없는 인간애를 느낄 수 있는 것이다. 풍속화에 나타난
여성미는 이와 같은 인간적 정감과 소외감, 그리고 그러한 시
대를 인순하면서도 나름대로의 삶을 즐기려는 모습이 담겨져
있다.

---

221) 이태호, 『風俗畵』, 서울: 대원사, 1995, p.74.

2. 조선 후기 〈미인도〉의 흐름

모든 문화가 어느 날 갑자기 출현할 수는 없다. 예컨대 채용신의 그림도 실은 그 이전 화가들의 바탕이 있었으므로 자신의 세계가 가능하였다. 특히 채용신에게 영향을 미친 화가로는 김홍도와 신윤복을 꼽을 수 있다. 그들을 배경으로 채용신의 <미인도>가 출현하였던 것이다.

본 장에서는 조선시대의 생활상과 문화가 기록된 풍속화 속의 <미인도>, 즉 김홍도·신윤복(1758~?)·채용신 등의 <미인도>를 대상으로 조선의 미인상을 인상학적으로 접근하고자 한다.

김홍도는 그의 스승인 강세황(姜世晃)으로부터 '신필(神筆)'·'근대명수(近代名手)'·'파천황(破天荒)' 등의 평가받았을 만큼 인정을 받았다.222) 이러한 김홍도의 영향을 신윤복이 받을 수 있었던 것은 이 시대에 화원화가들의 활발한 활동이 있었기 때문으로 볼 수 있다.

김홍도의 화법은 설화성을 수묵담채로 간일하게 표현하였지만 신윤복은 그러한 설화성을 강화하면서도 아울러 이를 조형의 세계로 확대하였다는 평가를 받을 수 있다. 따라서 신윤복의 풍속화는 주제 및 화풍에 있어서 어떤 면에서 김홍도의 풍속화보다 한 단계 더 성숙함을 이끌어 냈다고 본다.

---

222) 정병모, 「조선시대 후반기 풍속화의 연구」, 동국대학교 대학원 박사학위논문, 1991, p. 105.

조선시대 풍속화의 시작을 양반이 주도하였다면 화원들은 후반기 풍속화를 본격적으로 발전시켰다. 이러한 환경에서 채용신은 자연히 신윤복의 영향을 받을 수 있었다. <운낭자像>은 신윤복의 미인도를 포함한 19세기 전반의 미인도에 비하여 묘사력이나 회화적인 화법, 인물의 품성을 살리는 복장의 형태미, 주름 등의 미감이 둔탁하며 세련되지 못하다. 옷 주름의 입체감이나 담채의 음영효과 등에는 서양화법이 쓰였다고 볼 수 있지만 안면표현이나 전체적 분위기는 전통적 양식으로 표현 된 것이다. <운낭자像>은 초상화 형식으로 실존인물을 그린 것으로 절충된 양식의 화법은 채용신의 특징이다. 저고리 밑으로 드러난 가슴이나 치마 왼쪽 버선발의 모습은 신윤복의 미인도 풍 영향을 받은 듯하다.[223] 또한 채용신의 <팔도미인도>와 <운낭자像>의 하얀 버선발의 반쯤 노출된 화풍은 신윤복의 <미인도> 모습과 동일하다. 그러므로 채용신의 여인풍속화 작품들은 신윤복의 풍속화 영향이 크다고 볼 수 있다.

본 장에는 채용신의 <팔도미인도>에 이르게 되는 <미인도>의 흐름을 통해 이들 3대 작가의 생애와 작품의 특징, <미인도> 작품 속의 미인상 특징을 인상학적 분석으로 접근해 보고자 한다.

---

223) 신혜원, 「조선 후기 풍속화에 나타난 여인상연구」, 숙명여자대학교 석사논문, 1998, p. 58.

1) 김홍도의 〈미인도〉

(1) 김홍도의 생애와 풍속화

김홍도는 김해 김 씨의 寒微한 집안에서 영조 21년(1745-1806)에 태어났다.[224] 자는 사능(士能), 호는 단원(檀園)이다. 초호는 서호(西湖)로 불렸고, 화원 집안의 천부적 재질을 이어 받았다. 그는 산수·인물·풍속·화조 등 다양한 분야의 회화 에서 뛰어난 재능을 발휘하여 조선 후기 화단에 큰 영향을 끼 쳤다. 특히 일상 서민들의 풍속화를 많이 그렸으며, 어용화사 로도 뽑혔고 신선도로도 명성을 날린 인물화의 대가였다. 김홍 도는 성격이 활달하고 너그러운 성품과 호탕함으로 '신선 같은 사람'으로 통했다. 어린 시절 당대 최고의 문인화가인 강세황 이 그의 스승으로 그에게서 그림의 화풍을 배웠으며 강세황은 김홍도의 화업에 많은 가르침으로 성숙함을 확대 발전 시켰다.

> 강세황은 김홍도가 어렸을 적에 그림을 배운 바 있는 스승으로 이 무렵 사포서에서 같이 일하면서 더욱 가깝게 지내고 있어 당시 김 홍도의 그림에는 강세황의 款識가 붙은 것이 많다.[225]

김홍도의 뛰어난 기량과 업적은 그가 남겨 놓은 수많은 작품 을 통해 잘 드러난다. 부드러운 필묵법, 선염에 의한 대기원근 법, 뛰어난 담채효과와 구도감각, 깊은 시정 등이 특색인 그의

---

224) 진준현, 『단원 김홍도 연구』, 서울: 일지사, 1999, p.14.
225) 정병모, 「조선시대 후반기 풍속화의 연구」, 동국대학교 박사논문, 1992, p.108.

후기 산수화풍은 한국적인 정서가 짙게 배어있어 당대 및 후대의 많은 화가들에 의해 추종되었다.226)

김홍도는 전문 어진 화가로서 독자적 순수 회화미를 완성시켰다. 예술가로서의 예리한 관찰력과 대담한 묘사, 투철한 정신과 자기인식, 부단한 노력, 겸손한 성품이 그를 성공하게 하는 중요한 요인이 되었다.

김홍도 생애에 가장 중요한 것은 어진을 그릴 수 있는 화원이라는 기회를 잡았다는 데에 있었다. 이어 정조어진 익선관본 도사(翼善冠本 圖寫)의 동참화사로 활약하고 그 공으로 경상도 안동 부근 안기(安奇)역의 찰방(察訪)을 제수 받았다. 이때부터 김홍도는 사대부들과의 교류를 통해 그들의 풍류와 사상을 알게 되었고, 그러한 교류가 그의 작품 활동에 큰 영향을 주었다. 김홍도는 사대부뿐만 아니라 여항인의 아회에 참석하여, 아회인과 함께 어울리면서 아회장면을 그렸다. 이러한 활동으로 인하여 서민화가라 불리는 김홍도에게도 사대부적인 사상이 자리잡게 되는 배경이 된 것이다.

특히 <포의풍류도>는 김홍도 자신을 묘사한 그림으로 사대부적 취향을 많이 반영하고 있다. 그 작품에는 신선의 지물이라 할 당비파·생황·검·호롱박 등이 보이고 김홍도 자신은 신선 같은 모습으로 묘사됐다.227) 그러나 그의 화풍은 사대부

---

226) 한편 후기 산수화 중에는 종래의 통념과는 달리 중국고사나 한시를 소재로 한 관념적인 산수화도 많음이 확인된다. 그러나 이런 중국에서 전래한 소재조차도 깊은 정서적 공감 속에 승화되어 우리 것이 되어있다. 김홍도는 산수화 중 금강산도와 진경산수화에서 더욱 괄목할 만한 업적을 이루었다. 진준현, 위의 책, p.649.

화풍의 그림을 따라 했지만 신분은 중인의 벽을 넘지 못하였다. 또한 김홍도는 자신의 호를 명의 문인화가 이유방(李流芳)의 호를 따라 '단원'이라 자호했다.

> 김홍도가 스스로 檀園이라 호하고 나에게 記를 정해 달라 부탁했다. 내가 생각해 보니 檀園은 명나라 이유방의 호인데, 그대가 이를 따서 자신의 호를 삼은 것은 그 뜻이 어디에 있는가. 단지 그가 문사로서 고상하고 맑으며 그림이 기이하고 고아한 것을 사모한 것에 불과할 뿐이다. 지금 김홍도의 사람됨이 얼굴이 아름답고 준수하며 마음이 탈속하고 깨끗하니 그를 본 사람들은 모두 그 고아한 음악을 좋아하여 매번 꽃피고 달 밝은 밤이면 때때로 한두 곡을 연주하여 스스로 즐기니 그 기예가 곧 바로 옛 사람에 육박함은 물론이요, 그 풍채와 정신이 빼어나고 뛰어나서 진나라와 당나라의 고사들에서나 그 짝을 구할 수 있다. 만약 이유방과 비교한다면 이미 그를 멀리 능가했을망정 미치지 못함이 없다.[228]
> 40대에 왕명으로 영동 9군과 금강산을 기행하고 그곳의 명승지를 긴 두루마리에 수십 장을 그렸다. 이는 도화서 복귀 후 김홍도가 남긴 가장 큰 업적이 된다. 김홍도 화풍의 특징은 금강산 경관을 포괄적으로 주변의 지형과 멀리 떨어진 시점을 사용했다는 점이다. 그는 객관적·사실적으로 세밀하고 구체적이며 넓고 합리적인 공간설정을 하는 것으로 평가된다.[229]

김홍도는 퇴임 후 지방의 권농(勸農)을 지내기도 했으며, 풍속화·화조화·산수화·인물화 등 여러 장르에서 새로운 경지의 많은 작품을 남겼다. 즉 40, 50대는 지방관 생활을 하며 사

---

227) 김영순, 「조선 후기 풍속화 연구」, 『미술론집』, 전남대미술연구소, 2008, p.68.

228) "乃自號檀園 要余作記 余惟檀園 乃明朝李長衡之號也 君之襲以爲己有者 其意何在 不過慕其文士之高朗 繪事之奇雅而已 今者士能之爲人 眉目姣秀 襟懷脫灑 見者皆可知爲高雅超俗 非閭巷庸瑣之倫 性且喜琴笛雅音 每當花月之夕 時弄一兩操以自娛 卽無論其技藝之直追古人 風神軒軒霞擧 可以求於晉宋間高士 若方之於李長衡也則已遠過而無不及矣.", 姜世晃, 『豹菴遺稿』卷4, 「檀園記」

229) 진준현, 앞의 책, pp.293-294.

대부풍의 그림을 그렸고 20, 30대는 화원신분으로 그의 생활 여건에 맞는 개성적인 그림을 그렸다. 그의 신선도 인물들의 생생한 표정, 생동하는 의습선의 아름다움, 그리고 우아한 설채는 조선 후기 화단에서뿐 아니라 당시 동아시아 회화권에서도 독보적 경지라 할 수 있다.[230]

김홍도는 또한 서민들의 모습을 사실 그대로 남성적 필치로 수수하게 그려냈다. 여인들의 모습도 섬세하기보다는 담백하고 소박하게 그린 것이 김홍도 화법의 특징이라고 볼 수 있다. 이에 대해서 정병모는 "김홍도가 화원시절에 그린 풍속화는 병장·평생도·화첩의 형식 속에서 몇 가지 기법상의 공통된 특징을 발견할 수 있다. 무명옷에 걸맞은 묘법, 옅은 갈색으로 칠한 살빛, 간단하면서도 표정을 담은 얼굴표현, 그리고 배경의 단원풍의 준법 및 수지법 등이 이후 풍속화의 모범이 되는 전형 화풍으로 성립되는 것이다."[231]

동시대의 화가로서 풍속화 속의 미인들을 표현한 방식에서도 많은 차이가 있다. 김홍도는 대담하면서도 다소 투박한 표현으로 남성적 기가 살아있는 듯 단순하게 그린 것이다. 또한 김홍도의 후기 작품과 같은 절실한 체험에서 우러나온 이념적인 풍속화는 크게 발전하지 못하였으나 김홍도 화풍이 조선 후반기 풍속화의 전형 화풍으로 유행하게 하는데 큰 공헌을 하였다고

---

230) 산수화뿐 아니라 인물화의 여러 분야에 있어서 김홍도가 쌓은 업적은 조선 후기 회화에 있어서 더 없이 소중하다고 할 수 있다. 위의 책, p.651.

231) 정병모, 「조선시대 후반기 풍속화의 연구」, 동국대 박사논문, 1991, p.119.

할 수 있다.232)

김홍도의 풍속화풍은 있는 그대로를 표현하는 사실적 화풍으로 현실을 묘사한 서사시적이며 천연성이 돋보이는 것으로 평가될 수 있다. 이는 단순하고 너그러운 그의 성품이 작용한 것일 수도 있다. 김홍도는 금강산도·진경산수화·동물화·화조도 등 다양한 소재로 뛰어난 작품을 형상화하였다.

(2) 〈사녀도〉의 회화적 분석

<그림 4> 김홍도 <미인도>

김홍도의 <미인도>는 궁녀를 그린 그림으로 <사녀도(仕女圖)>로 불린다. 이것은 중국식 복장과 머리 모양을 한 미인을 그린 작품이나 얼굴에서는 지금까지 보아 왔던 중국사녀화의 모습 대신 한국인의 얼굴과 유사한 모습을 보여 조선식 여인으로 이동하는 과도기적 양상을 보여주는 작품으로도 볼 수 있다.233) <그림 4>에서 볼 수 있듯이 <사녀도>는 중국 여인 풍으로 그려졌으나 얼굴선이 단아하고 깔끔한 모습으로 단원이 좋아하는 미인상의 작품으로 미루어 짐

---

232) 위의 논문, p.133.

233) 임미현, 「조선 후기 미인도의 성격」, 숙명여대 석사논문, 2011, p.13.

작할 수 있다.

조선의 궁중에서는 각종 영정·장식화·기록화·감계화 등이 채색으로 그려져 사용되었는데 이 중에는 인물화가 많은 비중을 차지한다. 이러한 궁중 채색 인물화에는 조선의 인물들이 등장하기도 하지만 신선·제왕·사녀 등 중국식 인물이 그려진 경우도 매우 많다.234)

김홍도의 <사녀도> 미인상은 마치 선녀가 상상되는 아름다운 날개옷의 화려한 복식의 모습이다. 김홍도의 작품 중에서 가장 섬세하고 부드러운 터치로 그린 미인도라 할 수 있다. 머리모양을 섬세하고 단아하게, 하얀 피부와 굴곡 없는 이목구비는 부드러운 여성스러움을 그대로 표현하고 있다. 단정하고 깔끔한 고운 모습에서 김홍도의 신선 같은 철학이 담겨진 작품으로 읽을 수 있다. 높은 이마가 뒤로 넘어간 듯하며 턱이 약간 뒤로 넘어간 듯 부드러운 모습이다. 그러한 모습에서 차분하고 조용하며 단아한 미인상의 모습을 엿볼 수 있다. 또한 홍조 띤 볼에서 수줍음을 느낄 수 있는 귀티 나는 미인상이다. 맑고 깨끗한 우유 빛 피부와 신비스러운 듯 예스럽고 아담한 체구에서 우아한 멋을 추구한 미인상의 특징을 잘 담고 있다. 귀밑머리와 연결된 귀의 모습에서도 깔끔하고 귀한 미인상을 읽을 수 있다. 고아한 듯 수려하며 단아한 멋을 추구한 귀한 품성이 돋보이는 미인상이다.

---

234) 이홍주, 「조선시대 궁중 彩色 人物畵에 보이는 中國 院體 人物畵의 영향」, 홍익대 석사논문, p.5.

(3) 〈사녀도〉의 상학적 분석

〈사녀도〉의 얼굴을 보면 삼정 중 상정이 긴 편이고 이마와 턱이 뒤로 물러난 앙면지상[235]으로 전체적인 선이 부드럽고 아름다우며 깨끗한 느낌을 주는 미인이다. 앙면지상은 외형적이고 적극적인 성품으로 얌전한 듯 보이지만 자기의 의견을 잘 표현하는 상이다.

앙면지상으로 상정이 뒤로 넘겨진 모습이나 상정·중정·하정의 균형이 조화로운 모습으로 코를 중심으로 약간 볼록한 형으로 볼 수 있다. 이는 일이 많은 상으로 외향적 성향이 많아 활발한 활동력이 있는 성품으로 볼 수 있는 상이다. "상정이 좋으면 소년 운이 길하고, 중정이 좋으면 군왕에 가깝고, 하정이 좋으면 노년 운이 좋고 상서롭다."[236]고 한 것에서 본다면 〈사녀도〉는 중정이 풍륭하게 발달한 미인상이다.

> 中岳은 높고 풍륭함을 얻어야 하며, 중악이 얇고 세력이 없으면 사악은 주인이 없다. 비록 다른 부위가 좋아도 大貴에 이르지 못하고, 위엄과 권세가 없으며 수명도 길지 않다. 남악이 비스듬하게 기울어져 있으면 주로 파괴를 나타내어 대를 잇지 못하고… 북악이 뾰족하거나 함몰되어 있으면 말년에 성취함이 없으며 끝내 귀하게 되지 못하고…오악은 반드시 서로 조응해야 한다.[237]

---

235) 천지(이마와 턱)가 서로 배반하여 등을 돌리고 중정 부분만 튀어나온 볼록한 얼굴의 상

236) "上停長少吉昌, 中停長近君王, 下停長老吉祥",『麻衣相法』「三停」

237) "中嶽要得高隆,…中岳薄而無勢則四嶽無主. 縱別有好處, 不至大貴, 無威嚴重權, 壽不甚遠. 南嶽
傾倒則主見破, 不宜長家,…北嶽尖陷, 末主無成, 終亦不貴,…五嶽 須要相朝",『麻衣相法』「五嶽」

<그림 5> 사녀도의 삼정

사녀도는 삼정 중 중정이 발달한 상으로 그것은 건강하며 중년의 운기가 좋은 상이다. 오악에서는 중악인 코가 반듯하고 둥근 모습으로 풍륭하고 좋기 때문에 중년에는 자신의 능력을 충분히 발휘할 수 있는 좋은 상이다. 삼정 가운데 상정과 하정이 뒤로 물러나 있고, 오악 가운데 남악과 북악이 코를 향해 조응[238] 하지 못하고 있어서 초년에 힘든 점이 있고 말년에 외로움이 엿보이는 점이 아쉽다. 그 근거로는 다음과 같은 내용이 있다.

> 변지와 역마가 활짝 열려 있으면 문사가 드러나며 부모 운은 이 가운데서 관할한다. (변성과 역마는 곧 부모궁이다).[239] 지혜를 묻는다면 피부와 머리카락에 달려있다.[240]

이마는 선천적 지능과 지혜 그리고 넓은 마음을 나타낸다. 또한 조상이나 부모, 남편의 인연 복을 보는 자리이다. 이마와 턱

---

238) 코를 중심으로 이마 관골 턱이 오긋하게 솟은 모양

239) "邊驛開明文事顯. 父母此中管(過城驛馬 卽 父母宮地步也).", 『達磨相法』總結

240) 問智慧在皮毛. 『中國相法精華』, p.9

이 서로 배반하고, 이마의 가장자리인 변지와 역마가 뒤로 넘어
간 모습은 일이 많은 바쁜 상으로 본다. 즉 일복이 많은 상이
다.241) 또한 이런 모습은 부모와 남편의 인연이 적은 편이다.
<사녀도>는 궁녀를 그린 그림이므로 그녀는 어려서부터 궁궐로
들어와 부모와 남편의 인연이 적은 여인이라고 볼 수 있다. 따
라서 인상학적으로 볼 때 그녀의 인상과 그녀의 운명은 상관관
계가 있어 보인다. 사녀는 피부가 맑고 섬세하여 총명하지만 곱
고 하얀 피부의 섬세함은 감정에 휘둘리지 않고 냉정함을 내면
에 감추고 있는 상으로 피부가 부드러운 모습의 미인상이다.
<사녀도>의 이마와 턱의 앙면지상 모습이며 눈썹은 팔자(八字)
눈썹의 모습이다. 팔자눈썹의 모습은 온화하고 복이 있으나 자
유를 추구하며 속박 받는 것을 싫어하는 상으로 볼 수 있다.

　눈은 가늘고 길며 눈썹은 눈 위에 높이 떠있지만 약간 아래
로 내려간 모습이다. 인당은 넓고 깨끗하며 코는 인당에서 산
근으로 부드럽게 연결되어 풍만한 준두를 형성하고 있다. 인중
은 긴 편이지만 인중의 골은 흐리며, 입은 작고 야무진 모습이
다. 귀의 윤곽 중간 부분이 들어간 듯하나 상부가 크고 수주는
약한 편이며, 귀밑머리가 길다. 『태청신감』과 『인륜대통부(人倫
大統賦)』에서는 여인의 인상에 대하여 다음과 같이 말한다.

　　눈썹이 길고 청수하면 현명한 부인이며, 눈이 수려하고 맑으면 신
　　분이 귀하며, 코가 곧아서 깎아 놓은 것 같으면 신분이 귀하고 장

---

241) 주선희, 『나를 바꾸는 인상학의 지혜』, 동아일보사. 2014, p. 97.

수하며, 눈썹이 팔자로 나뉘면 성품이 온화하고 복이 있다. 입이 가늘고 능각이 있으면 아름다운 부인이고…입술이 朱砂와 같으면 좋은 妻가 되며…人中이 곧으면 자식이 많고…귀가 붉고 둥글면 귀부인이며 귀가 윤곽을 이루면 현명하고 부유하며,… 242) 人中이 깊고 길면 자손이 가득하며, 人中이 짧고 얕으면 자손이 다 없어 지기 쉬우며, 人中이 넓고 평평하면 자손이 이루어지지 않는다.243)

眉目이 수려하면 신분이 귀하므로 궁녀 중에서도 높은 지위에 있다고 볼 수 있다. 김홍도가 그렸다면 신출 궁녀를 대상으로 하지는 않았을 것이 분명하므로 그 또한 합리적인 추정이 된다. 눈썹은 부드럽게 차분히 잘 누워 있어 대인관계가 원만하며 성품은 세밀하면서도 온화하다고 볼 수 있다. 코는 인당에서 콧대로 이어지는 선이 반듯하여 일의 추진력이 좋은 편이다. 풍만한 준두는 콧방울과 잘 어우러져 재록이 풍요롭고, 건강·자존심·지위가 높은 준수한 미인의 상이다.

입의 모습이 작고 입술이 붉으면 뚜렷한 방형(方形)으로 기예를 잘하며, 입 꼬리가 길면 일의 마무리를 잘하는 능력 있는 미인의 상이라 할 수 있다. 귀는 상부가 둥글면서 옆으로 퍼져 있어 예술적인 재능이 있으며 수주가 약한 모습이다. 즉 이 여인은 냉철하며 이성적인 판단을 잘하지만 감성적인 면이 부족한 점이 아쉬운 상이다. 인중은 길지만 인중의 골이 흐려서 자손인연이나 운이 약한 편이라고 볼 수 있다. 하지만 궁녀의 신

---

242) "眉長而秀者, 賢婦. 眼秀而淸者, 貴閣. 鼻直如削者, 貴而多壽. 眉分八字者, 性和而福. 口細有稜者, 令婦.…脣如朱砂者, 令妻.…人中深又直者, 多子.…耳紅而圓者, 貴婦. 耳成輪廓者, 賢富. …骨細而肉膩者, 貴質. 肉潔體香者, 令相. 性緩氣柔者, 福壽.", 『太淸神鑑·6』「女人賢貴部」

243) "人中深長, 子孫盈堂. 人中短淺, 子孫易盡. 人中廣平, 子孫不成.", 『人倫大統賦·下』

분이라면 자손이 없는 것이 자연스럽다. <사녀도>의 골육 상태
는 관골의 모습이 부드럽고, 피부에 탄력이 있으며 미려한 선
이 아름다움을 더해주는 미인의 모습이다. 다음은 골상을 보는
자료로『달마상법』과 『태청신감』의 내용이 있다.

> 골은 먼저 머리를 보고 다음에 코를 보는 것이니, 거칠지 않고 드
> 러나지 않은 것을 아름답게 여긴다. 살은 곧은 것을 귀하게 여기
> 고, 옆으로 퍼진 것을 천하게 여기니 들뜨지 않고 팽팽하지도 않
> 은 것을 으뜸으로 여긴다.244) 골이 가늘고 살이 기름지고 매끄러
> 우면 貴한 바탕이며, 살이 깨끗하고 몸이 향기로우면 좋은 相이며,
> 성격이 완만하고 기질이 부드러우면 福과 壽를 누린다.245) 골격이
> 가늘고 살이 매끄러운 것이 二善이며, 두발이 검고 입술이 붉은
> 것이 三善이며…246)

　사람을 형성하는데 중요한 기둥인 골격은 생김에 따라 귀천
(貴賤)이 나뉘는데 골을 보는 기준은 다음과 같다. 풍만하게 융
기되었는지, 살이 부족하여 노출되었는지, 또는 함몰되었는지
를 보는 것이다. 여인의 뼈가 너무 강하게 튀어나오면 어리석
고 흉한 일이 많고, 뼈가 너무 가벼우면 정신력이 약하며 빈천
하다고 본다. 뼈는 마디가 가늘고, 길고, 둥글고, 단단하게 잘
짜여서 신체와 배합이 잘된 골조, 그리고 둥글고 가늘면서 보
석처럼 단단한 모습이 귀골이다.
　<사녀도>는 초상화이기 때문에 골격의 모습을 잘 볼 수는

---

244) "相骨先頭次鼻. 不粗不露爲佳. 相肉貴直賤橫, 不浮不緊爲上",『達磨相法』「總訣」
245) "骨細而肉膩者, 貴質. 肉潔體香者, 令相. 性緩氣柔者, 福壽",『太淸神鑑·6』「女人賢貴部」
246) "骨細肉滑爲二善. 髮黑脣紅爲三善",『太淸神鑑·6』女人九善

없지만 피부를 중심으로 보면 둥글고 여린 듯 가냘픈 골격의 형상을 추측해 볼 수 있다. 골육이 균형 있게 잘 짜여서 고운 피부가 돋보이는 상으로 음양 즉 골과 육이 조화로운 미인상이다. 또한 둥글고 부드러운 턱의 선이 미려하며 앵두 같은 작은 입, 우유 빛의 부드러운 피부에 홍조를 머금은 기색이 돋보인다. 또한 목이 가늘고 어깨가 좁아 가녀린 체력이 약해 보이지만 신비로움이 곁들여진 단아한 선이 우아함을 더하게 하는 미인상이다.

이상과 같이 김홍도가 추구한 미인은 선녀를 연상하듯 화려하고 신비로움을 머금은 듯한 모습으로 우유 빛의 단아한 피부 미인상이라 하겠다. 나아가 김홍도가 선호한 상을 미루어 추정한다면 조선시대의 미인상은 체형이 작으며 이목구비가 뚜렷한 가녀린 듯 귀품 있는 우아한 여인을 미인상으로 추구했음을 유추할 수 있다.

2) 신윤복의 〈미인도〉

(1) 신윤복의 생애와 회화의 특징

신윤복은 신숙주(1417-1475)의 동생인 신말주(申末舟, 1429-1503)의 11대손으로 1758년에 태어났으며 본관은 고령, 호는 혜원(蕙園), 자는 입부(笠父)라 한다.[247] 그는 조선 후기의 관료이자 화가로서 가권(可勸)이란 이름도 쓰고 덕여(德如)나 시중

---

247) 조정육,『조선을 사랑한 신윤복』, 서울: 아이세움, 2013, p.26.

(時中)이라는 자를 쓰기도 하였다. 고령 신 씨 가문의 화원인 일재 신한평(1745-1806경)의 아들로 태어나 조선왕조 후기문화의 황금기에 노을처럼 찬란한 빛을 남기고 간 화가이다.[248] 그는 8대에 걸쳐 세습 중인 출신인데 그 부친 신한평에 이르러 화원화가가 되었고, 그 역시 부친의 뒤를 이어 화원화가로 진출한 사람이다. 그는 자연히 상류사회의 풍류자제들과 어울리며 당대 제일의 빼어난 기량으로 이들의 풍류생활상을 화폭에 올리는 풍속화 제작과 풍류 인사들의 초상화 제작에 열중할 수 있었다. 그래서 풍속화의 백미로 꼽히는 국보135호인 <혜원전신첩> 30폭과 조선시대 여인 초상화 가운데 으뜸이라 할 수 있는 <미인도> 등을 남길 수 있었던 것이다.[249] 그는 산수화와 풍속화를 잘 그렸을 뿐만 아니라 인물 풍속에 뛰어난 솜씨를 보여 여체미의 모습을 섬세하고 대담하게 그리는 것이 그의 특징이었다.[250]

18세기 후반에서 19세기 초반에 이르는 기간은 조선시대 후반기 풍속화가 가장 융성했던 시기이다. 이때 풍속화의 트리오라 할 수 있는 김홍도·김득신·신윤복이 활약한 것은 잘 알려진 바와 같다. 그런데 이들이 모두 화원화가(畵員畵家)라는 점이 이 시기의 풍속화의 특색을 나타내준다. 사대부 화가가 조

---

248) 간송문화재단설립기념전, 『간송문화』, 서울: 간송문화재단, 2014, p.179.
249) 혜원은 단원보다도 더 세련된 도시감각을 타고나서 인체묘사에 있어서 거의 명주실같이 가늘되 철사와 같이 탄력 있는 細金線을 자유자재로 구사하여 풍만한 여체의 요염한 자태나 풍류자제들의 맵시 있고 단아한 면모를 남김없이 표현해 냈다. 위의 책, p.205.
250) 간송문화재단설립기념전, 『간송문화』, 서울: 간송문화재단, 2014, p.179.

선시대 풍속화의 시작을 주도하였다면 화원들은 후반기 풍속화를 본격적으로 발전시켰다고 볼 수 있다.251)

이러한 환경에서 자연히 신윤복은 전형화풍을 유행시킨 김홍도의 영향을 받을 수 있었고 이 점은 시대적으로 화원화가들의 활발한 활동으로 이어졌기 때문으로 보인다. 또한 신윤복이 풍속화를 창작하고 채색화풍을 즐겨 사용한 것은 아버지의 영향으로도 볼 수 있다. 신윤복의 풍속화를 면밀히 살펴보면 김홍도와 김득신의 영향도 확인된다.252) 김홍도의 산수화풍은 신선도의 능숙한 필법으로 설화성이 있으며 대기 원근법에 치중하고 뛰어난 담채효과인 수묵담채로 간일하게 표현하였는데, 신윤복은 김홍도의 설화성을 독창적으로 강화하여 이를 표현하는 조형도 강한 화풍으로 발전시킨 점이 특징이다. 이처럼 조선시대 후반기의 풍속화 개화기에 신윤복은 절정을 이룬다.

그의 작품이 지닌 특징 가운데 하나는 그 당시 윤리관에 비춰볼 때 매우 파격적인 남녀의 성정을 그렸다는 점이다. 이는 작가의 철학적 성향인 점도 있지만 당시대의 문화적 경향을 표출한 것으로도 볼 수 있다. 또한 신윤복의 작품은 주제를 회화적으로 승화시킨 역량에 더욱 주목하여야 한다. 신윤복은 다른 화가들과는 달리 당시 양반가의 부조리, 패륜, 젊은 여인들의 애정의 행위 등과 같은 독특한 소재를 이용하여 그 당시로는 혁신적인 내용의 작품을 추구하였다. 당시 윤리관의 이면에 숨

---

251) 정병모, 「조선시대 후반기 풍속화의 연구」, 동국대학교대학원, 박사학위논문, 1991, p.104.
252) 위의 논문, p.142.

어 불륜을 일삼던 양반들과 그 자제들, 양가 부녀자들의 비리를 들추어내는가 하면 젊은 여인들의 청순한 애정을 대조시킴으로써 새로운 시대를 감지하였음을 알 수 있다.[253]

그는 당시 기방을 대상으로 주로 속화를 그려 조선시대 양반들의 타락한 모습들을 대담하게 그렸다. 조선 후반기 영·정조 시대에는 경제의 발전으로 사치가 만연하였는데 특히 여자의 사치스러운 다리머리가 큰 사회문제로 부각될 정도였다.[254] 1792년 사치와 퇴폐를 바로잡기 위해 문체반정(文體反正)을 단행하였을 만큼 당시는 사치와 퇴폐의 풍조가 만연하였고, 그러한 사회성이 그의 작품으로 드러나는 것이 분명하다. 그의 작품들은 사대부집의 점잖은 여인네부터 청상과부의 시름겨운 사정이나 채마 밭과 빨래터, 우물가 내지 사내들이 모여드는 기방이나 술청 등 어디서나 볼 수 있는 여인들의 편편정태(片片情態)를 보여주는 것이 특징이다. 그림마다 명쾌한 필선이 그의 으뜸가는 기법으로, 그러한 것을 통하여 여체의 아름다움을 강조하고 있다.

혜원의 그림 중에서 단연 백미를 이루는 것은 국보 135호인 <혜원전신첩>이다. 거기에는 무려 30폭이나 되는 많은 여속도를 수록하고 있다.[255] 혜원이 살던 시대는 소수의 족벌이 호사를 극치로 누리던 시기였기에 이에 대한 풍자적 작품이 혜원의

---

253) 신혜원, 「조선 후기 풍속화에 나타난 여인상 연구」, 숙명여대 석사논문, 1998, p.73.
254) 정병모, 「조선시대 후반기 풍속화의 연구」, 동국대 박사논문, 1992, p.137.
255) 간송문화재단설립기념전, 『간송문화』, 서울: 간송문화재단, 2014, p.179.

화풍으로 남겨진 것으로 추측된다. 그의 작품세계는 개성이 워낙 강하여 선배들의 업적과는 무관하게 보일지 모르나 그 바탕에는 천부적인 집안의 감각을 이어 받았고 김홍도의 전형화풍이 토대가 되었다고 볼 수 있다.256)

조선 후기에 들어서면서 <사녀도>에서는 절대적 미모의 아름다운 여인들이 등장하였고, <미인도> 또한 순수하게 여인의 아름다움을 감상하기 위한 목적을 띠게 되었다.257) 신윤복 이전에도 <미인도>, <여인도(麗人圖)> 등의 <사녀도(仕女圖)>가 제작되었던 것을 기록상으로 확인할 수 있지만 신윤복의 <미인도>는 당시의 기생을 그렸다는 점에서 사실적 특징이라 할 수 있다. 이것은 그가 기생의 생활상을 담은 풍속화를 그린 연장선상에서 이루어진 작업이라 추정된다. 기법상으로도 얼굴의 묘사에 있어서 근육이나 입체적인 표현을 하려는 의도가 아니라 개성을 거세한 것과 같은 간단한 표현을 취함으로써 사녀도의 전통을 따르고 있음을 알 수 있다.258) 신윤복의 화법은 조선 후기 풍속화의 전형적 화풍을 유행시킨 단원 화법의 영향도 있으나 한층 더 섬세하고 세련된 필치의 묘선으로 한국전통의 대표적 미인도가 탄생된 것이다.

그의 미인도는 그림의 주제가 선명하여, 보는 이에게 내용전달도 직선적으로 한다. 농염 중에 절제가 있고, 과감한 노출이

---

256) 정병모, 「조선시대 후반기 풍속화의 연구」, 동국대학교대학원, 박사학위논문, 1991, p.141.

257) 문선주, 「조선시대 중국 仕女圖의 수용과 변화」(『미술사학보』 25, 미술사학연구회), 2005.

258) 정병모, 「조선시대 후반기 풍속화의 연구」, 동국대 박사논문, 1992, p.148.

자연스럽게 보이도록 구성과 구도를 연출하여 이것들을 승화시키고 있다.259) 조선사회는 유교적 이데올로기의 영향으로 회화 감상과 제작에 표현의 한계를 가지고 있었기에 일반 여인을 주제로 한 회화는 상상할 수조차 없었다. 그러나 기녀를 대상으로 한 신윤복의 작품세계는 현실적 사실표현에 거침없는 표현으로 사회적 배경과 매치시켰다. 이는 기녀를 통하여 풍자적 해학으로 당시 사회에 대한 고발적 성격을 지니고 있다. 조선시대의 기생은 천한 신분이었지만 혹독한 기녀의 수업으로 악기·시·화·서예·창 등 다방면으로 뛰어난 기녀들이 많았다.

그럼에도 불구하고 조선시대의 기녀들은 철저하게 사대부들만을 위해 존재했던 여인들이다.260) 특수한 재능의 기녀들 중에는 미모와 지성을 겸비했더라도 약자의 천한 신분으로 겉모습의 화려함 속에 슬픔이 공존하는 질곡의 삶을 산 이들이 대부분이다. 특히 <그림 3>의 연당의 여인에서 나이든 퇴기의 초라한 모습을 풍속화 속에 담아낸 신윤복의 작품들은 현장의 생동감을 절실하게 표현하여 아름다움과 슬픔이라는 양면을 자연스럽게 터치하고 있다.

한편 조선 후기에 들어서며 <사녀화>를 통하여 절대적 미모의 여인들이 등장하였고 <미인도>는 순수하게 여인의 아름다움을 감상하기 위한 목적을 띠며 제작되게 되었다.261) 그것은

---

259) 이원복, 「申潤福 예술의 높은 格調」(『月刊美術』 1월호, 중앙일보사), 1998, p.146.
260) 이수광, 『한국역사의 미인』, 앞의 책, p.162.
261) 문선주, 「조선시대 중국 仕女圖의 수용과 변화」(『미술사학보』 25, 미술사학연구회), 2005.

한편으로 당시 사회를 주도한 남성들의 미인관과 욕망의 단면을 드러내고 있다. 신윤복의 <미인도>는 조선 후기에 제작된 작품이지만 동일한 주제를 가지고 그려졌던 동시대의 미인도 중에서도 대표적인 구도와 양식, 색채, 선의 표현 등을 매우 세련된 필치로 잘 나타내고 있다. 또한 뛰어난 묘사와 완성도를 보여주고 있으며 한국전통의 미인상을 대변해 주고 있다.262) 조선시대 <미인도>의 공통적 표현기법은 근육이나 인물의 입체, 개성의 표현이 없는 점이 한 가지 아쉬운 점이지만 신윤복에 이르러 매우 세련된 아름다운 미인상이 출현하였다는 것은 분명하다.

(2) 신윤복 〈미인도〉의 미학적 접근

신윤복의 <미인도>는 깔끔하고 부드러우며 섬세한 필선의 표현력이 특징이다. 이러한 혜원의 작품성은 세련되고 심오함을 겸비한 당시 최고의 <미인도>를 그린 것으로 평가된다. 그의 작품에서는 굳이 드러내지 않아도 은은한 향기가 느껴지며, 절제된 아름다움과 다소곳한 모습에서 강한 자존심이 느껴진다.263)

차가운 듯 보이나 절제된 모습이며, 다소곳하지만 결코 만만치 않은 표정이 공존하는 모습은 또 다른 신비로움을 더해주는 작품이다. 삼회장저고리 소매의 딱 붙은 모습, 여러 겹 껴입은

---

262) 권귀민, 「혜원 신윤복의 <미인도> 표현기법에 관한 연구」, 원광대 석사논문, 2013, p.74.
263) 조정욱, 『조선을 사랑한 신윤복』, 서울: 아이세움, 2013, p.28.

속옷과 가슴부분의 짧은 저고리의 기장은 아담한 체구의 가녀린 여성미를 한껏 더 매력으로 돋보이게 한다. 치마 중간 부분을 배추 모양으로 부풀린 하후상박(下厚上薄)의 모습은 저고리와 대조적인 여유로움과 세련미가 함께하는 모습이다. 높은 의자에 앉아 있는 듯한, 다른 면으로는 엉거주춤한 모습으로도 상상할 수 있는 모습이 신선하고 의구심마저 드는 아름다운 작품이다.

> 가채를 탐스럽게 얹은머리에 젖가슴이 드러날 만큼 기장이 극도로 짧아지고 소매통이 팔뚝에 붙을 만큼 좁아진 저고리를 입고 속에 무지개 치마를 받쳐 입어 열두 폭 큰 치마가 풍만하게 부풀어 오른 차림새는 여체의 관능미를 유감없이 드러내는 자태다. 쪽빛 큰 치마 밑으로 살짝 드러난 외씨같이 하얀 버선발과 왼쪽 겨드랑이에서 흘러내린 두 가닥 주홍색 허리띠 끈은 아직 다 매지 않은 진자주 옷고름과 함께 대장부를 뇌쇄시키기에 충분한 표현이다.264)

열은 노랑저고리에 삼회장 자줏빛 옷고름, 쪽빛 치마의 조화로운 세련미와 가지런하고 섬세하게 잘 빗질된 가채를 얹은 정갈한 머리의 아름다운 모습은 조선시대 미의 고품격적 감각을 짐작할 수 있다.

신윤복은 김홍도보다 더 세련된 도시감각으로 인체묘사에 있어서 거의 명주실같이 가늘되 철사와 같이 탄력 있는 세금선을

---

264) 두 손으로 묵직한 마노 노리개를 만지작거리고 있는 것은 분명 고혹적인 작태인데 여린 듯 둥근 얼굴에 열망을 가득 담은 채 물오른 앵두처럼 터질 듯 붉게 부푼 입술이 말할 듯 아니하며 그윽한 눈빛은 그리움으로 가득 차 있다. 이는 분명 혜원이 이 여인의 내밀한 속마음까지 세세히 읽어내어 그것을 그림으로 표출해 냈을 때 가능한 표현이라 하겠으니, 초상화를 傳神이라 한 이유가 여기에 있었던가 보다. (간송문화재단설립기념전, 『간송문화』, 서울: 간송문화재단, 2014, p.205.)

자유자재로 구사하여 풍만한 여체의 요염한 자태나 풍류자제들의 맵시 있고 단아한 면모를 남김없이 표현해 냈다.[265] 섬세하며 강력한 필치의 정결한 모습은 한 올 한 올 셀 수 있는 머릿결의 터치감에서 가히 절묘함의 수준이다.

생동감으로 살아 숨 쉬는 가르마와 연결된 고운 얼굴선의 다소곳하며 가녀린 표정은 한층 애틋하고 신선하다. 이는 곧 신윤복의 철학이며 그가 추구한 미의식의 미인상임을 짐작케 한다.

담채색 한복의 은은하면서도 정결함을 더해주는 복색의 조화된 아름다움은 조선시대의 수준 높은 색

<그림 6> 신윤복 <미인도>

감의 아름다움을 짐작할 수 있다. 얼굴 옆의 작은 액세서리는 설채의 자연미를 좀 더 고풍스럽고 깔끔하게 강조한 모습이다.

옅은 자색이 첨가된 고아하고 세련된 노리개의 멋스러움은 단조로워 보이는 한복의 수수함에 단아한 색조의 포인트를 주어 세련미와 우아한 아름다움을 더해 준다. 단정하게 빗은 머

---

265) 간송문화재단설립기념전, 『간송문화』, 서울: 간송문화재단, 2014, p.205.

리에 붉은 자주색 댕기를 장식하고 풍성하지 않은 가슴에는 삼
작노리개와 청색매듭, 그리고 진한 남자주색 선을 댄 삼회장저
고리와 남색치마를 받쳐 입은 모습을 통해 우리 색의 아름다운
조화를 한눈에 볼 수 있다.266) 이를 통하여 볼 때 조선시대에
는 드러나지 않는 은은함과 우아함으로 멋과 아름다움을 추구
한 것을 볼 수 있다. 요즘에도 한복의 장신구로 쓰이는 노리개
가 한복의 단아한 자태를 더욱 돋보이는 역할을 한다. 복식에
서도 조선시대는 드러나지 않는 은은함과 우아함으로 멋과 아
름다움을 고품격으로 추구한 것을 볼 수 있다. 또한 단아한 외
모와 세련된 한복의 조화가 작품의 고아함을 더해준다.

결코 화려하거나 사치스러운 멋이 가미되지 않은 절제된 아
름다움으로 최상의 미인을 그려낸 조선시대의 명작이라 할 수
있다. 유려한 선묘와 세련된 부채로 표현된 움직일 듯 말 듯한
자태와 부드러운 몸매는 미인도의 보다 성숙한 차원을 보여준
다.267) 이러한 조화의 멋이 빚어낸 절제된 표정과 고운 자태는
볼수록 청아한 매력에 빠져들게 한다. 화려한 듯 은은한 칠보
의 노리개는 단정함과 우아함으로 아름다운 자태를 한층 돋보
이게 하며 노리개를 만지는 모습의 앳된 둥근형의 얼굴은 싱그
러운 젊음을 고혹적인 자태로 표출하는 모습이다. 부드러운 버
드나무 모습의 눈썹, 길고 가는 눈, 작은 코와 둥근 모습의 준

---

266) 신혜원, 「조선 후기 풍속화에 나타난 여인상 연구」, 숙명여자대학교 석사논문, 1998, p.55.
267) 임민선, 「조선 후기 풍속화와 일본 에도시대 우키요에 여인상 비교연구」, 세종대 석사논문, 2007, p.52.

두, 앵두 모습의 작은 입술, 조응하는 부드러운 턱 선의 모습은 입체표현 없는 초상화이면서도 조화로운 모습이다. 옷고름이 살짝 풀어져 있는 의구심도 자아낼 수 있으나 섹시미를 강조하는 듯하여 볼수록 아름다운 여인의 모습이다. 신윤복은 스스로 이 그림에 만족한 듯 그림 속에 이렇게 적었다.

> 화가의 가슴속에 만 가지 봄기운 일어나니,
> 붓끝은 능히 만물의 초상화를 그려내 준다.[268]

주지하는 바와 같이 신윤복 초상화의 특징은 '傳神'으로 정신을 전한다는 데에 있다. 이처럼 그는 정(精)과 신(神)을 나타내는 혼이 살아 있는 작가의 철학을 지닌 것이다. 그동안 수도 없이 그렸던 여인들은 마치 이 여인을 그리기 위한 하나의 과정에 지나치지 않았다는 듯 혼신의 힘을 다해 완성한 것이 바로 이 작품이다.[269] 신윤복의 <미인도>는 앳된 얼굴이지만 숨쉬는 듯한 생명력의 절제된 모습이 신선한 매력으로 돋보인다. 부드러운 듯 탄력 있는 필선과 세련된 도시풍의 고아한 美를 추구한 수준 높은 혜원의 작품이다. 이는 조선시대에 추구했던 <미인도> 중에서 세련되고 섬세한 필감이 돋보이는 도시풍의 매력이 돋보이는 명작이라 하겠다.

---

268) "盤礴胸中萬化春 筆端能與物傳神", 신윤복 <미인도> 畵題.
269) EBS 화인 제작팀, 『풍속화, 붓과 색으로 조선을 깨우다』, 서울: 지식채널, 2008, p.160.

(3) 신윤복 〈미인도〉의 인상학적 분석

<미인도>의 체형이 반듯하며 얼굴의 오악270) 부위가 단정하고 상중하 삼정271)의 배분이 조화로운 모습으로 이마, 준두272), 지각273)의 균형미가 돋보이는 공손한 미인의 상이다.

<미인도>의 머리 부분은 하늘의 에너지를 받는 천기의 자리로 본다. 머리가 둥글고 넓으며 편평하여 수려하고 밝은 모습으로 이목구비 오관이 단정하게 조화를 이룬 미인상이다. 이마는 관록궁으로 불리며 조상·부모·배우자의 인연을 본다. 반듯한 양옆이마의 자리가 굴곡이 없이 윤택한 모습은 성품이 온화하고 여유로운 귀격의 미인상으로 본다. 이마는 신의 영역으로 사고력·지식과 마음의 넓이·부모로부터 받는 초년의 운기·배우자의 복덕 등을 함께 본다. 신윤복 <미인도> 이마의 모습은 액각과 발제선이 둥그스름하고 미려한 모습이다. 이러한 모습은 윗사람의 귀여움과 사랑을 받는 성품이 진실하고 선한 상이기에 신윤복 <미인도>의 주인공이

<그림 7> <미인도>의 얼굴 부분

---

270) 상학 용어로 이마, 양쪽 광대뼈, 코, 턱을 이름.
271) 공간적 개념으로는 얼굴을 세 개의 횡단면으로 구분해서 건강과 지혜, 성격을 평가하는 관상법이다. 오현리, 『정통관상대백과』, 서울: 동학사, 2001, p.66.
272) 상학용어로 코의 끝부분을 이름.
273) 상학용어로 턱을 이름.

될 수 있는 상으로 추정할 수 있겠다.

더불어 꽉 찬 듯한 인당(눈썹과 눈썹 사이), 눈썹이 수려하고 눈을 잘 감싸주는 모습은 성정이 어질고 슬기로우며 부드러운 기운으로 화합하는 인상이다.

<미인도>의 눈썹이 섬세하며 가늘고 긴 버드나무 가지의 모습이다. 이러한 눈썹은 총명하고 재능이 있으나 남녀를 막론하고 음란한 경향이 있다고 풀이된다.[274] 한편 이러한 눈썹의 모습은 대인관계가 원만하고 우애가 돈독하며 지혜로운 여인의 상으로 본다. 특히 남성들에게 인기가 좋은 눈썹으로 그러한 점들을 감안하며 미인도의 눈썹을 보면 이 여인은 기녀일 가능성이 높다. 그러나 이러한 눈썹모습이 지닌 아쉬운 점은 연인의 관계를 맺을 때에 슬픈 인연으로 마무리 될 수 있다는 점이 내면에 담겨있다.

다음으로 전택궁(눈과 눈썹 사이)은 인상학에서 여성에게 특히 중요한 위치로 논하고 있다.

> 전택궁이 눈썹과 눈 사이에 두 손가락 굵기를 넘을 정도로 아주 넓은 사람은 부귀한 상으로, 심성이 넓고 인자하며 항상 즐겁고 장수를 누리며 예지능력 또한 지니고 있다.[275]

<미인도>의 전택궁이 넓고 깨끗하며 윤택한 빛이 나면 마음 가짐의 여유로움까지 간직하게 되는 편안한 상으로 본다.

---

274) 오현리, 『정통관상대백과』, 서울: 동학사, 2001. p.207.
275) 위의 책, p.98.

눈은 정신이 거처하는 집이다. 눈은 누워서 잠을 자듯 정신이 마음에 거처하는 것이 되고 잠을 깨면 곧 신령이 눈에서 의지하게 된다. 이처럼 눈이라는 것은 정신이 놀고 쉴 수 있는 집인 것이다.[276] <미인도>의 눈은 가늘고 긴 편으로, 눈빛이 밖으로 드러나지 않는 것을 선호하는 조선시대의 대표적인 눈의 모습이다. 이러한 눈의 상은 성격이 소심한 편이고 냉정한 면이 동주하고 있어서 차가운 지성미가 내재된 모습이다. 그러나 차갑게 보이는 지성미가 있다고 하여 선하지 않다는 것은 아니다. 다소곳하며 선한 미인의 눈 모습은 속마음을 드러내지 않는 절제된 모습으로 미래를 긴 안목으로 멀리 보는 미인상으로 분석된다. <미인도>에 나타나는 바와 같이 눈의 생김이 맑고 수려하며 흑백이 분명하면 모든 이들로부터 복을 받는 상이다.[277] 가늘고 긴 눈의 모습은 지혜롭고 인내하는 조선의 미인상에서 선호하는 상으로 인식된다.

인당[278]은 사람에게 생명의 집이 되는 것이다. 삼십 세 이전의 운은 천정(天庭)과 일월각 그리고 인당을 살피는데, 그중 인당이 가장 우선이다.[279] 인당은 사람의 몸 가운데 하늘의 에너지를 받는 자리로, '명궁'이라 하기도 하며 '행운의 문'이라 하여 평생의 운명 특히 30세까지의 운을 관장하는 제3의 눈이라 할 정도로 중요한 자리이다. 신윤복 <미인도>의 인당 부위는 넓고 밝고 반

---

276) 위의 책, p.277.

277) 陳淡埜, 『相理衡眞』, 도서출판 황금시대, 서울, 1998. p.167.

278) 눈썹과 눈썹 사이를 이름.

279) "三十前 天庭角印 印獨爲先.", 『達磨相法』 總訣, 第三.

듯하며 점이나 흠이 없이 깨끗하다. 이러한 모습은 매사 막힘이 없이 좋은 에너지를 받는 상으로 특히 이 미인의 경우 초년에 주변의 관심과 사랑을 많이 받는 상으로 볼 수 있다

코는 중악이라 하며 그 사람의 재성(財星)과 자존심·지성·사회성 등을 나타낸다. <미인도>의 코 선280)의 모습이 인당과 부드럽게 연결되고 반듯하며 난대,281) 정위282)가 조화롭다. 연상과 수상이 고르게 잘생기고 준두가 풍만한 사람은 보통사람과 달리 비범한 뜻을 이룬다.283) 산근(눈과 눈 사이)이 편평하며 코의 선이 완만한 곡선으로 내려오면 건강과 명예, 나의 위상을 나타내며 풍만한 난대, 정위(양 콧방울) 모습은 공격과 방어력이 좋은 상으로, 이러한 상의 소유자는 중년의 운기와 재운이 좋은 상이다. 또한 이상의 높은 뜻을 품고 추진의 실천력이 있는 에너지가 풍요로운 상으로 본다. 준두284)는 성품을 보는 자리로 코끝이 둥글고 풍만하며 부드럽고 편안한 모습은 원만한 성품을 나타내는 편안한 상이다. 준두에 대해『신상전편』에서 간사함이나 속임, 고독함을 알고자 함은 그의 준두가 뾰족한가 엷은가를 보라.285) 준두 (코끝)가 뾰족하면 신경이 예민하고 남을 불편하게 하는 심성이 있어 고독함을 자초한다. 이

---

280) 상학용어로 연상, 수상이라 이름.
281) 상학용어로 왼쪽 콧구멍을 이름.
282) 상학용어로 오른쪽 콧구멍을 이름.
283) …年壽平而準豊者, 夫妻異志,"『面相秘笈』p.134.
284) 상학용어로 코끝을 이름
285) 要知奸詐孤, 着他鼻頭尖薄,『神相全編』1권, p.39.

러한 사유로 마음이 안정되지 않아 자주 변하여 믿음과 신뢰성이 결여된 성품을 의미하는 것으로 추정할 수 있다. 준두에 대해 『달마상법』에서는 다음과 같이 논한다. "마음이 부드럽고 도량이 너그러우며, 준두가 높고 풍만하면 종신토록 재물이 넉넉하다."286) 그러한 면에서 볼 때 <미인도>의 여인은 성품이 원만하고 부드러운 성품으로 조화로운 오관과 오악의 모습이 돋보이는 아름다운 여인상이다.

<미인도>의 코 밑 인중은 혈의 선이 분명하고 깊으며287) 아래로 내려갈수록 넓은 모습의 상을 보이고 있다. 인중은 오행상 수(水)에 해당하고 식록·분만·자손의 기운을 엿볼 수 있으며 자궁 등의 건강상태까지 나타나는 부위이다. 조선시대는 다산이 미덕인 시대로 외적인 작은 모습에서도 자식과의 관계, 자녀출산 등을 중시한 것을 볼 수 있는 부분이다. 또한 인중이 길고 깊으면 건강 에너지가 충만하며 인내심이 많고 지혜로움으로 일의 마무리를 잘하는 탁월한 능력과 활기찬 에너지로 장수할 수 있는 상으로 분석 된다. 그러한 면을 감안할 때 <미인도>의 인중은 심성이 반듯하고 재주가 많으며 지혜로움으로 만년까지 좋은 인상이라고 판단된다. 또한 관골이 부드럽고 온화하여 유순하고 부드러운 성품의 대인관계가 좋은 아름다운 상이다.

---

286) "心軟量寬 準頭圓滿, 終身財裕.", 『達磨相法』總訣, 第三.

287) 코밑의 인중혈이 깊고 움푹하면 긴 수명을 누린다.(陳淡埜, 『相理衡眞』, 도서출판 황금시대, 서울, 1998. p.501.)

입은 천지만물의 조화가 되는 관문이다. 호흡의 출입문이며, 음식을 먹는 대문이며 상벌을 주는 문으로 시비를 가르는 것이 여기에 있다. 그러므로 입은 방정하고 모나며 분홍빛을 띠어야 하고 두터워야 한다.[288] 여인의 붉은 입술을 통해 혈액의 풍부함과 혈맥의 순조로운 순환으로 건강을 중시한 것을 파악할 수 있는 부분이다. 또한 입은 오관 중 가장 생기 있는 부위로 모습이 방정하여 모가 나며 능선이 분명하면 에너지가 풍만하여 만년까지 즐거운 일이 있는 복 상으로 본다. <미인도>의 입술을 보면 위와 아래 입술이 붉은 선이 선명하여 건강하고 식록이 풍부한 상이며, 입술이 붉고 도톰하여 건강과 관능미가 함께하는 소위 앵두입술로 인기와 부를 겸비하는 미인의 상이라 할 수 있다.

턱은 상학용어로 '지각(地閣)'이라 부른다. 지각이 단정하고 두툼하며 모나지 않고 아래위가 서로 마주 보고 있는 모습이 상격의 좋은 상이다. 특히 턱의 지각 부분이 풍만하고 둥글며 가지런히 일어나는 상이면 노후에 발복하는 상으로 미루어 짐작할 수 있다. <미인도>의 모습에서 둥글고 모나지 않으며 여유로운 모습은 부의 상까지는 아닐지라도 편안하고 건강이 함께하는 아름다운 상으로 추측 할 수 있다.

미인도의 오관과 오악의 균형이 조화로운 모습은 건강하며 재복과 인기가 함께하는 상으로 특히 지각이 이마와 조응하면

---

288) 오현리, 『정통관상대백과』, 서울: 동학사, 2001, p.230.

만년까지 마음의 덕스러움이 동주하는 상으로 본다.

<미인도>의 목선이 부드럽고 단정한 귀밑머리와 골격이 드러나지 않는 고운 선이 여성미를 돋보이게 한다. 또한 피부가 매끄러우며 근육과 골격의 조화가 아름다운 모습은 귀격의 상으로 본다. 이러한 상의 조건들이 신윤복의 <미인도>와 상관관계가 있을 것으로 추정된다.

귀는 신장의 장부를 관장하며 두뇌는 물론 심장까지 관통하는 역할을 한다. 귀의 빛이 선명하고 윤곽이 뚜렷한 것은 현명한 미인의 상이 반드시 갖추어야 할 조건이다. 또한 눈보다 높이 솟아 눈썹이 위에 위치하면 윗사람의 덕 운을 입게 되는 귀격의 상으로 본다.[289] 수주(귓밥)의 모양이 구슬모양이면 총명하고 건강하며 심덕이 후덕한 상이다. 귀의 생김이 엷으며 윤곽이 흐린 모습은 건강이 약하고 뜻이 견고하지 못한 상으로 특히 여인의 귀 모습이 가운데 부분이 견고하지 못하면 실행력이 약한 상으로도 본다. 신윤복 <미인도>의 귀의 모습에서 가운데 부분이 매끄럽지 못하며 약간 이반된 귀 모습에서 때로는 만만치 않은 성품도 발현될 수 있는 상으로 유추해 볼 수 있다. 한편 귀의 수주가 없는 칼귀의 모습은 이성적이며 냉철한 면도 있으나 예술적 재능이 많은 연예인들에게 많은 상이다. 인상학에서는 귀의 수주가 길면 심덕이 후덕하고 여유로우며 귀에 털이 길게 난 사람은 근기가 뛰어나고 수명까지 길다고 본다.

---

289) 상학 용어로 귓밥을 수주라 이름.

<미인도>의 모습은 전형적인 조선의 미인상으로 이목구비가 작으며 전체적으로 균형과 조화를 이룬 아름다운 상이다. 얼굴형은 둥근 편으로 남방계열의 작은 계란형 얼굴이다. 얼굴의 표정은 무표정한 듯한 모습이나, 멀리를 보는 그윽한 눈빛을 통해서 지혜롭고 안온한 품성을 엿볼 수 있다. 특별히 교태는 드러나지 않지만 단아하고 세련미가 함께하는 모습이다. 교태가 드러나지 않다 하더라도 전체적인 분위기에서 기품이 있는 교태가 묻어난다. 여인으로서 갖추어야 할 매력의 조건인 것이다. <미인도>의 어깨선은 드러나지 않지만 가녀린 모습이다. 전술한 바와 같이 가늘고 긴 손가락은 힘든 일을 하지 않는 편안한 상으로 귀격의 조건을 갖추었다.

> 수줍어 보이는 표정으로 서있는 한 여인, 한 올 한 올 세세하게 그려진 윤기 나는 머리칼, 부드러운 목덜미와 반듯한 이마, 둥근 눈썹과 초승달 모양의 단아한 눈, 살짝 다문 조그만 입술에 크기가 작은 발까지 군더더기 하나 없는 말 그대로 조선시대 최고의 미인도이다.[290]

이상으로 신윤복의 작품에 나타난 미인상은 이목구비가 작고 삼정의 균형이 조화로우며 피부가 맑고 고운 미인상을 추구하고 있다. 신윤복의 미인관은 얌전하고 속내를 잘 드러내지 않는 절제된 모습의 여성미에 지성미를 겸비한 세련된 미인상을 추구한 것을 알 수 있다. 특히 신윤복의 <미인도>는 자연의 숨

---

290) EBS. 조선의 프로페셔널: 화인,『풍속화』서울: 지식채널, 2008, p.160.

결이 숨을 쉬듯이 사람의 정성으로부터 나오는 고귀함이 고운 색들의 조화로움으로 묻어나온다. 그가 추구한 미인도의 세세하게 그려진 머리칼의 섬세한 필선, 색채감은 최고의 아름다움을 나타내기 위한 탁월한 미의식의 표현으로 인식된다.

이러한 부분들로 볼 때 신윤복은 색의 마술사이며 매우 세련된 도시풍의 매력이 돋보이는 명작 <미인도>를 탄생시킨 것이다.

CHAPTER

근대 〈미인도〉의
인상학적 분석

1. 채용신의 생애와 작품세계

1) 채용신의 생애와 풍속화

근대의 미인도를 그린 인물들 가운데 대표적으로 채용신의 작품세계를 살펴보고자 한다.

채용신은 초상화를 사진처럼 묘사하는 기법으로 많은 작품을 남긴 풍속화가이다. 그는 당시 사회에 귀감이 되는 윤리적 여성상을 그렸으며 조선의 사회적 배경과 문화적 사고를 작품을 통해 잘 보여준다. 채용신은 서울 삼청동에서 출생하였으며 본명은 동근(洞根)이며 용신(龍臣)이라는 이름은 37세 무과 급제 후 사용한 이름이다. 아명은 용덕(龍德)이며, 호는 석지(石芝), 석강(石江), 정산(定山)이다. 그는 부친 채권영(1853~1920)과 함께 고종의 어진을 제작하기도 하였다.291) 채용신은 한번 보면 세밀히 붓으로 사물을 그려내고, 시간이 나는 대로 무엇이든지 그려내는 열정과 천재적인 소질이 그를 개성 있는 초상화

---

291) 이연복, 앞의 논문, p.34.

법 화가로 자리하게 하였다

그 시대를 지배했던 사상은 당대의 정서와 맞물려 그림의 기능이나 주제로 나타나게 되는데, 조선시대 전반적으로 흐르던 그림에 대한 천기(賤技)사상은 조선시대 후반기에 오면서 긍정적으로 변화되기 시작하였다.[292] 이러한 풍조와 맞물려 채용신은 그의 작품세계를 다양하게 전개할 수 있었던 것이다. 그는 산천·초목·곤충·해와 달 등 자연과 모양에 있어 형상할 수 있는 모든 대상들을 자유자재로 그렸고, 표현 방법이나 기법이 누구도 따를 수 없는 경지에 이르렀다. 37세에 무과에 급제하였으며 자신만의 독특한 필법인 극세필을 통해 독자적인 화법을 형성했던 것이 특징으로 꼽을 수 있다.[293] 그의 화풍은 일본에까지 잘 알려져 원정을 가게 된다. 러일전쟁의 승전 장군인 노기 마레스케(乃木希典, 1849~1912) 대장의 초상을 비롯하여 요오쿠마 시게노부 백작상과 고토 신페이상 등을 그렸다.[294] 채용신은 특정 장르에 국한되지 않고 광범위하게 다양한 작품 활동을 하였다. 31세에 결혼하여 5남3녀의 자녀를 낳아 다복한 생활을 하였으며 그의 인품 또한 명성을 얻었다. 최병린은 그를 다음과 같이 평하였다.

처음에는 그림으로 소문을 들었더니 그 행동거지를 살펴봄에 남보다 매우 뛰어남이 있었다. 몇 개월을 從遊함에 터득한 것이 많

292) 황효순,「혜원, 신윤복 연구」, 성신여대 박사논문, 2003, p.7.
293) 변종필,「채용신의 초상화 연구」, 경희대 박사논문, 2012, p.7.
294) 신소영,「石芝 蔡龍臣의 자화상 연구」, 충남대 석사논문, 2003, p.18.

으니 이 영공께서는 인물화만 잘 그릴뿐만 아니라 또 사람을 잘 가르쳤던 것이다. 영공을 알지 못하는 자는 다만 그림으로만 이 영공을 알고는 사람을 잘 가르친다고 하였다. 잘 가르치는 것은 옛날에 말한 바 仁人君子이다.295)

19세기 말 외세의 유입으로 전통적인 유교질서가 무너지기 시작하며 사회가 새로운 문화에 급변하기 시작한다. 이때 초상화도 사회적 변화를 맞아 사진술 발달 영향으로 사진과 똑같이 그려내는 사진풍의 초상화가 주조를 이루었다. 고종과 순종의 어진도 사진을 보고 제작하였다고 전해진다. 채용신 작품의 특징은 '터럭 하나라도 틀리면 그 사람이 아니다'라는 그의 말처럼 사고는 당시의 서양화법이 추가되어 사진술에 맞게 변화를 이룬 것이다. 채용신의 작품은 안면 묘사에서 뛰어난 특기로 인해 정면의 초상을 매우 잘 그렸다. 그러나 그는 얼굴의 표정에 치중하여 양손의 묘선에 있어서는 도식적인 경향을 보인다. 강세황의 오른손 표현은 채용신의 고종어진에서와 거의 같이 나타나는 모습으로 후기로 발전되어가며 정형화 되는 모습이다. 296)

채용신이 손을 강세황과 비슷하게 표현한 것은 김홍도의 영향을 받은 부분으로 이해될 수 있다. 이 부분은 다음 절에 김홍도, 신윤복이 채용신에 미친 영향에서 강세황의 화풍에 근접하게 된 경위를 살펴보면 채용신 화법의 특징은 극세필의 독특한 필법이 개성적이며 뛰어난 예술적 재능으로써 '사실 그대

---

295) "初聞以畫觀其擧止. 大有過於人也 從數月所得者多 此令非但善畫人物又能敎人 不知令者徒以畫 稱知令而稱者善敎人 善敎古所謂仁人君子也.", 崔秉麟, 『石江實記』 卷之二, p.47.

296) 신소영, 「석지 채용신의 자화상 연구」, 충남대 석사논문, 2003, p.33.

로' 그려내는 초상화법이다. 즉 사실적 얼굴의 초상화를 그렸던 것이다. 1901년 趙錫晉(小琳) 등과 함께 특히 사진을 활용한 사실화풍에서는 사진을 활용하고 자신만의 독특한 필법인 극세필을 통해 독자적인 화법을 형성했던 것이 그의 특징이다.297) 이러한 채용신의 초상화법 <미인도>의 화풍은 비록 정·기·신을 직접 觀人할 수 없으나 인상학적으로 접근하는데 적절한 자료가 될 것이다.

채용신은 1914년 이후 여인상들을 그리기 시작하였는데 기존의 초상화법과 서양화법을 병행하여 <미인도>, <성모자상> 등을 각기 다른 기법으로 표현하였다. 조선시대의 <미인도>를 그리게 된 배경은 전술한 바와 같이 순수한 목적으로 여인의 아름다움을 감상하기 위하여 <미인도>가 제작되었던 것으로 보인다. <미인도>에는 당시 유학자들인 남성이 여성을 바라보는 시각과 그들이 바라는 이상적인 여성상이 표현되어 있다.298) 채용신은 작품 뒷면에 제작 년, 월, 일을 기록하며 자신의 품계나 호, 혹은 이름을 남겼다. 이로 인해 후대에 그의 작품제작 시기와 인물을 정확히 알 수 있도록 배려한 점이 돋보인다. 이러한 점에서 작가의 자부심과 책임감이 엿보인다.

채용신의 마지막 작품 활동은 87세인 1936년으로 같은 마을에 살았던 황장길의 초상과 그의 부인상을 손자인 채규영과 합

---

297) 변종필, 「채용신의 초상화 연구」, 경희대 박사논문, 2012, p.7.
298) 문선주, 「조선시대 중국 사녀도의 수용과 변화」, 『美術史學報』 25, 미술사학연구, 2005, pp.71~72.

작하여 그린 것이었다. 그때는 큰 공력이 드는 극세필의 초상화를 감당하기에는 이미 그의 나이가 허락하지 않았던 것이다.[299] 기력이 다할 때까지 초상화를 제작하는 작품의 열정은 타고난 작가의 정신력을 보여준 것이다. 그는 후손들에게도 모범이 되는 생활상을 몸소 보여주며 1941년 6월 4일 채용신은 위대한 초상화가로서의 긴 생애를 92세로 마감하였다.[300]

채용신은 초상화법 풍속화를 통해 조선시대의 역사·문화·사회의 변화에 대응하여 어떻게 시대적 흐름을 담아내고 변화시켜 가는지를 보여줬다는 점에서 특별한 의미가 있다. 채용신은 전통화법과 한국근대의 사실주의 초상화법을 조화시켜 조선의 미술사에 역사와 문화를 형성하고 작품을 통해 모범적인 삶의 자취를 남긴 작가로 후대에 평가될 것으로 추정 된다.

2) 김홍도·신윤복의 영향

김홍도는 진경풍속화의 대미를 장식하는 조선의 대표적 화가이다. 전술한 바와 같이 그는 어린 시절부터 강세황과의 특별한 사제 관계로 강세황의 화풍을 이어 받았다. 신윤복이 김홍도의 영향을 받을 수 있었던 점은 시대적으로 화원화가들의 활발한 활동으로 이어졌기 때문이다. <미인도>를 통한 김홍도와 신윤복의 작품성의 특징을 살펴보면.

---

299) 최홍근, 「석지 채용신 연구」, 단국대학교 석사논문, 1997, p.19.
300) 신소영, 앞의 논문, p.19.

첫째, 조선시대 풍속화인 <미인도>가 그려진 배경은 남성들의 감상용인 순수한 목적으로 제작되었다. 조선시대 회화에 등장하는 미인의 모습은 당시 사회를 주도한 남성들의 미인관과 욕망을 드러낸 것으로 보아도 좋을 것이다. 따라서 남성들의 감상용으로 제작된 조선시대의 <미인도>는 당시 사회의 힘 있는 세도가 남성들이 선호한 미인상으로 주목할 수 있다.

둘째, 김홍도 작품의 특징은 중요부분만 묘사하는 대담한 화풍인 반면, 신윤복의 작품은 다양한 성격의 요소를 조합, 풍속의 주제를 부각시켰다. 그러나 세련된 묘선과 섬세한 필치로 풍부한 회화성이 뒷받침된 풍속장면을 표현한 점이 두 작가의 특색이다.

셋째, 조선시대 <미인도>의 공통적 표현기법은 근육이나 인물의 입체, 개성적 표현이 없는 점이다. 인물이 지닌 특유의 입체감은 부족하지만 그들의 미인도는 조선시대의 미인상을 접할 수 있는 충분한 사실성과 가치가 있다고 사료 된다.

넷째, 신윤복의 화풍은 선배들의 업적과 바탕 위에 천부적인 집안의 화풍을 받았다. 김홍도·김득신은 설화성에 치중하고 화풍은 수묵담채로 간일하게 표현하였지만, 신윤복은 이러한 설화성을 오히려 강화하면서 조형의 세계로 확대한 것이다. 이는 김홍도와 김득신의 풍속화를 답습하여 신윤복이 한 단계 더 성숙한 풍속화의 꽃을 피운 것으로 평가할 수 있다. 그러한 기초가 명쾌한 필선과 세련된 묘사의 화법으로 신윤복 작품성의 바탕을 이루고 있는 것임을 알 수 있다.

김홍도와 신윤복의 <미인도>가 채용신에게 어떠한 영향을 미쳤으며 채용신 작품의 고종어진에서 강세황 작품의 손 모습과 닮게 그렸는지를 간략히 정리해 보면 세 작가 <미인도>의 미인상은 조선시대의 문화와 환경에 맞는 이목구비가 작은 절제된 표정과 자그마한 체형의 단아함을 추구하는 것이 공통된 모습이었다. 세 사람의 조선시대 <미인도>의 공통적 표현기법은 근육이나 인물의 입체, 개성적 인체의 표현이 없다는 점이다. 그러나 각자 추구한 미의식에 따라 미인상의 모습은 각기 다른 모습으로 개성이 다른 점이 확연히 드러난다 하겠다.

우선 작품 특징에서의 영향이다. 김홍도 작품의 특징은 중요한 사항만 부분적으로 묘사하는 대담한 화법이었다. 이러한 화풍은 강세황 화풍의 영향을 받았으며 표암 강세황(1713~1791)은 18세기에 활약했던 詩·書·畵 三絕의 대표적 문인화가로 그는 사대부 출신으로서의 높은 식견과 뛰어난 감식안을 갖춘 평론가였다. 강세황은 풍속화에 가장 많은 화평을 남겼고, 김홍도를 적극적으로 후원하는 등 조선시대 후반기에 큰 공헌을 한 인물이다.[301] 그는 풍속화, 인물화, 진경산수화 등 현실적 소재로서 그 특성을 인정하고 자신이 이해한 서양화의 이점을 채택한 점이 중요한 의미를 지닌다. 그의 작품의 특징은 현저하게 채색이 배제되고 격조 높은 문인화의 경지를 이룬 조선 후기를 대표하는 남종문인화풍의 정착과 새로운 서양화풍 수용

---

301) 정병모, 「조선시대 후반기 풍속화의 연구」, 동국대학교대학원, 박사학위논문, 1991, p.91.

에 커다란 업적을 남겼다.[302] 79세를 일기로 "蒼松不老, 鶴鹿齊鳴(푸른 소나무는 늙지 않고 학과 사슴이 일제히 운다)"의 8글자를 남기고 생을 마친 강세황은 김홍도와 사제지간으로 김홍도에게 격조 높은 사실성 화법을 전했으며 김홍도는 자신의 개성을 살려 대담하며 단순, 투박한 듯 가식 없는 화법으로 힘 있는 필력을 구사하였다. 더불어 김홍도 특유의 선비, 신선 같은 성품이 작품성에 반영된 면도 있다. 김홍도의 <사녀도>의 미인도에서 볼 수 있듯이 단순한 듯 섬세히 처리되었지만 살아 숨 쉬는 듯한, 자유로우면서 농익은 조화로움으로 김홍도의 미인상을 표출한 것이다.

반면 신윤복의 작품은 다양한 성격의 요소가 조합된 풍속의 주제를 부각시킨 점이다. 화원시절의 궁정에서 귀족생활을 익힌 영향으로 그의 작품성은 거침없이 도시풍의 진면목을 표현하는 생활상이 특징이다. 특히 <미인도>의 세련된 의상과 고풍스러우며 도시풍의 인상은 다른 두 작가와는 차별화가 두드러진다. 천부적 재능의 영향도 있었지만 김홍도의 작품에서 설화성과 조형미를 강한 필치로 살려내 섬세한 필선이 풍부한 회화성이 뒷받침된 풍속 장면을 표현한 점이 두 작가의 특색이다.

이러한 두 작가의 특징과 더불어 채용신은 신윤복의 화풍을 답습하였지만 자신만의 초상화 기법으로 개성을 살렸다. 신윤복의 <미인도> 작품에서 왼쪽 버선발의 묘사법을 <팔도미인

---

302) 강세황은 북경 지식인들과의 접촉을 통하여 자신의 문화적인 면모와 긍지를 발휘하였다. 글씨로 유명한 석암, 유용은 그의 글씨를 보고 "天骨開場"이라고 칭찬하였다. 변영섭, 「표암 강세황의 회화연구」, 이화여자대학교 박사논문, 1986, p.서언. p.p33-34. 서언.

도>와 <운낭자像>에 적용한 것으로 보인다. 김홍도는 강세황의 영향을 받았으며 신윤복은 김홍도의 영향을 받았음을 전술하였다. 또한 채용신은 신윤복 화풍의 영향을 받아 채용신 특유의 초상화풍으로 이어진 것을 볼 수 있다. 그러면서도 채용신 표현 기법의 특이점은 사실과 같은 초상화법을 강조한 부분이다.

이러한 세 작가의 공통점은 화원작가라는 점과 이들의 <미인도>에서의 흐름이 서로의 영향을 받았음에도 각자의 개성이 뚜렷하며 철학적 사고도 각기 다름을 알 수 있다.

다음은 채용신의 <팔도미인도>를 통해 당시의 미인상을 인상학적으로 분석해 보고자 한다.

2. 채용신의 〈팔도미인도〉 인상학적 분석

채용신의 <팔도미인도>는 조선팔도의 지역별 대표미인을 사실적으로 그린 전신상이다. 강릉미인, 평양미인, 영암미인, 청주미인, 장성미인, 고창미인, 진주미인, 한성미인 등 <팔도미인도>의 미인들은 실존했던 실명의 미인들이다.

아쉽게도 채용신이 <팔도미인도>를 그리게 된 배경을 추적하는 작업은 현재로서는 어려움이 따른다. 그 이유는 이 작품은 민화풍으로 제작된 것이기 때문이다. 따라서 간략하게나마 畵記를 기록하고는 있으나, 그것도 기녀에 대한 설명일 뿐, 화폭 어디에서도 <팔도미인도>를 그린 때와 장소 및 제작 동기를 찾아 볼 수 없는 점이 아쉽다. 단지 그가 실명의 기녀를 그린 것만으로는 팔도의 기방을 탐방하고 그들의 용모를 기억하기 위한 지극히 개인적인 관심에 기인한 것이었는지, 어떤 외부의 요구에 의해 특별히 제작한 것인지 등에 대한 판단을 내리기 어렵다. 본 연구에서는 그러한 한계를 안고서 각 지역별 팔도미인의 특징을 인상학적으로 접근하고자 한다.

1) 강릉미인

(1) 일반적 분석

강릉미인 일선[303]의 전체적인 모습은 약간 볼록한 이미지로 이마가 높고, 반듯하게 넓으며 상, 중, 하정의 균형이 맞는 同字형의 얼굴이다. 눈썹 사이의 미간이 매우 넓어 시원스러운 외형의 모습으로 여인의 이마 모습으로는 많이 넓은 편이다. 인당이 반듯하고 넓은 모습이며 산근 또한 넓고 풍륭하게 잘생긴 모습이다. 코 선이 눈썹과 잘 이어져있으며 눈썹모양이 긴 편으로 눈을 잘 덮고 있는 초승달의 둥근 눈썹모양이다. 이는 눈썹의 모습이 가늘어 부드러운 버드나무 가지의 모습에 비유해 볼 수 있다. 준두와 난대, 정위가 조화로우며 턱 선이 둥글고 통통하며, 귀여우면서도 시원한 이미지로 선이 고운 미인이다. 눈, 코,

---

303) 강릉미인 일선: 태백산 동쪽, 남방계와 북방계 3:7로 결합, 볼록한 얼굴, 이마 高, 洪, 날씬 체형, 전체적 북방계, 조용진, 앞의 책, p.192.

입이 작은 편으로 귀의 윤곽에는 굴
곡이 있으며 귀모양이 고르지 않으
나 귓불인 수주가 크다. 하얀 피부가
돋보이며 전체적으로 통통한 살집이
있는 시원한 인상의 미인상이다.

(2) 인상학적 분석

강릉 미인 일선의 몸의 모든 골격
에서 머리와 이마, 관골보다 더 잘
나타난 곳이 없다.[304] 관상은 자연,
천지의 이치이다. 두상의 형상은 하
늘과 부합한다고 본다. 일선은 두상

<그림 8> 강릉미인

윗부분이 평만하고 일어난 상으로 天氣, 즉 하늘의 복을 넓게 받
는 상의 모습이다. 이마가 반듯하고 높고 넓으며 발제[305] 부분이
반듯하면 성격이 인자하고 정직하며 생각이 넓은 상으로 인지된
다. 이러한 이유로 이마의 크기와 지력은 정비례 한다고 본다.[306]

통상적으로 이마는 초년의 운을 보고 학운, 조상의 덕을 보는
자리이기도 하다. 일선의 이마처럼 벽이 솟아 있는 모습으로 잘
생기고 윤택하면 남을 배려하는 성품이 여유롭고 지혜로우며 윗

---

304) 陳淡埜, 『相理衡眞』, 도서출판 황금시대, 서울, 1998. p.356.

305) 상학용어로 이마 위 머리카락 시작 부위의 선을 이름.

306) 이마가 모나고 넓으며 눈썹이 성기고 아름다우며, 눈은 길면서 맑고, 귓바퀴가 평평하고 두
    터우며 콧마루가 솟고 곧으며 인중이 분명하고 입술이 단정하며 형체가 바르면서, 준수하고
    행좌에 절도가 있으면 귀인의 상이며 착한 행실을 의미한다(鄭民鉗 역, 앞의 책, p.264.).

사람에게 귀여움과 사랑을 받는 미인상이다. "인당(印堂)이 평평하고 바르면 명궁(命宮)이 견고하고 충실하며 뼈가 천중(天中)까지 솟으면 부호이다."[307] 일선의 인당은 명궁으로 칭하며 생명의 집이 되니 이 부위가 풍륭하고 점이나 흠이 없이 윤택한 모습은 학술, 재예 등에 통달하고 성취를 이루는 학문의 집이라 명할 수 있다.

눈보다 긴 수려한 눈썹은 지혜와 명석함을 보여준다. 약간 볼록한 듯 나온 인상은 외향적이며 밝고 활발한 인상으로 인지되는 상이다. "눈썹이 높고 빼어나면 권위를 얻어 녹이 후하고, 눈썹의 털이 길게 드리워 있으면 고귀하고 장수하며 눈썹이 당기는 활과 같으면 성품은 착하나 부끄러움이 많고 숫기가 부족한 상으로 볼 수 있다. 눈썹이 초승달과 같으면 총명함이 뛰어나며 대인관계가 좋은 상이다. 눈썹이 버들잎처럼 늘어지면 가난하고 떠돌이 생활을 하며 눈썹 머리가 맞닿아 헝클어져 있으면 항상 어려운 일이 많다."[308] 수려한 눈썹은 대인관계나 형제간 우애의 돈독함의 상으로 볼 수 있다. 눈썹의 앞부분은 폐와 관련이 되어 있고 눈썹의 끝부분은 간과 관련이 있으며 눈썹의 모습으로 내면의 품성과 몸에 드러난 운화를 유추할 수 있다.[309] 그러한 이론에 바탕을 두고 본다면 일선의 눈썹은 총명하고 대인관계가 원만하며 심덕을 실천하는 성품으로 인식되는 미인의 상이다.

---

307) "印堂平正命宮牢, 骨起天中是富豪.",『達磨相法』12宮剋應訣.

308) "是以眉高聳秀. 威權祿厚. 眉毛長垂. 高壽無疑. 眉如彎弓. 性善不雄. 眉如初月. 聰明超越. 眉垂如柳. 貧浪無守, 眉頭交破. 迍遭常多.", 崔漢綺,『仁政』, 測人門三, 容貌. 眉.

309) 오현리,『정통관상대백과』, 서울: 동학사, 2001, p.95.

<미인도> 일선의 모습에서 아쉬운 점이 있다면 귓바퀴가 원만하지 않고 윤곽이 모가 나 있다는 점이다. 귀는 14세까지 유년의 운기를 보는 곳이다. 윤곽의 가운데가 견고하지 않은 모습은 유년시절의 어려움이 따를 수 있으며 또한 본인 만족이 없는 상으로 유추해 볼 수 있다.

古相書 유장상법에는 '액고이반화극금(額高耳反火克金) 부모가재총시공(父母家財總是空)'이라 하여 이마는 높은데 귀가 뒤집히면 화극금이 되어서 부모와 가정의 재산이 모두 공허하게 된다고 하는데, 그 뜻은 일선의 얼굴형이 동자(同字)형으로 이마에서 턱까지 굴곡 없이 수려한 선으로 잘 구성된 좋은 상이지만 가정, 부모로부터 어려움이 따르는 상으로 볼 수 있겠다. 同字형 얼굴의 좋은 점은 특별히 돌출된 부분이 없어 부드러운 성품으로 신뢰감과 믿음, 德이 함께하는 맑고 즐거운 상으로 분류된다.

일선의 귀의 생김이 이반이 되고 윤곽이 수려하지는 않지만 크고, 눈보다 높이 솟아 있는 상으로 이러한 상은 훌륭한 스승을 모실 수 있는 상이다.[310] 스승으로부터 품격 높은 예악의 교육을 받아 뛰어난 재주로 이름을 떨칠 수 있는 상으로 기녀에게 귀품의 매력이 돋보이는 미인상이라 할 수 있다. 다음은 눈의 상으로 안목(眼目)은 일월(日月)과 같아서 태음과 태양이라고 한다. 왼쪽 눈은 해가 되는 것이니 아버지를 형상하는 것이고 오른쪽은 달이 되는 것이니 어머니를 상징한다.[311]

---

310) 앞의 책, p.494.

311) 陳淡埜, 『相理衡眞』, 도서출판 황금시대, 서울, 1998. p.277.

일선의 눈의 모습은 흑백이 분명하고 눈의 형태가 긴 편으로 선한 모습이다. 행운이 들어오는 자리인 인당과 산근312)부분이 잘 연결되고 밝고 깨끗하다. 이러한 상은 복과 수명을 누리는 좋은 상이다. 눈썹 밑의 전택궁이 넓고 풍륭한 모습은 마음이 후덕하며 사랑이 많은 상으로 볼 수 있다. 또한 전답이나 경제적으로도 여유로운 상으로 본다.

코는 재성을 나타내는 자리로 일선의 코는 약간 길고 반듯하며 고운 모습이다. 코는 자신의 위상과 자존심, 중년의 운기, 재운, 성품을 보는 자리이며 코의 모습으로 본 일선의 모습은 보수적인 성품으로 볼 수 있다. 인중선이 길고 깊어 성격이 급하지 않고 느긋한 성품이다. 입술선 옆의 긴 입의 모습은 일의 마무리를 잘하는 지혜로움이 함께하며 심성이 후덕한 상으로 추측할 수 있는 부분이다. 입의 모습에서 구각이 올라간 것은 많이 웃어 탄력이 생긴 것으로 추정되므로 성품이 밝고 성품이 밝고 긍정적임에 틀림없다.

사자(四字)형의 입술은 인상학에서 식복과 재록이 풍성하며 다재의 능력 있는 미인상으로 분류된다. 또한 관골이 드러나지 않고 잘 싸여져 있어 독선적이거나 성격이 강하지 않은 성품으로 볼 수 있다. 턱은 상학용어로 지각(地閣)이라 부른다. 턱 선이 단정하고 둥근 인상은 한국인의 사유관념에 바탕이 되는 것으로 넉넉하고 후덕함을 나타낸다. 일선의 인상은 외향적이며

---

312) 상학용어로 코의 뿌리부분, 눈과 눈 사이를 이름.

밝고 명랑한 모습의 조선 미인상인 것이다. 눈썹과 턱, 이마가 수려하여 하늘의 문성이 비추는 격으로 덕스럽고 후덕하여 많은 사람들로부터 인기를 얻는 상으로 분석된다. 인상학으로 본 일선의 상이 귀격의 상이었기에 기생의 신분이지만 <팔도미인도>의 주인공이 되었을 것으로 유추할 수 있다.

2) 평양미인

(1) 일반적 분석

평양기생 계월향313)(?~1592)은 나라를 구하기 위해 과감히 목숨을 걸고 왜장을 참수하는 역할을 도운 애국의 의기314)이다. 계월향 <미인도>외형의 모습은 머리가 뾰족하고 이마가 편협한 편이며 이마의 상정이 높은 형이다. 눈썹이 짧은 편으로 눈썹 위 미릉골이 약간 나왔으며 눈두덩이 넓은 편이다. 눈의 모습은 눈동자의 검은 부위와 흰 부분이 선명하다. 눈꺼풀이 약간 각이 지고, 눈꼬리가 올라간 모습이다. 또한 미간이 넓고 산근이 높은 편이다. 콧등이 드러난 듯하며 약간 구부러진 모

---

313) 평양미인, 계월향: 고구마형 두상, 이마 高, 눈썹이 短, 미간 洪, 이목구비 小, 콧방울 뚜렷하지 않고 하악이 도드라지고, 귀볼 小, 칼귀, 중안이 볼록, 코 높이 높은 편, 턱 뾰족, 인중이 흐리고, 북방계 형, 피부 희고, 달빛 상징, 陳淡埜, 『相理衡眞』, 도서출판 황금시대, 서울, 1998. p.191.

314) 왜장을 죽이는데 공을 세워 논개와 더불어 임진왜란 때 '2대 義妓'로 뽑히는 평양기생 계월향(?~1592)의 초상화가 발견 되었다. 그림을 감정한 안휘재 문화재 위원장은 '전형적인 19세기 미인도'라며 기생을 기리는 초상화(고미술품 수집가 안병례 씨가 최근 일본 교토에서 입수한 한지에 그린 채색화: 조선일보 이태경 객원기자)가 발견된 것. 훗날 우의정에 추증된 김경서(1564~1624) 장군의 애첩이던 계월향은 왜군 평양성 함락에 용장으로 뽑힌 고니시히를 김경서 장군이 참수하는데 결정적 역할을 한 의기이다. 적장이 죽은 후 이듬해 1월, 평양성은 탈환됐다. 조선일보. 신형준 기자. 2007. 02. 02. 23:42.

<그림 9> 평양미인

습으로 코끝이 뾰족한 듯 선명하지 않은 모습이다. 양 콧방울이 약한 편으로 이목구비가 작아 여성스러우나 인중선이 흐린 편이며 관골이 약간 드러난 모습이다.

귀는 칼귀의 모양으로 귀의 윤곽이 분명하고 귀속의 내당 부분이 선명한 모습이다. 수주가 작은 편인 칼귀의 모습으로 귀의 전체 모양이 위로 향한 듯 매우 선명하다. 턱은 시골이 약간 나온 모습으로 뾰족하며 턱 선이 둥글지 않고 모가 난 모습이다. 볼에서 턱으로 급격히 좁아져 마름모 얼굴형 모습으로 예민해 보이는 편이다. 계월향은 '피부가 은은한 달빛처럼 빛을 발한다.'는 뜻으로 피부가 유난히 아름다운 미인상으로 추측된다.

(2) 인상학적 분석

인간의 몸은 인체의 근본인 精으로부터 生命이 생성되며, 제일 먼저 신장이 생겨 목숨이 형성된다. 다음으로 성품인 심장이 성숙된다.[315] 이처럼 상학에서는 사람의 근본 마음은 생명이 잉태될 때부터 성품이 형성되는 것으로 보았다. 평양미인 계월향은 두상이 뾰족하며 이마의 변지, 산림자리에 굴곡이 있으나 이마가 흠이나 주름이 없이 깔끔한 인상이다. 그러나 수려한 인상은 아니다. 팔도미인 중에 제일 개성이 강하고 성품이 까칠한 상으로 볼 수 있다. 이마가 좁고 뾰족하고 계란과 같은 모양을 하고 있으면 간사하여 꾀를 부리기도 하지만, 남한테도 그런 일을 겪을 수 있다. 구차하고 녹록하게 세상을 유생(浮生)하고 안정감 없이 산다.316) 계월향의 얼굴은 전체적으로 살집이 없는 마른 상으로 여인의 뼈가 너무 강하게 튀어나오면 어리석어 흉한 일이 많고 뼈가 너무 가벼우면 정신력이 약하여 비천하다고 보았다.

山根이 곧바로 印堂까지 솟아 올라가서 은미하게 보이면 세상에 널리 알려진 이름이 먼 후세(千古)까지 오래 오래 보존될 것이다.317)

그러나 계월향의 산근 모습이 인당, 천정까지 은미하게 올라간 모습으로 '하늘은 스스로 돕는 자를 돕는다.'의 운기로 작용하여 구국을 위해 왜장의 참수를 돕는 의기의 미인상이다. 이는 분명 상학의 상관성으로 추정할 수 있는 부분이다. 미루어 짐작해보면 이러한 면이 의녀의 명성을 얻은 것으로 볼 수 있다. 눈

---

316) "무릇 부모가 처음에 사귀어 만날 때는 곧 혼돈의 시기이며, 모태의 정액을 뿌리니 이때는 태극이라, 제일 먼저 신장이 생기니 이로부터 생명의 목숨이 있다. 이후에 심장이 성숙되니 심장은 곧 성품이 된다.", 陳淡埜, 『相理衡眞』, 도서출판 황금시대, 서울, 1998. p.328.

316) 위의 책, p.184.

317) "直 鴛印堂微微見, 高名千古鎭長存.", 『達磨相法』 妻妾.

썹은 형제궁으로서 약간 짧은 모습인데 눈썹은 보수관이라고 하며 형제, 대인관계의 친화력, 그 사람의 성정을 유추할 수 있으며 눈썹이 수려하고 눈을 잘 감싸주는 모습은 총명함과 지혜로움으로 권위와 녹을 얻는 상으로도 본다. 계월향의 눈썹은 조금 짧은 모습으로 인화력이 부족할 수 있는 상으로 볼 수 있다. 양각 부위가 가지런하지 못하면 다른 어머니가 있다. 또한 그 부위가 敎蓮해서 쓸쓸하고 황폐한 느낌이 난다면 타향에서 죽음을 맞이하게 된다.[318] 아마도 그의 죽음과 인상이 관련이 있을 것으로 보이는 부분들을 보면 계월향 눈썹 위의 미릉골이 발달하여 약간 나온 듯한 모습이다. 미릉골이 인당보다 높으면 여인은 남편을 해롭게 하거나 불효를 할 수 있는 상으로 본다. 또한 성품이 급하며 이런 경우 성품이 날카로울 수 있으며 과격한 면도 있고 신경이 예민하게 반응하여 다툼이 있을 수 있는 강한 성품의 상이다. 따라서 계월향의 성격이 예민하고 불의와 타협하지 못하는 성품으로 불미스러운 일이 있을 수 있다.[319]

계월향은 눈의 검은 부위가 옻칠한 듯이 검고 흰 부위가 선명한데, 윤택한 모습은 총명하며 슬기로운 상으로 볼 수 있다. 또한 눈 끝이 올라간 모습은 강한 투지와 승부욕이 많은 성품으로 누구에게 지면 참지 못하는 기개가 있는 상으로 본다.[320] 계월

318) 陳淡埜, 相理衡眞, 도서출판 황금시대, 서울, 1998. p.167.

319) 눈의 검은 부위와 흰 부위가 분명하며 검은 눈동자가 단정하고 발라서 사람을 볼 때 그 광채가 사람을 쏘는 것과 같으면 이에 감찰관이 이루어졌다고 하는 것이다. 그런 까닭으로 눈이란 길쭉하면서도 깊어야 한다. (위의 책, p.277.)

320) 눈이 삼각형인 여성은 성격이 어둡고 생각이 많다. 비록 부귀할지라도 부부 사이는 좋지 않다. 32, 35, 37, 38, 41, 44, 48, 50세에 이혼하거나 남편을 극하여 고독할 상이다. 그러나 눈

향은 눈꺼풀이 삼각형의 모습을 가진 삼각안으로 성정이 강해 이런 경우 남편을 극하거나 고독한 상으로 분석된다. 이러한 사유는 여인의 상에서 꺼리는 눈의 모습으로 삼각안의 작용은 사물을 예사로이 보지 않고 꼼꼼히 다시 보는 예민함이 있으며 마음에 들지 않으면 그냥 지나치지 않는 까칠한 성품이다. 또한 못마땅한 점을 마음으로 새겨 두는 뒤끝이 있는 성품으로도 분석된다.

계월향은 두골이 갸름하여 두상이 약하게 보이며 산근이 높은 편이고 코의 비골이 드러난 편으로 볼 수 있는 상이다. 산근이 높고 비골이 드러나면 여인의 상으로는 좋지 않은 영향을 미칠 수 있다.[321] 코는 자신이며 자기의 뿌리인 자존감, 재복, 지성을 나타내며 40대 중년의 중요한 운기를 작용한다. 코의 등은 높고 낮음으로 실행력, 결단력을 보며 코끝이 뾰족하면 신경이 예민할 수 있으며 공격성도 있고 트러블이 있는 성품으로 주변과 트러블이 많아 고독한 상으로 분류된다. 양 콧방울이 뚜렷하지 않은 것은 재물의 창고가 약한 것으로 재운을 약하게 보았다. 또한 수비와 공격의 방어력이 약하여 주변의 상황에 흔들릴 수 있으며 코끝이 뾰족한 형상은 예민하고 까칠한 성정으로 성품 또한 잦은 변화로 인해 편안하지 않을 수 있다. 산근이 유난히 높으면 자존감이 강해 외로운 상으로 보았다.

계월향의 관골(양쪽 광대뼈)의 모습이 약간 앞으로 드러난

썹이 청수한 여인은 흉이 반감된다. (오현리,『정통관상 대백과』, 서울: 동학사, 2001.,p.264.)
321) 頭骨은 전후좌우를 논할 것 없이 있는 것이 좋으며, 鼻骨이 드러나면 파탄과 패망이 있다. "頭骨不論前後左右, 有者必善. 鼻骨露則破敗矣."(『達磨相法』總結, 第五篇.)

모습은 성품이 독선적이거나 성격이 강한 상으로 상학에서 꺼리는 인상이며 의지와 추진력이 강한 인상으로 인식된다. 관골이 나오고 입이 나온 인상은 자식이 없거나 자식이 있어도 강한 성품으로 인한 트러블로 인해 자식과의 인연 덕이 약하여 쓸쓸한 상으로 분류된다.

계월향의 귀는 칼귀의 모습으로 윤곽이 뚜렷하며, 귀속의 내당부분이 선명하며 넓고 수주가 작은 편이나 귀의 전체 모양이 위로 향한 듯 매우 선명하다. 이는 귀의 모습이 위로 향한 형상은 이상을 높게 두고 목표를 실행하려는 강인한 에너지의 작용력으로 실천력이 좋은 상으로 분석된다. 칼귀는 성품이 개인적이며 이기적인 면도 있으나 개성이 많은 상으로 예술적 재능이 풍부한 상이다. 연예인들 귀의 모습에 많이 있는 인상이다.

또한 계월향의 턱의 모습은 볼에서 턱으로 급격히 좁아지며 턱 옆의 시골(지각)이 나온 인상이다. 시골이 나온 인상은 살면서 힘든 일이 있을 때마다 어금니를 깨무는 일이 많았음을 보여주는 것이다. 외형은 인간의 외부로 들어나는 내면의 기질과 성정이 인지되는 부분이다. 턱은 의지력의 바로미터라고 볼 수 있다. 계월향처럼 턱이 급격히 좁아져 하관이 약하면 말년의 운기도 약하게 보며 건강·재산·지구력 등이 저하되는 인상이다. 또한 아랫사람의 덕이나 주변의 인연이 약해 우울증이나 신경이 예민할 수 있는 외로운 상으로도 분류된다.

인상학으로 본 계월향의 전체적 이미지는 까다로운 듯, 차가운 듯, 예민한 성품으로 보인다. 도도하게 보이는 면이 지적 매력으로 형상을 추측해 볼 수 있는 미인상이다. 피부가 달빛처럼 은은한 빛을 발하면 음기가 매우 강하다고 보는데 이는 기녀로 서는 좋은 기를 발휘할 수 있는 최상급 기녀의 상으로는 반드 시 갖추어야 할 조건으로 강점을 둘 수 있다. 여인의 피부가 계월향처럼 지나치게 희면 냉정한 성품으로도 볼 수 있으며, 한번 마음에 담아두면 감정에 휘둘리지 않는 이성적인 상으로 도 본다. 흑백의 분명한 눈의 모습은 총명한 상으로 볼 수 있 으며 현실적이고 이재에 밝은 상이다. 또한 미릉골과 관골이 드러난 모습은 성품이 강인한 면이 드러난다 하겠다. 삼각안의 세심함과 뒤끝 있는 성품, 산근이 높고 비골이 드러난 모습은 외로움을 타는 성품이며 야무진 입의 모습과 입 옆의 긴 입술 선은 자신의 일 처리능력을 정확히 잘하는 상으로 본다. 귀의 뚜렷한 윤곽은 총명함을 볼 수 있으며 높은 위치의 귀의 모습 은 귀한 인연을 만나는 인상으로 보며 높은 실행력을 본다. 이 러한 실행력의 작용으로 나라를 위해 대사를 용감하게 실행하 는 힘이 되었을 것으로 추측된다.

전술한 바와 같이 계월향의 인상학으로 본 소견은 자존심이 높고, 자신의 신념을 실현하기 위하여 목숨까지도 내놓을 수 있는 결단력이 높다 하겠다. 주변의 충언을 종합하는 능력보다 는 산근이 높은 모습이 자신의 결단을 믿는 성품이다. 이러한 성품이 나라를 구하기 위해 왜장을 참수하는 역할을 도와 역사 에 이름을 남기는 의녀 미인이 된 것으로 규정해 볼 수 있다.

3) 영암미인

(1) 일반적 분석

<그림 10> 영암미인

영암미인[322] 취련의 모습은 얼굴형이 길고 갸름한 모습으로 머리의 두상도 갸름한 모습이다. 이마가 약간 납작하듯 낮으나 반듯하고 넓다. 인당이 넓고 반듯하며 편평하나 약간 들어간 모습이다. 눈이 크나 쌍꺼풀이 없으며 눈썹이 버드나무 가지처럼 부드럽고 둥글며 긴 편이다. 코언저리가 낮은 편이나 콧대가 높으며 길다. 코의 산근 부위가 약간 높은 모습으로 코끝선이 밑으로 약간 드리워진 모습이다. 관골이 드러나지 않고, 인중이 긴 편으로 인중선이 길고 깊은 모습이다. 입술이 작고 얇으며 구각 끝이 올라간 모습으로 입이 약간 나온 듯한 인상이다. 턱 선이 길며 턱이 뾰족한 편이다. 체형은 북방에서 이주해온 북방계 형인 듯 골격이 크고 어깨가 넓은 편이다. 전체적으로 얼굴형이 길며 낮은 듯, 약간 들어간 듯한 음성적 인상

---

322) 영암미인 취련: 이마 低, 洪, 눈 大, 콧대 高, 입술 얇다. 북방계 형, 골격 大, 어깨가 실, 상·하체 풍만. 조용진, 앞의 책, p.191.

과 수수한 느낌인 북한 여인의 이미지도 보인다. 화려하지 않으며 단정하고 수수하며 얌전한 모습으로 건강해 보이는 영암 미인 취련의 모습이다.

(2) 인상학적 분석

인상학으로 상을 보는 기본은 삼정의 균형과 조화로움이 기본이 되고, 기색과 전체적인 체상의 에너지를 보는 것이다. 그러나 본 연구에서는 풍속화의 <미인도>라는 한계로 인하여 얼굴의 모습을 위주로 인상학적으로 접근하였다. 취련의 얼굴형은 이마가 반듯하며 턱의 지각이 발달한 갸름하고 긴 얼굴형이다. 하늘의 복을 받는 정수리의 머리모습도 갸름한 모습이다. 이마가 반듯하게 모가 나고 편평하며 넓다. 전체적인 이미지는 골과 육의 음양이 조화롭고 고운 피부가 돋보이는 상으로 얼굴이 약간 들어간 듯한 인상이다. 이러한 모습은 외향적이기보다는 내성적인 모습이 많은 성품으로 볼 수 있다. 이마는 넓고 깨끗하며 둥글수록 지적으로 본다. 취련의 이마가 반듯하고 편평하여 사고력이 깊은 좋은 상이나 약간 들어간 듯한 모습은 내성적이며 함축하는 성품으로 볼 수 있으며 자력으로 일을 성취하는 상으로 본다. 또한 이마와 지각이 조응하는 상은 만년까지 건강과 지구력, 인덕이 좋은 인상이다. 취련의 턱의 모습이 비교적 긴 모습으로 짧은 사람보다 일의 성취도가 큰 상으로 본다. 눈은 쌍꺼풀이 없는 큰 모습으로 흑백이 분명하여 총

명하고 감성적이며 변화에 민감한 인상이다.323)

인당이 밝고 넓으며 눈썹이 눈보다 길어 지혜와 명석함이 함께하는 상으로 볼 수 있으며 대인관계가 원만한 인상이다.324) 눈썹이 버들잎처럼 늘어져 있으면 가난하고 떠돌이 생활을 하는데 325) 취련의 눈썹은 유난히 부드러운 버드나무 가지의 모습으로 인기가 좋은 대인관계를 형성하며 특히 남성으로부터 많은 인기를 얻는 상으로 볼 수 있다. 또한 눈썹이 높이 위치하며 산근과 인당, 천정까지 은미하게 올라간 모습은 이름이 나는 상으로 취련의 이러한 모습이 팔도미인도의 주인공이 된 것으로도 추정해 볼 수 있겠다.

눈썹이 맑고 곧으며 눈이 수려하게 잘생기고 길면 복록이 함께하는 아름다운 여인의 상이다. 인당과 산근 부분이 잘 연결되어 밝고 깨끗하면 행운의 복과 건강을 누리는 상으로 현명하고 지혜로움으로 자신의 이상을 실현할 수 있는 에너지가 강한 인상으로 인지된다. 취련의 시선이 멀리 보는 듯한 모습을 하고 있음은 사고가 깊으며 미래를 내다보는 안목으로 미래지향적인 성품의 상인 것을 알 수 있다. 코는 얼굴의 기둥이며 마음의 표상, 자신의 인격 및 재성을 나타내는 자리이다. 취련의 코의 모습은 긴 모습으로 반듯하고 고은 선의 인상이다. 콧등

---

323) 두 눈이 수려하고 길어서 봉의 눈과 같으면 문재가 훌륭하며, 둥글고 작아서 거북의 눈과 같으면 지혜가 많다. "秀長似鳳文才盛, 圓小如龜智慧多.", (『達磨相法』總結, 父母.)

324) 음과 양(달과 해, 오른쪽 눈과 왼쪽 눈)은 부모궁이니 반드시 분명해야 하며, 흑백이 분명하고 신이 맑고 밝으면 귀함과 영화를 누린다. "陰陽父母要分明, 黑白神明主貴榮.",(『達磨相法』 總結, 父母.)

325) "眉垂如柳 貧浪無守", 崔漢綺, 『仁政』, 測人門三, 容貌, 眉.

이 부드러우나 날렵한 모습은 후덕하지는 않은 상으로 예민할
수 있으며 보수적인 성품으로 성격이 급하지 않고 꼼꼼하며 변
화를 좋아하지 않고 안정을 추구하는 성품으로 분석된다. 또한
코끝이 약간 밑으로 드리워진 모습은 금전에 대하여 알뜰하며
한번 들어간 돈은 잘 쓰지 않는 저축성이 강한 모습으로 본다.
한편으로 인색하다는 표현이 될 수도 있는 인상이다. 또한 취련
의 까만 눈동자의 모습도 이재에 밝은 현실성 있는 상으로 유추
해 볼 수 있다. 코가 넓으면서 길쭉하면 반드시 재주와 기량이 많
다.326) 코의 넓이는 좁은 듯하며 코언저리가 약간 들어간 모습은
내성적인 성품으로 꼼꼼하며 인색함에 가까운 알뜰한 미인상으로
규정해 볼 수 있다.

인중선이 길고 깊은 모습은 성격이 급하지 않고 원만한 성품
으로 꼼꼼하여 일의 마무리를 잘하는 상이다. 또한 지혜로움과
인내심이 많은 상으로 건강, 수명이 좋은 인상으로 본다. 입의
모습이 작아 소심할 수 있으나 야무지고 섬세하며 알뜰하고 정
확한 성품이다. 입술이 얇은 모습은 건강이 약할 수 있으며 남
을 배려하는 성품이 부족한 개인주의적일 수 있다. 입 끝 구각
이 올라간 모습은 자주 웃는 인상으로 인식할 수 있다. 귀는
전체의 윤곽이 분명하며 수주가 적당한 모습이다. 귀는 윤곽이
분명하고 귀의 밑 부분이 구슬을 드리운 듯하면 어진 마음으로
정의의 뜻을 포용하고 있어 모호한 생활을 하지 않는 것327)으

---

326) 陳淡埜, 相理衡眞, 도서출판 황금시대, 서울, 1998. p.320.
327) 陳淡埜, 相理衡眞, 도서출판 황금시대, 서울, 1998. p.315.

로 취련의 귀의 모습은 바른 생각의 뜻을 바른 사고와 헌신으로 포용하는 정결하고 단정한 미인상으로 추정된다.

취련은 턱 선이 부드럽고 긴 얼굴형이다.[328] 또한 지각인 턱이 뾰족한 듯 앞으로 약간 나온 듯한 모습이다. 턱이 많이 나온 상은 상대를 배척하는 상으로도 본다. 턱은 71세 말년의 운기를 보는 자리로 아랫사람과의 관계나 수명, 건강 등과 관련지어 보는데, 그것이 두텁고 풍만하면 아랫사람의 인덕과 재물이 따르며 장수할 수 있는 상으로 본다. 전체적 이미지는 얼굴이 긴 편으로 약간 들어간 듯한 모습이 내성적이며 빈틈없는 깔끔한 미인상이다. 어깨가 넓고 골격이 발달한 통통하고 건강한 미인상으로 볼 수 있다. 여성의 아름다운 태도는 바른 정신과 함께 단정하며 부드럽고 화한 기운이 충전해야 좋은 상으로 분류된다. 취련의 모습은 균형과 조화로움이 함께하는 외형의 모습은 인내와 절제가 몸에 배어있는 내성적 미인상으로 판단된다.

4) 청주미인

(1) 일반적 분석

청주미인 매창[329]의 모습은 쓰개치마를 쓰고 있어 이마나 귀

---

328) 地庫가 평평하고 충만하면 타인들이 저절로 나에게 이르고, 承獎이 평평하여 너그러우면(함몰하지 않으면) 사람들이 찾아오는 인연이 있다. "地庫平滿僕自至, 承獎不陷有來因." (『達磨相法』總結, 男女.)

329) 청주미인 매창: 중간키, 미간 洪, 눈 사이 洪, 인중이 좁다, 코끝 뚜렷하나 小. 코 高. 미간과 눈 사이 洪, 당시의 미모관, 수줍은 성격묘사, 쓰개치마, 남 북방계 혼합, 중완 長, 턱이 뾰족한 세모형 多. 조용진, 앞의 책, p.190.

의 모습이 가려져 정확한 모습을 볼 수 없지만 외형적으로 보이는 이미지의 모습으로 미루어 수줍은 성품으로 보여진다. 인당이 유난히 넓어 보이며 얼굴이 가로로 넓은 둥근형의 모습이다. 눈썹선이 길어 눈이 가늘고 길게 보이며, 코끝이 약간 뾰족한 듯 분명히 드러나지 않으며 난대, 정위가 작은 모습으로 코의 모습이 짧은 듯 높은 편이다. 입이 작고 입술이 얇으며 턱선이 갸름하고 지각부분이 나온 듯 보이며 목이 짧아 보인다. 전체적

<그림 11> 청주미인

인 이미지는 이마가 넓으며 눈과 눈 사이(인당)가 많이 넓은 편이다. 팔도미인 중 눈이 제일 작은 모습이다. 얼굴형이 치마로 가려져 명확히 볼 수는 없으나 옆으로 약간 넓은 볼이 둥근형으로 보인다. 삼정 중 중안이 긴 모습으로 피부가 곱고 손이 통통하며 표정이 수줍은 듯 얌전한 모습의 미인상이다.

(2) 인상학적 분석

쓰개치마로 이마가 가려져있으나 이마가 넓고 높은 듯 보이며 미간이 유난히 넓어 마음이 넓어 보이는 유순한 상으로 보

인다. 인당이 너무 넓으면 치밀함이 부족하며 쉽게 승낙하는 가벼움을 나타낼 수 있는 단점도 있다. 눈과 눈 사이 명궁이 멀어 시원한 인상으로 보인다. 눈이 가늘고 긴 모습으로 멀리 보는 모습이다. 매창의 눈처럼 가늘고 긴 눈은 전형적인 동양인의 눈이다. 이는 인내하고 절제된 마음이 담겨져 있는 눈으로 조선시대 선호하는 미인의 모습이다. 『달마상법』에서는 "두 눈이 수려하고 길어서 봉의 눈과 같으면 文才가 훌륭하며, 둥글고 작아서 거북의 눈과 같으면 지혜가 많다."[330]고 하였다. 눈썹은 가는 초생 달의 눈썹으로 부드러운 성품과 지혜로움으로 인화력을 높이는 자리이다. 눈썹의 모습이 청정하고 맑으며 인당부위가 깨끗하고 풍륭하면 하늘의 문성이 비추게 되는 형상으로 미루어 짐작컨대 이러한 요인들이 팔도미인의 주인공으로 후세까지 이름을 남기는 상관관계가 있는 상으로 추정해 볼 수 있을 것이다. 일반적으로 천중에서 인당, 산근, 콧등까지 뼈가 이어지면 귀하게 되는 상으로 작용한 상관관계로 볼 수 있다. 이러한 사유로 매창의 모습으로 보아 공손함의 매력이 있는 미인상으로 간주된다. 또한 반듯한 코는 신뢰와 믿음이 함께하는 성품으로 자기발전을 이룰 수 있으며 콧방울이 크지 않아 온순한 성품으로 편안하고 단아한 미가 담겨져 있는 미인상으로 인지된다.

산근이 높은 모습은 고독한 상으로 보일 수 있으나 코의 뿌리가 튼실하다고 볼 수 있는 면으로 산근(질액궁)이 튼실하면

---

330) "秀長似鳳文才盛, 圓小如龜智慧多." 達磨相法, 12宮剋應訣, 4. 父母.

건강이 좋을 것으로 판단된다. 코가 높이 드러나지 않아 얌전한 인상으로 보이며, 미루어 보건대 매창은 성격상 나서는 것을 즐겨하지 않았을 것으로 추측되며 수줍음이 유난히 많은 절제된 미인상으로 볼 수 있다.

혜강 최한기는 "코는 산근(山根) 사이에서 촉박하게 끊어지지 않아야 하고 양쪽 콧방울은 둥글게 거둬들여야 하며 인중은 길어야 하고 짧아서는 안 된다."[331]고 말한다. 이러한 원리에 바탕을 두고 본다면 매창의 경우 인중은 반듯하나 짧은 모습이며 인중선이 흐리면 슬하의 자식 인연이 풍성하지 않을 수 있다. 그러나 입의 모습이 분명하고 단정한 모습인 것을 미루어 보면 자신의 일을 잘 마무리 하는 인상이며 입은 만년의 열매인 작용을 하므로 큰 무리가 없는 만년의 운기를 볼 수 있는 미인상이다. 입이 작고 입술이 얇은 모습은 건강의 에너지가 약할 수 있으며 이기적인 성품과 개인 사생활을 중시하는 경우 대인관계에 무리가 따를 수 있는 소심한 모습으로도 판단된다.

"무릇 사람 마음속에 충만하고 넉넉한 정기가 있으면 밖으로는 맑고 정철한 정신이 있는 것이며, 마음속에 충만한 기상이 있으면 밖으로 송백과 같은 피부가 있다."[332]라고 한 것처럼 마음속에 있는 것은 반드시 형상으로 나타난다. 매창의 코끝이 드러나지 않고 분명하지 않은 모습은 성품이 모나지 않고 외부로 드러나지 않는 겸손한 상을 추측할 수 있다.

---

331) "山根不宜促折, 兩珠固宜圓斂. 人中欲長而不欲縮.", 崔漢綺, 『仁政』, 測人門三, 容貌, 鼻.
332) 陳淡埜, 相理衡眞, 도서출판 황금시대, 서울, 1998. p.111.

매창의 외형은 얌전하고 수줍은 모습으로 송백과 같은 피부는 마음속에 충만한 에너지가 있는 것으로 추정해 볼 수 있으나 쉽게 드러나지는 않는 모습이다. 하정이 짧은 듯하며 턱이 짧고 뾰족한 모습은 건강과 지구력이 약할 수 있는 상으로 혼자 있는 조용함을 즐기는 편일 것이다. 그러나 해맑은 피부 미인인 매창의 전체적 이미지는 수줍음이 많고 겸손한 미인상이라 하겠다.

5) 장성미인

(1) 일반적 분석

장성 관기 지선333)의 모습은 얼굴형이 갸름하며 삼정의 균형이 조화롭고 얼굴선이 수려하며 반듯하다. 이마가 풍륭하고 반듯하고 넓으며 윤택하다. 눈매가 큰 편으로 팔도미인 중에 가장 눈이 크고 시원스럽다. 흑백이 분명하고 검은 눈동자가 단정하다. 눈썹이 초승달 모양으로 깔끔하며 수려하다. 지선의 눈과 눈 사이 인당이 윤택하며 넓고 미려하다. 눈과 눈썹 사이의 전택궁이 넓고 깨끗하며 풍륭한 모습으로 여유롭다. 코의 선이 반듯하고 단아하며 드러나지 않고 수려한 모습으로 아름답다. 인중이 길고 인중선이 깊으며 입은 작고 도톰한 앵두입술이며 구각이 올라가 있는 모습은 여인의 상을 논하는데 강점을 부여할

---

333) 장성 관기 지선: 전남 장성 바닷가, 남방계 형 多, 작은 얼굴, 눈썹이 길고 눈 사이 洪, 코는 短, 끝이 小, 코허리 低, 코 귀밑머리 長, 키, 체격골격 小 피하지방 발달, 어깨 좁고, 체격 작고 통통, 살집이 多. 조용진, 앞의 책, p.190.

수 있는 미인상이다. 양 볼의 모습
이 관골이 드러나지 않고 부드러우
며 단정하고 수려한 미인상이다. 귀
가 위로 위치하였으며 귓바퀴의 윤
곽이 뚜렷하면서 크고 귓불이 진주
처럼 예쁘다. 귀밑머리가 길고 턱
선이 굴곡 없이 부드러우며 체격은
작으나 통통하며 피부가 아름다운
사랑스러운 미인상이다.

(2) 인상학적 분석

장성미인 지선의 모습은 정과 신
이 살아 있는 듯 맑고 바르고 단정

<그림 12> 장성미인

한 모습의 아름다운 상이다. 사람은 하늘과 땅, 음의 기운과 양
의 기운이 서로 어울려 형체를 이루고 살아가는 것이다. 인상
학은 삼정의 조화와 이목구비의 생김과 균형도 중요하지만 거
시적으로 체상, 수상, 족상, 언상까지를 관인(觀人)한다. 사람의
몸은 형체와 모양과 살이 충만하고 융성하며 두터워야 한다.
체상이 맑고 청정하고 윤택하여 균형이 잘 잡히면 좋은 상이
다. 즉, 관인(觀人)에 가장 중요한 점은 균형과 조화가 중요하
며 정기신 세 가지 요소로 볼 때의 균형도 이루어야 한다. 지
선은 작지만 아담한 체형에 통통하지만 균형과 조화로움이 더

없이 아름다운 모습이다. 얼굴 삼정의 구도에 대하여 혜강 최
한기는 다음과 같이 말한다.

> 얼굴에는 삼정(三停)이 있다. 머리털에서 눈썹까지를 상정(上停)이
> 라고 하는데, 여기가 길면서 풍부하며 모나면서 넓으면 귀하게 된
> 다. 눈썹에서 콧마루까지를 중정(中停)이라고 하는데, 우뚝하면서
> 바르고 높으면서 고요하면 오래 살게 된다. 인중(人中)에서 아래턱
> 까지를 하정(下停)이라고 하는데, 모나면서 풍만하고 단정하면서
> 두터우면 부(富)하게 된다.[334]

지선은 얼굴의 상정인 이마가 반듯하고 일, 월각이 풍륭하며
오관[335]과 오악[336]이 균형과 조화로움으로 아름다운 미인상이
다. 지선의 머리는 반듯한 모습으로 둥글며 준수하다. 이마는 다
듬잇돌과 같이 매끄럽고 단단하며 주름이나 흠이 없이 액각이
반듯하게 선 수려한 인상이다. 이마는 천기를 받는 하늘의 자리
로 초년의 운기는 물론 평생의 운기에 작용한다. 지선의 수려한
이마의 상은 윗사람에게 귀여움과 사랑을 한 몸에 받는 지혜로
운 미인의 상이다. 이마가 둥글며 반듯하고 수려한 상은 일찍
명성을 얻을 수 있으며 직업 운이 좋은 인상으로 볼 수 있다.
눈의 상으로 성품이 아주 총명하고 슬기로운 사람이라면, 눈
이 길쭉하고 눈썹이 아주 수려하고 깨끗함을 알 수 있다.[337]고
하였다. 눈은 감찰관이라고도 하며 정신이 놀고 쉬는 집이다.

---

334) "面有三停. 自髮際至眉爲上停, 長而豐隆. 方而廣闊者, 主貴. 自眉至鼻準爲中停, 隆而準峻而靜
　　者主壽. 自人中至須爲下停, 方而滿端而厚者主富.", 崔漢綺, 『仁政』, 測人門三, 容貌, 面三停.

335) 상학용어로 눈, 코, 입, 두 귀를 이름.

336) 상학용어로 이마, 양 광대뼈, 코 턱을 이름.

337) 陳淡埜, 『相理衡眞』, 도서출판 황금시대, 서울, 1998. p.71.

지선의 눈동자는 눈의 검은 부위와 흰 부위가 분명하며 눈동자가 청정하고 맑은 모습은 정신의 사고가 바르고 선(善)한 상으로 본다. 흑백이 분명하며 검은 눈동자가 커서 감성적이고 감정이 풍부하여 예술적 감각도 뛰어나 많은 이들에게 인기를 얻는 인상이다. 상학에서 검은 눈동자가 크면 현실적이며 이재에 밝은 상으로 분석할 수 있다.

또한 눈썹은 행운의 문이라고도 한다. 지선의 초승달 눈썹 모습의 수려함에는 행운과 지혜로움이 함께한다. 이러한 상은 교감과 부교감의 신경이 발달하여 매우 감성적으로 재예의 능력을 발휘할 수 있어 감동을 불러일으키는 재주가 함께하는 상이다. 미루어 짐작컨대 기녀로서 인기를 많이 받았을 것으로 보이며 또한 형제의 우애와 대인관계가 좋은 지혜로운 미인상으로 판단된다. 눈과 눈 사이의 인당은 명궁(命宮)으로 이마의 천정 부위와 산근까지 잘 연결된 좋은 모습은 막힘이 없는 고속도로처럼 좋은 상으로 일의 성취도가 높은 인상이다. 이러한 모습은 복과 수명, 건강이 함께하는 인기가 많은 미인의 상이라 하겠다.

눈과 눈썹 사이를 전택궁 명칭하나 정확히 눈을 전택궁으로 보는 것이 타당하다. 그러나 상서인 신상전편에서도 눈과 눈썹 사이를 전택궁으로 본 것은 눈 주위를 전택궁으로 본 것으로 추정된다. 지선의 전택궁이 밝고 넓어 시원하고 풍륭한 모습이다. 이는 전답이 점점 많아지는 부유한 상으로 보며 심성도 후덕하고 인품이 넉넉한 상으로 본다. 예전에는 부의 상징이 전답이었다. 전택궁이 시원하고 풍륭한 것은 경제적으로 큰 고통이 없는 여유로운 상으로 볼 수가 있겠다.

코는 오행으로는 토에 해당한다. 얼굴 가운데 솟아있는 핵심으로 중악의 산으로도 본다. 건강상으로 보아서도 사람이 숨을 쉬는 폐와도 연결되어 있는 중요한 부위이다. 이는 자신의 위상과 자존심, 재의 창고, 배우자의 위상을 보는 작용도 한다. 최한기는 "코는 얼굴의 표적이요 폐기(肺氣)의 통로이다. 폐가 비면 코가 통하고 폐가 차면 코가 막히므로, 콧구멍은 들여다보이지 않고 드러나지 않으며 코머리가 둥글고 풍부하며 빛이 윤택하고 우뚝 솟으면 귀하지 않으면 오래 살거나 부유하다."338)고 보았다.

지선의 코의 모습은 반듯하고 부드러운 모습이며 너무 높거나 낮지 않게 균형과 조화를 이루고 있어 성품이 유하고 아름다운 것을 알 수 있다. 코가 긴 모습은 보수적인 성향으로 성격이 급하지 않고 안정적이며 차분한 성품으로 볼 수 있다. 인중은 물길(水)로도 보는데 인중이 길고 인중선이 깊으면 인내심이 많고 일의 마무리를 잘하는 야무진 인상으로 분석할 수 있다. 지선의 인중으로 보는 인상은 지혜로우면서도 인내심이 많은 미인상이다. 전체적인 인상은 오관이 조화롭고 도톰한 앵두입술의 예쁜 모습과 구각이 올라간 모습은 긍정적인 밝은 성품으로 잘 웃는 인상이다. 하얀 피부, 귀가 눈보다 높이 위치하여 도량이 큰 사람으로도 보며 훌륭한 스승의 전수를 받을 수 있는 상으

---

338) "鼻爲一面之表. 肺氣之通. 肺虛則鼻通, 肺實則鼻塞, 故鼻孔不昻不露. 準頭欲圓欲豐, 光潤隆起者. 不貴則壽富.", 崔漢綺, 『仁政』, 測人門三, 容貌, 鼻.

로 예악이나 학술 등에 이상을 높이 하여 재능을 발휘하는 지혜로운 미인상으로 본다. 귀에 대한 혜강의 견해는 다음과 같다.

> 귀는 뇌를 관통하여 심장과 신장에 통하므로, 신기(腎氣)가 완성하면 맑게 잘 들리고 신기가 혼탁하면 잘 들리지 않는다. 두텁고 단단하며 우뚝하고 길면 오래 살 상이다. 귓바퀴가 분명하면 총명하고 수주(垂珠: 귀 아래 끝의 살로 구슬을 매달아 놓은 것과 같은 곳)가 입을 향하여 있으면 재물도 모으고 오래 살며 귀 안에 털이 나면 오래 살고 귀의 문이 넓으면 지혜가 많다.[339]

지선의 귀는 윤곽이 매우 뚜렷하며 귀의 생김이 둥글고 원만하며 수려하다. 수주도 단정하고 수려한 모습으로 복록과 수명이 함께하는 좋은 상이다. 귀의 윗부분의 윤곽이 분명하여 총명하고 수주의 모양이 아래로 단정하게 입을 향하고 있는 모습은 재물을 모으고 복록이 따르는 장수의 상이다. 또한 귀가 높은 모습은 이상이 높고 도량이 넓은 귀격의 상이다. 골격의 생김이 청정하면 부와 귀를 겸비한 미인상으로 본다. 전체적인 지선의 상은 단아하고 수려하며 계란형 얼굴을 이루어 오관의 균형이 조화롭다. 지선의 선명하고 밝은 외형의 모습뿐 아니라 청정하고 맑은 피부는 총명하며 슬기롭고 지혜로운 상이다. 지선의 아름다움은 전체적으로 부족함이 없는 조화로운 미인상으로 규정할 수 있으며 이러한 요인들로 인해 채용신의 <팔도미인도> 주인공으로 선택되었을 것으로 추정된다.

---

339) "耳貫腦而通心腎, 腎氣旺則淸而聰. 腎氣虛則昏而濁, 厚而堅聳而長. 皆壽相也, 輪廓分明聰悟, 垂珠朝口主財壽耳 內生毛主壽, 耳門闊智遠.", 崔漢綺, 『仁政』, 測人門三, 容貌, 耳.

6) 고창미인

(1) 일반적 분석

<그림 13> 고창미인

고창 관기 명옥340)의 모습은 목이 길고 키가 크며 날씬한 체형이다. 계란형 두상에 미간과 눈두덩이인 전택궁이 넓으며 눈은 긴 편으로 눈꺼풀이 삼각안의 모습이다. 산근과 콧대가 높으며 긴 편이다. 귀의 윤곽이 뚜렷하며 수주가 구슬처럼 수려하게 드리워진 모습이다 아마가 볼록한 듯 갸름한 계란형의 얼굴로 요즘의 볼록형 이미지도 있다. 상안은 남북방계 중간형이고 중안과 하안에 북방인자가 있는 중부 내륙형의 얼굴이다.

전체적으로 명옥의 미인상은 계란형 두상과 볼록한 듯한 얼굴, 키가 크고 상체는 날씬하며 하체가 튼실한 체형이다. 콧대가 높으며 콧방울이 작고 긴 인중과 인중선이 분명하고 깊다. 입이 작고 입술이 얇으며 약간 나온 듯한 볼록형의 모습으로

---

340) 고창 관기 명옥: 전북고창, 키가 大, 목 길고 날씬, 상체 小, 하체 大, 북방계로 임실, 부안, 고창, 계란형 두상, 미간, 눈두덩 洪, 콧대가 높으며 이마 볼록, 상안은 남북방계, 중안, 하안은 북방계, 중부 내륙형 얼굴, 귓불 大. 조용진, 앞의 책, p.189.

턱 선이 둥글며 목이 긴 현대적 이미지가 함께하는 계란형 얼굴의 미인상이다.

(2) 인상학적 분석

명옥의 얼굴형은 전체적인 이미지가 약간 돌출된 듯한 볼록형으로 상정·중정·하정 삼정의 균형이 조화로운 얼굴이다. 돌출한 듯한 모습은 외향적인 성품으로 보이며 정수리의 머리가 넓고 둥근 모습으로 원만하여 좋은 에너지를 받는 좋은 인상이다. 이마가 앞이 둥글고 반듯하게 약간 나온 모습은 성정이 총명하며 사상이 풍부하고 마음이 넉넉한 인상으로 인지된다. 이 부분은 신의 영역으로도 보며, 조상이나 배우자 그리고 자신의 지덕을 겸비한 영역으로 좋은 인상이다. 이마는 반듯하고 둥글수록 지적으로도 보며 부모의 좋은 유전자를 물려받아 건강하고, 이마가 밝고 수려하여 깊은 사고력과 지혜로운 처신으로 부모의 많은 사랑을 받았을 것이다. 부모 또한 건강하여 장수할 수 있는 상으로 추정할 수 있는 부분이다. 혜강은 눈썹에 대하여 다음과 같이 말한다.

> 눈썹은 두 눈의 일산으로 얼굴의 의표(儀表)가 되고 또 눈의 영화(英華)가 되어 주로 현우(賢愚)를 분별하게 된다. 눈썹이 눈을 지나 길게 나면 부유하고 짧게 나서 눈을 덮지 못하면 가난하다.[341]

---

341) "眉爲兩目之翠. 蓋一面之儀表. 是爲目之英華. 主賢愚之辨也, 眉過眼者富. 短不覆眼者乏財.", 崔漢綺, 『仁政』, 測人門三, 容貌, 眉.

이에 바탕을 두고 명옥의 눈썹을 살펴보면, 초승달 눈썹 모습은 총명함과 지혜로움이 함께하여 대인관계의 행운을 부른다. 또한 사람들 사이에서 인기가 좋은 상으로 전택궁이 밝고 넓으며 풍륭한 모습은 물질적으로도 여유롭고 가택과 심신이 편안한 상으로 심성도 후덕하며 인품이 넉넉한 상으로 본다. 산근이 약간 높은 편은 외로울 수 있는 상이나 인당을 받쳐주며 인당의 모습이 둥글고 편평하고 넓은 모습은 현명하고 지혜로운 상으로 학문이나 재예에 뛰어난 상으로 볼 수 있다. 인당이 너무 넓으면 치밀함이 부족하게 볼 수 있으나 명옥의 모습은 약간 둥글게 나온 정도로 원만하고 윤택한 인당이다. 이러한 모습은 자신의 이상을 실현할 수 있는 운기가 좋은 미인상이다.

명옥의 눈의 모습은 눈동자가 크고 흑백이 분명하나 삼각안의 모습이다. 눈꺼풀이 삼각안인 모습은 여인의 상으로는 극히 꺼리는 상으로 남편을 극하고 고독한 상으로 본다. 눈이 삼각형인 여성은 성격이 어둡고 우울한 생각이 많은 상이다. 비록 부귀할지라도 부부 사이는 좋지 않아 이혼을 하거나 남편을 극하여 고독한 상으로 본다. 그러나 눈썹이 청수한 여인은 흉이 반감되는 것으로 본다. 따라서 명옥의 삼각안의 모습은 다행히도 눈 옆의 간문이 풍륭하고 윤택하며, 눈썹이 부드러워 온순한 성품이 있으므로 흉이 반감된다고 본다.

명옥의 눈썹은 맑고 깨끗하며 수려한 초승달 모습의 눈썹의 상으로 귀한 인연의 관계를 많이 형성한다고 볼 수 있는 상이다. 코의 모습이 반듯하고 견고하며 뼈대(비량)가 있는 사람은 건강하여 수명이 길다고 본다. 또한 윤택하고 풍륭하면 좋은 상으로 명옥은 좋은 코를 지녔다. 또한 귀가 크고 수주가 구슬처럼 드리워진 사람은 총명하고 부귀하다. 명옥은 귀가 큰 편으로 귀가 눈보다 높이 위치하여 훌륭한 스승으로부터 높은 교육의 가르침이나 보호를 받을 수 있는 상이다. 그러나 대체로 귀의 귀격(貴格)은 눈의 귀격만 같지 못하다.[342]고 귀격을 논하는데, 눈은 사람의 첫인상을 좌우할 뿐 아니라 가장 중요한 30대의 명운을 관장하여 인생의 향로를 결정하는 부위이기 때문이다. 따라서 명옥의 다른 부분이 원만하고 좋은 상일지라도 눈이 삼각안이라는 점에서 그의 명운이 아쉬운 점이 있을 것으로 판단되는 부분이다.

명옥의 입 주위가 약간 도톰하고 코가 높은 모습은 고집과 자기주장이 있는 미인상으로 본다. 명옥은 인중선이 깊고 넓은 편으로 지혜롭게 일처리를 잘하는 야무진 미인상이다. 인중은 급소이면서 기혈의 통로로 이곳이 막힘이 없이 잘 뻗어 있어야 모든 일이 순조롭다.[343] 인중은 식록·가문·자손·건강 등을 보며 인중이 짧은 모습은 성품이 급하고 인내력이 부족하며 인중이 긴 모습은 느긋하고 여유로운 성품을 볼 수 있듯이 그가 지닌 성정을 보는 곳이기도 하다.

턱은 오행으로 水에 해당하며 생식기 및 내분비의 모든 계통

---

342) "耳貴不如眼貴.", 崔漢綺, 『仁政』, 測人門三, 容貌, 耳.
343) 주선희, 『나를 바꾸는 인상학의 지혜 얼굴경영』, 2014,p. 71.

과 관련이 있다. 턱은 엉덩이, 정강이 및 하지 계통과 관련이 있으며 노년기의 건강과 지혜, 성격 등을 관장한다.344) 턱은 오악 중 북악으로 칭하며 친족, 대인관계, 의지의 강 약, 도덕성의 관계 등도 본다. 일반적으로 턱이 긴 사람은 턱이 짧고 작은 사람보다 일의 성취도가 크다. 명옥의 턱은 원만하고 부드러운 모습으로 지혜와 인덕, 건강 등 만년의 운기가 좋고 사교성도 좋은 미인상으로 볼 수 있다.

전체적으로 본 고창 미인 명옥의 모습은 키가 크고 근육이 노출되지 않은 부드러운 선의 날씬한 체형이다. 목이 길고 어깨선이 날씬하며 얼굴의 삼정이 조화롭다. 상안은 남북방계, 중안, 하안은 북방계, 중부 내륙형으로 외향적인 성품의 건강한 미인상으로 판단된다. 내면의 정(精)과 신(神)을 볼 수는 없지만 명옥은 계란형의 얼굴로 이목구비가 작아 얌전한 미인상이다. 형상이 밝고 피부가 윤택하여 지혜로운 미인상으로 볼 수 있으며 삼각안인 것이 옥의 티라 할 것이나 눈썹이 수려하여 전반적으로 원만하고 인연관계 또한 풍성할 미인의 인상으로 볼 수 있다.

---

344) 오현리, 『정통관상대백과』, 서울: 동학사, 2001. p.378.

7) 진주미인

(1) 일반적 분석

당대를 풍미했던 산홍[345]을 그리는 진주출신 작곡가 이재호 (1919-1960)는 노래로 산홍을 위한 '세세년년'이라는 노래를 작곡하였다.

<그림 14> 진주미인

산홍아 산홍아 너만 가고 나는 혼자 버리기냐
너 없는 내 가슴은 눈 오는 벌판이다.
달 없는 사막이 다 불 꺼진 항구다.

아마도 산홍은 당대를 풍미하는 이름 높은 기생으로 명월관 기생이었을 가능성이 높다.

기개 높은 산홍은 선배 기생 논개의 사당을 참배하고 시 한 수를 남겼다.

역사에 길이 남을 진주의 의로움
두 사당에 또 높은 다락 있네.
일 없는 세상에 태어난 것이 부끄러워

---

345) 매천야록 광무 10년(1906) 조에 "진주기생 山紅은 얼굴이 아름답고 서예도 잘하였다. 이때 이지용이 천금을 가지고 와서 첩이 되어줄 것을 요청하자 산홍은 사양하기를, 세상 사람들이 대감을 역적의 우두머리라고 하는데 첩이 비록 천한 기생이긴 하지만 사람 구실하고 있는데 어찌 역적의 첩이 되겠습니까? 라고 하였다. 이에 이지용이 크게 노하여 산홍을 때렸다."라는 기록이 있다.

피리와 북소리 따라 아무렇게 놀고 있네.346)

논개는 왜장을 안고 몸을 날려 천추에 꽃다운 이름을 남겼건
만, 자신은 세상에 태어나 피리와 북소리 따라 아무렇게나 놀
고 있음을 한탄하는 내용의 시이다. 왜장과 함께 몸을 던져 이
름을 남긴 논개의 충절을 기리는 산홍의 모습은 논개와 진주기
생의 기개를 세상에 알리는 아름다운 의기였다.

진주미인 관기 산홍347)은 머리 정수리가 평평하고 가로로 넓
으며 이마가 반듯하다. 상·중·하정의 삼정에서 상정이 다소
짧아 보이나 깔끔하고 귀한 품격이 돋보이는 단아한 미인상이
다. 눈 사이의 인당이 넓고 낮은 산근과 코의 모습으로 얌전하
며 유순해 보이는 인상이다. 초승달 모습의 고운 눈썹선과 넓은
전택궁이 깨끗하고 수려하다. 가늘고 긴 눈매가 곱고 수려하며
유순해 보인다. 코와 중정이 길며 코의 선이 가늘고 높지 않아
얌전하며 콧방울이 작아 겸손해 보이는 인상이다. 코밑의 인중
선이 짧으나 선이 반듯하고 깊은 편이다. 귀는 약간 내려온 듯
하며 귓불인 수주는 작은 편이나 정결하고 단아한 모습이다. 전
체적으로 상정과 하정이 짧은 편이며 중안이 발달하여 중년의
운기가 좋은 미인상으로 볼 수 있다. 턱의 선이 유려하며 부드

---

346) '예로부터 북평양, 남진주'라고 불릴 만큼 진주기생은 조선팔도에서 그 명성이 자자했다. 진
주 기생들의 가무는 조선제일이라고 일컬을 정도로 뛰어났으며 정조가 두텁고 순박함으로써
왕실에서 베풀어지는 잔치에 불려나간 명기들이 많았다고 한다.
347) 진주미인 관기 산홍: 경남, 큰 키, 체형 날씬, 정수리 평평, 발제선이 낮은 진수 형, 귀밑머리
長, 아마 低, 가로로 洪, 두상 남방계열, 코 長, 중안이 길어 기품이 있는, 눈썹이 높게 붙어
눈두덩이 넓고, 눈 사이 넓다. 조용진, 앞의 책, p.189.

러우나 뾰족한 편으로 현대미인의 선호하는 인상이다. 윗입술이 아랫입술보다 약간 큰 모습이며 구각이 약간 올라간 모습으로 입이 작고 야무진 모습이다. 이처럼 산홍의 인상은 단아한 기품의 수려한 미인상으로 비록 기녀의 신분이지만 자태가 고결하고 수줍은 듯 겸손함이 담겨져 있는 미인상이다. 선한 눈매와 수려한 얼굴선이 고아한 모습으로 귀한 품격의 특출한 매력이 돋보이는 미인상으로 간주할 수 있다.

(2) 상학적 분석

일반적으로 초년 운은 이마와 정수리를 보는데 백회 부분의 머리 위가 편평하고 넓어 천기(天氣)를 많이 받는 귀격의 미인상이다. 이마와 머리 골격에 대한 최한기의 견해는 다음과 같다.

> 이마는 천정(天庭)이라 한다. 그 골격이 풍만하게 일어나거나 솟은 듯이 넓으며 반듯하기가 절벽 같고 양쪽의 머리숱이 풍성하면서 단정하고 깨끗하면, 모두 현달(顯達)할 사람이다. 348)

이마가 네모나게 반듯하면 실질적인 것을 중시하며 이마 앞이 단정하고 둥근 모습은 성정이 총명하며 사상이 풍부하다. 산홍은 이마가 편평하고 발제선이 낮은 듯하여 상정이 짧아 보이는 상이나 단정하고 청아한 상이다. 이마는 초년에 해당하며 부모·학운·남편의 인연·지혜·사고력 등과 관련이 있다. 모

---

348) "額爲天庭. 其骨欲隆然而起, 聳然而闊. 峻如壁. 邊地山林. 皆豐滿而端正明淨. 總顯達之人也.", 崔漢綺, 『仁政』, 測人門三, 容貌. 額.

두가 초년에 해당하는 항목들이다. 이마의 크기와 지력은 비례하므로 이마의 상이 좋으면 관찰·추리·사고력이 뛰어나 학술이나 다방면에 큰 성취를 이룬다.349) 이마는 평생의 운기를 나타내기도 하며 사고의 깊이와 마음의 넓이도 나타낸다. 산홍의 이마는 액각이 바로 선 모습으로 반듯하고 수려하여 명예가 함께하는 귀격의 이마의 상으로 볼 수 있다.

일반적으로 인당은 사람의 생명의 집이 되는 것이니, 이 명궁 부위가 광명하며 고요하면 매사에 통달한다. 인당은 양쪽 눈썹 사이에 있으니 이 부분이 움푹 들어가 낮으면 부모님을 상극하는 수가 있다.350) 산홍의 이마인 상정의 모습이 비교적 짧은 편이나 인당이 넓고 윤택한 모습으로 천정으로 이어진 모습이 수려하여 그 단점을 보완하고 있다. 산근이 부드럽게 인당을 받쳐주어 매사 통달하는 귀한 격을 갖춘 미인의 상이다. 인당의 모습이 윤택하고 평평하며 넓은 모습은 현명하고 슬기로운 사람으로 보인다.

산홍의 코 선은 부드럽고 길게 잘 연결되어 단아하고 기품이 함께하는 상이다. 코는 얼굴 중심의 대들보이며 자신의 우두머리로 으뜸이며 이마와 땅을 잇는 가교의 역할을 하는 곳이다. 자존심·명예·재력을 담당하며 명예도 함께 본다. 산홍의 눈은 맑고 흑백이 분명한 눈으로 가늘고 긴 모습은 미래지향적이다. 눈매가 특별히 영민하고 부드러우며 선한 모습이 함께하는

---

349) 오현리, 『정통관상대백과』, 서울: 동학사, 2001. p.402.
350) 陳淡埜, 『相理衡眞』, 도서출판 황금시대, 1998. p.167.

따뜻한 눈의 미인상이다. 초승달 모습의 수려한 눈썹, 부드러운 코 선이 조화로워 기품이 더하는 귀인의 상이다. 산홍의 유난히 긴 코는 보수적인 성품으로 얌전하고 단아하며 변화를 추구하지 않는, 약간은 고집스럽고 안정되며 편안함을 추구하는 상이다. 이러한 인상은 행동이 여유롭고 부드럽다. 눈썹과 눈 사이의 전택궁이 깨끗하고 풍륭한 모습은 후덕하며 선한 인상을 준다. 눈썹에 대한 최한기의 견해는 다음과 같다.

> 눈썹이 높고 빼어나면 권위를 얻어 녹이 후하고 눈썹의 털이 길게 드리워 있으면 고귀하고 장수하며, 눈썹이 당기는 활과 같으면 성질은 착하나 숫기가 부족하고, 눈썹이 초승달과 같으면 총명함이 뛰어나다.[351]

눈썹은 보수관으로 대인관계의 복덕, 운을 보며 수명도 함께 보는 자리이다. 눈썹이 잘 누워 있는 모습이 가장 좋은 모습으로 정서가 안정되고 편안한 상이다. 산홍의 눈썹이 유난히 높고 고운 초승달 형상으로 수려한 인상이다. 이런 상은 권위와 재록이 함께하는 귀격의 상으로 지혜롭고 총명하며 선한 미인의 상으로 분류된다. 귀는 높게 솟아야 하되 눈썹을 지나야 하는 것이고 전체 윤곽이 분명하게 나타나야 좋은 귀의 형상이라고 할 수 있다.[352] 『달마상법』에서는 인중에 대하여 다음과 같이 말한다.

---

351) "眉高聳秀 威權祿厚 眉毛長垂 高壽無疑 眉如彎弓 性善不雄 眉如初月 聰明超越.", 崔漢綺, 『仁政』, 測人門三, 容貌, 眉 .
352) 陳淡埜, 『相理衡眞』, 도서출판 황금시대, 서울, 1998. p.303.

물이 가득차서 흘러넘치면 늙어서 홀로 된다. 구혁(인중의 홈)이
평만한 것을 말하며 반드시 자식이 없다.353)

일반적으로 인중선이 짧으면 인내심이 약한 상으로 보며, 성
격이 급해 말과 행동을 빠르게 해 실수가 따르는 상으로 본다.
그러나 입이 야무진 모습이면 일의 마무리를 잘하는 능력이 있
는 상으로 본다. 인중선이 없이 편평하면 자식인연을 약하게
보았으며, 인중선이 곧고 깊은 모습은 인내심이 많으며 지혜로
운 상으로 돌다리도 두드리는 세심한 인상이다. 진주미인 산홍
의 모습은 인중은 짧으나 골이 깊고 입이 야무진 모습으로 총
명하고 지혜로운 미인상이다. 또한 피부가 맑고 깨끗하며 청정
하고 기품이 있는 귀한 여인의 상으로 귀격을 논하는데 있어
피부는 특별한 강점을 부여한다 하겠다.

귀는 크기가 우선이 아닌 기색(氣色)과 위치의 높낮이가 중
요하다. 산홍의 귀의 모습은 낮은 편으로 그로 미뤄보아 부모
와 일찍 헤어지거나 부모의 정이 모자람이 들 수 있다. 아마도
산홍은 어린 나이에 부모와 헤어져 기방에 들어섰을 가능성이
높다. 산홍은 상정·하정이 중정에 비해 짧은 편이나 턱의 선
이 수려하며 조화롭다. 하정이 넉넉하고 두터운 사람은 복록을
누리고, 뾰족하거나 깎인 듯하면 빈천하고 박복하다. 상학에서
는 "이 부위를 보고 말년의 길흉을 정한다."354) 산홍은 턱 선
이 부드럽고 굴곡 없이 고우며 피부가 깨끗하다. 전체인상의

---

353) "水流滿溢垂老而單, 謂溝洫平滿 必無子." 達磨相法, 總結, 第4, 專論女相.
354) 오현리, 『정통관상대백과』, 서울: 동학사, 2001. p.638.

모습이 청정하며 기이한 기품이 흐르는 아름다운 미인상이다. 산홍의 모습에서 남다른 예스러움과 단아함, 귀한 품성이 더해 보이는데 이러한 부분들이 비록 기녀의 신분이지만 의녀로 후세에 이름을 남긴 미인상으로 주목할 수 있을 것이다.

8) 한성미인

(1) 일반적 분석

홍랑(洪娘)은 최경창(崔慶昌)(1539-1583)과의 애틋한 사랑을 담고 있는 시조를 남긴 기녀로도 유명하다.

묏버들 갈해 것거 보내노라 님의 손대
자시는 창 밧긔 심거 두고 보소서
밤비예 새 닙곳 나거든 날인가도 너기소서[355]

이 시조는 <손씨수견록>이라는 전사본에 수록되어 있다가, 이병기가 1940년에 편찬한 『역대시조선』에 재수록되는 등 2종의 문헌에만 보인다. 최경창은 위 시조를 번역하여 자신의 문집에 <飜方曲>이라는 이름으로 실었다. 한역은

<그림 15> 한성미인

---

355) 김지향, 『한국현대여성시인연구』, 서울: 한국문학도서관, 2008, p.93.

"버들 꺾어 천 리 밖 님에게 보내노니
나를 생각하여 뜰 앞에 심어보소서
하룻밤 사이에 새잎이 나면 아실 것이니
초췌하고 근심 띤 얼굴은 바로 저의 모습이리라."356)

라고 하였다. 홍랑은 최경창이 죽은 후 그의 묘를 지키다 죽었고, 묘는 현재 경기도 파주에 있다. 한양 관기 홍랑357)의 모습은 여성으로서 키와 골격이 큰 편이고 상·하체가 풍만한, 요즘으로는 약간 비만 체형으로 보인다. 순수한 음 기운으로 살결이 곱고 하얀 피부가 전체적으로 포근하고 부드러운 느낌이다. 얼굴의 표정은 무표정한 듯 보이나 맑고 순수해 보이는 인상이다. 얼굴형은 사각형으로 이마가 가로로 넓고 이마의 액각이 서있으며 변지와 역마가 반듯하고 깨끗하다. 아래턱과 볼이 통통한 편이다. 눈썹은 수려한 초승달의 모양이며 눈은 가늘고 긴 눈으로 흑백의 모습이 분명하다. 산근(눈과 눈 사이)이 부드럽게 이어지며 관골이 드러나지 않는다. 코는 반듯하며 튼실하고 수려한 모습이나 약간 짧은 편이다. 콧등이 높은 편으로 난대, 정위의 양쪽 콧방울이 튼실하며 아름다운 모습이다. 입의 모습은 四字형의 형상이며 옆의 입술선이 길고 구각이 올라간 모습이다. 인중의 모습이 곧고 선이 반듯하며 도톰하다. 턱의 모습이 튼실하고 시골이 나온 상으로 사각형의 모습이다.

---

356) "折楊柳寄與千里人 爲我試向庭前種 須知一夜新生葉 憔悴愁眉是妾身",『孤竹遺稿』「七言古詩」 '飜方曲'.

357) 한성 관기 홍랑: 얼굴사각, 가로로 넓은 이마. 콧등 높고 눈과 입이 小. 코 짧고, 洪, 귓불 大. 뺨에 살多, 귀밑머리는 짧고 뺨에 살이 많고 턱 두툼, 골격과 근육 발달, 체격 실, 상·하체 풍만, 남·북계 형 혼합, 중부지방인의 특징. 조용진, 앞의 책, p.188.

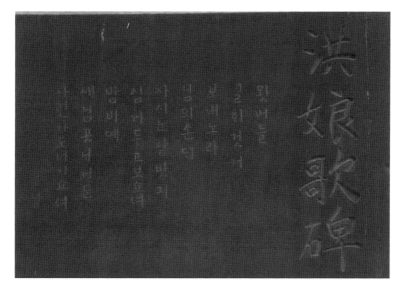

<그림 16> 洪娘歌碑(소재: 파주시)

귀의 윤곽이 뚜렷하고 귓불이 늘어진 듯 큰 편이며 근육과 골
격이 튼실하여 건강한 미인의 상이다. 체격이 실한 남·북 혼
합형으로 중부지방인의 특징358)인 튼실하며 다부지고 수려한
예쁜 모습이다. 손목의 모습은 살집이 많은 편으로 튼튼하게
보여진다. 홍랑은 풍만해 보이는 체형으로 피부가 희고 건강미
가 돋보이는 미인의 상이다.

(2) 인상학적 분석

한성미인 홍랑359)의 모습은 전체적으로 골격이 튼실하고 체

---

358) 조용진, 앞의 책, p.188.
359) 최경창과의 애틋한 사랑이 해주 최 씨의 문중까지 감동시킨 홍랑. 최경창이 죽은 후에도 얼
    굴에 상처를 내 남자들의 접근을 막으며 그의 무덤에서 3년간 시묘살이 후에도 무덤을 떠나

격이 풍만한 형으로 요즘으로는 비만으로도 볼 수 있다. 머리는 백 가지 뼈의 으뜸이며 하늘이고, 하늘의 덕행을 상징하는 것360)인데 홍랑의 정수리가 반듯하고 둥근 모습은 천기를 받는 좋은 인상이다. 일반적으로 "몸의 모든 골격에서 머리와 이마와 관골보다 더 잘난 곳은 없다. 머리의 뒤는 나와야 하는데 이것은 상 속에 옥이 많이 묻혀있는 것과 같고, 강물 속에 구슬을 갈무리 한 것과 같다."361)고 하였듯이 홍랑의 이마가 가로로 반듯하고 넓으며 벽이 솟아 있고 윤택한 모습은 윗사람에게 사랑을 받는 상으로 대인 관계를 중시하는 후덕한 미인상으로 볼 수 있다.

그녀의 관골이 드러나지 않고 고운 얼굴선이 부드러운 여성미를 돋보인다. 근육과 골격의 조화가 아름다운 모습은 귀격의 상으로 분류된다.

눈은 정신이 모이는 곳으로 동정이 쉽게 살펴지고 기색이 먼저 드러나므로 눈의 모습이 길고 수려하며 분명하고 희기는 옥과 같고 검기는 칠과 같으며 귀가 솟아 살짝 속까지 들어간 사람은 크게 귀할 상인데,362) 홍랑은 눈의 검은 부위와 흰 부위

지 않은 채 살다 임진왜란 때 그의 시를 짓고 피난해 화를 면하게 하였으며 오직 한 사람만을 위해 자신을 불살랐던 홍랑. 현재 홍랑의 무덤 옆에는 1980년대에 '전국 시가비 동호회'에서 세운 홍랑가비가 섰다. 최경창을 향한 애절한 사랑이 사후에도 절절하여 해주 최 씨의 문중까지 감동시켜 유일하게 양반의 족보에까지 올라갔으며 그녀는 교양과 미모는 물론, 문학적 소양과 재주는 유명한 시인 가객들에게 결코 뒤지지 않았다. 최경창 부부의 합장묘 바로 밑에 그의 무덤이 있다. (http://blog.naver.com/soonj3502/20040894757 .2014.12.29.)

360) 陳淡埜, 『相理衡眞』, 도서출판 황금시대, 서울, 1998. p.354

361) 그러나 신비한 골격이 있다하더라도 자신의 정신과 기운이 청정하고 초월해야만 천록을 받고 그렇지 않으면 지선을 다하지는 못한다. 따라서 뒤통수가 나온 사람은 사서삼경을 배우지 않더라도 능히 바른 도리를 할 수 있는 사람임을 알 수 있으며, 반대로 뒤통수가 납작한 사람은 자기 자신만 아는 사람이다. 陳淡埜, 『相理衡眞』, 도서출판 황금시대, 서울, 1998., p.356.

가 분명하며 단정하여 총명하고 슬기로운 상이다. 눈동자가 검고 큰 모습은 감성적이고, 감정의 표현을 잘하며 예술적 재능을 타고난 미인상이다.

홍랑의 수려한 초승달 모습의 눈썹은 대인관계는 물론 인기가 함께하는 지혜로운 인상으로 인지되며 감성적 재예의 탁월한 능력은 감동과 기쁨이 함께하는 상이다. 이러한 사유는 특수한 매력을 발하는 미인상으로 분석된다. 콧방울이 넓으며 준두가 둥근 모습은 성품이 원만하며 모나지 않고 대인관계의 사교성과 인기가 좋은 인상이다. 양쪽 콧방울이 잘 발달된 모습은 분위기에 잘 적응하는 형으로 수완이 좋은 인상으로 분류된다. 콧방울은 재물의 창고로도 보는데 코가 쓸개를 매달아 놓은 것 같거나 대통을 자른 것 같으면 의식이 풍부하다.363) 홍랑의 코는 약간 짧은 듯한 모습이나 반듯하고 풍륭하다. 이러한 인상은 급한 성품도 있으나 다른 면으로 해석한다면 유행에 민감하여 변화와 멋을 추구하는 미인상으로 볼 수 있다.

홍랑의 관골은 부드러우며 볼이 통통한 모습은 낙천적이며 긍정적 성품이다. 이러한 성품이 대인관계의 친화력이 좋아 많은 인기를 얻는 상으로 볼 수 있다. 귀밑의 시골이 발달한 모습은 이를 꼭 깨무는 인내심과 남다른 투지력이 있다고 볼 수 있다. 눈은 그 사람의 바른 정신의 상태나 인성의 자질까지 읽

---

362) "眼爲精神所聚 動靜易察 氣色先露 欲長秀分明 白如玉黑如漆 竂耳入鬢者 大貴之相也", 崔漢綺, 『仁政』, 測人門三, 容貌, 眼 .

363) "鼻如懸膽如截筒, 衣食豐富.", 崔漢綺, 『仁政』, 測人門三, 容貌, 鼻.

을 수 있는 마음의 창이다. 홍랑의 바른 정신과 투지력은 눈과 시골(지고)의 형상으로 인지되며 이러한 사유는 오직 한사람만을 위한 굳은 절개와 애절한 사랑을 실천한 미인상으로 판단된다. 홍랑의 턱 옆 시골이 발달하고 천창이 밝은 모습은 이재에 밝은 상으로 저축을 잘하는 성품으로도 볼 수 있다. 귀가 윤곽이 뚜렷하며 눈썹보다 높은 모습은 훌륭한 스승의 가르침을 받아 학예에 능통하여 남다른 인기를 얻는 좋은 상이다. 이러한 요인들이 채용신 <미인도>의 주인공이 될수 있는 조건이 된 것으로 짐작 할 수 있겠다. 입모습이 작으며 도톰하고 사자(四字) 모양의 상은 식복과 건강이 함께하는 좋은 인상으로 분류된다. 뼈와 살의 관계, 그리고 삼정의 조화에 대하여 최한기는 다음과 같이 말하고 있다.

> 뼈와 살은 서로 알맞아야 하는 것이다. 살은 단단하면서 충실해야 하고 뼈는 곧으면서 우뚝해야 하며, 살찌되 뼈를 다 파묻지 않아야 하고 수척하되 뼈가 튀어나오지 않아야 한다.[364] 홍랑의 몸을 보면 넉넉하되 균형이 바르며 근육이 견고하여 옆으로 퍼지지 않았다.
>
> 또한 몸에도 삼정이 있는데, 반드시 위아래가 알맞게 살이 붙어서 온 몸에 걸림이 없고 기혈(氣血)이 두루 통해서 교제에 알맞고 인물(人物)이 화합하여야 바야흐로 부귀하고 장수할 상이라 할 수 있다. 어찌 얼굴이나 몸의 삼정 가운데 한 가지가 좋고 나쁜 것으로 사람을 논할 수 있겠는가.[365]

---

364) "骨肉須要相稱. 肉當堅而實, 骨當直而聳. 肥不欲隱骨, 瘦不欲露骨.", 위의 책, 骨肉.

365) "又有身三停, 必要上下適體. 無碍於遍身, 氣血周通. 有適於交接, 人物和合. 方可論富貴壽夭, 豈可以面身三停中一端之好不好. 論定哉.", 崔漢綺, 『仁政』, 測人門三, 容貌. 面三停.

반드시 골격이 노출되지 않고 근육이 두터워야 부를 누리는 미인상으로 보는 것이다. 형상이 맑고 골격이 깨끗하면 청정하고 귀한 사람의 상으로 보는데, 살이 향기로우면서 따뜻하고 색깔은 희면서 윤택하고 피부는 얇으면서 매끄러워야 모두 아름다운 체질임을 알 수 있다.[366]

홍랑의 얼굴은 오악(이마·양쪽 관골·코·턱)과 오관(눈·코·입·귀·눈썹)의 균형이 바른 아름다운 모습이다. 또한 고운 얼굴선이 수려하며 형체와 용모가 준수하며 맑고 깨끗한 미인상이다. 목과 어깨가 튼실하여 골격과 근육이 발달한 남방·북방계의 혼합형 인상이다. 홍랑은 체형이 풍만하고 튼실한 건강미가 함께하는 수려한 모습의 미인상이다.

인상학적으로 '관인(觀人)'하는 것이 형모와 신색으로 간단히 볼 수 있는 것만이 아닌 것으로 행함과 변론이 함께 중요한 작용을 하는 것이다. 혜강의 설명과 같이 외형만으로 사람을 판단하는 것은 상당한 오류가 있을 수 있다. 이는 인상학이 내면의 참된 인간상에 바탕을 두고 있는 것이기 때문이다. 따라서 풍속화에 나타난 <팔도미인도>의 경우 외형의 얼굴만으로 판단할 수밖에 없는 특수한 여건으로 인상학적 분석에 한계가 있을 수밖에 없다. 이상의 <팔도미인도>의 인상학적 분석을 간략히 도표로 제시하면 다음과 같다.

---

366) "肉欲香而煖. 色欲白而潤, 皮欲細而滑. 皆美質也", 위의 책, 骨肉.

<표 1> 지역별 미인의 특징

지역별 미인	일반적 특징	상학적 특징	비고
1. 강릉미인 일선	아마가 벽이 솟은 모습. 인당이 호평하고 바름. 볼록한 인상으로 삼정이 조화로운 同字형의 얼굴. 이, 목, 구, 비가 작으나 조화로움. 코 선이 인당과 잘 이어져있고 초승달의 둥근 눈썹이 눈을 잘 덮고 있음. 귀가 눈썹보다 높으며 귀의 윤곽이 조금 이지러진 모습이 단점. 인중이 길고 인중선이 선명하고 깊으며 외향적인 밝은 모습. 흰 피부의 통통하고 귀여운 인상.	볼록한 이미지로 시원스럽고 귀여운 외향적인 성품, 활동적이고 긍정의 사고로 윗사람의 사랑을 받는 미인상. 부드러운 둥근 눈썹. 대인관계 원만하며 지혜로운 인상. 초년의 운기부터 만년의 운기까지 대인관계. 인기와 사랑을 받는 미인상. 귀의 윤곽이 바르지 않아 유년시절 어려움이 따르는 상. 同字형 인상은 부드러운 성품으로 신뢰감, 믿음, 덕이 함께하는 후덕한 인상. 귀가 눈보다 높아 훌륭한 스승으로부터 품격 높은 예악의 교육을 받아 이름을 떨칠 수 있는 인상. 四字형 입술은 식록, 재록이 풍족. 인품이 좋은 미인상.	팔도미인 중 눈썹이 가장 긴 모습. 외향적인 성품으로 활발하고 선한 인상. 여유롭고 평생 운기가 좋은 同字형의 미인상.
2. 평양미인 계월향	머리가 뾰족하고 이마가 굴곡 있는 모습. 눈썹이 짧으며 눈썹위의 미릉골이 발달. 눈의 모습이 삼각안. 눈꼬리가 올라간 모습. 콧등이 드러나고 약간 구부러지며 콧방울이 약한 모습. 얼굴의 하악이 각지고 광대가 발달한 북방계 형. 관골에서 턱으로 급격히 좁아짐. 날씬하고 예민해 보이는 미인상으로	이상의 꿈을 실현하는 의지와 추진력 강한 상. 눈의 흑백이 분명한 모습은 총명함. 눈썹이 짧으며 눈이 삼각안인 모습은 예리하며 불의나 마음 상하는 일은 뒤끝이 있으며 꼭 마무리하는 성품. 광대의 발달과 급격히 깎아진 뾰족한 턱, 미릉골 발달은 다혈질적인 면이 있어 큰 대사를 처리하는	팔도미인 중 가장 개성이 강한 달빛의 빛나는 흰 피부가 특징. 성품이 과격할 수 있는 상이 애국의 의기로 후대에 이름을 남긴 명예로운 미인상.

지역별 미인	일반적 특징	상학적 특징	비고
	피부가 달빛처럼 차가운 듯 흰 피부 미인상.	애국지사가 될 수 있는 상으로 예민, 원만한 대인관계에는 무리가 있는 미인상.	
3. 영암미인 취련	얼굴형이 갸름하고 이마가 납작한 듯 넓고 반듯함. 인당이 넓고 반듯하나 들어간 듯한 모습. 산근이 높으며 코가 긴 모습. 눈이 크며 코가 높고 코끝이 약간 늘어진 모습. 눈썹이 버드나무 모습. 입이 작고 입술이 얇으며 구각이 올라간 모습. 북방계 형의 골격이 크고 풍만하며 어깨가 실한 북쪽 여인의 이미지. 수수하고 얌전한 미인	이마가 넓어 사고력이 깊으며 코가 높고 길어 자존심이 높고 보수적인 성향. 수수하고 검소해 보이는 미인상. 얼굴이 들어간 듯한 인상은 소심하고 내성적 성향. 눈썹, 인당, 산근의 잘 연결된 모습은 건강과 명예에 좋은 상. 버드나무 눈썹 모습은 지혜와 명석함으로 이성에게 인기가 많음. 기녀의 직업에 적합한 미인상.	북한 여성의 모습. 검소하며 자존심이 강한 미인상. 알뜰하며 비축하는 미인상.
4. 청주미인 매창	인당이 유난히 넓고 얼굴이 가로로 넓은 듯 둥근 형. 눈 사이 미간이 넓고 눈썹선이 길며 눈이 가늘고 긴 눈으로 팔도미인 중 가장 작은 눈. 코끝이 뚜렷. 코가 짧으며 작음. 턱이 짧고 뾰족함. 얼굴형은 남·북방계 혼합형이며 턱 옆 시골이 발달. 하안이 짧은 모습. 턱이 뾰족하며 목이 짧은 얌전한 미인상	미간이 유난히 넓고 높아 마음이 넓어 보이는 상. 초년의 운기가 길함. 눈이 가늘고 긴 모습으로 멀리 보고 신중함. 입이 작아 꼼꼼하며 입술이 얇아 건강의 에너지가 약함. 산근이 유난히 높아 고독한 상으로 부모의 인연이 약함. 얇은 입술 좁은 턱의 모습은 냉정하며 이기적인 모습으로 대인관계에 소극적임.	고독하게 보이는 상으로 수줍은 성품. 피부가 깨끗하며 쓰개치마를 쓴 모습이 유난히 수줍음을 타는 미인상.
5. 장성미인 지선	갸름한 얼굴형. 이마가 반듯하고 풍륭하고 윤택함. 눈이 팔도미인 중 가장 크고 흑백이 분명함. 눈썹이 길고	정과 신이 단정하며 반듯하게 균형이 잡힌 아름다운 상. 이마와 천정, 산근까지 잘 연결되어 일의 추진력과	눈이 팔도미인 중 가장 큰 편. 이마가 인당, 산근까지 잘 연결된 귀격의 상. 귀가 크고 수주가 드리운 듯

지역별 미인	일반적 특징	상학적 특징	비고
	수려함. 코가 낮은 듯하며 삼정의 균형이 잘 이루어진 남방계형. 귀의 윤곽이 뚜렷하며 수주가 길며 귀밑머리가 유난히 김. 체격이 작고 아담하며 통통한 모습. 골격이 작은 편. 어깨가 가녀리나 균형과 조화가 잘된 수려한 미인상.	성취가 좋은 상. 눈이 크고 흑백이 분명하며 눈썹이 초승달 모습으로 지혜로운 인상. 대인관계와 인기가 좋은 수려한 미인의 모습이며 입이 야무진 모습은 일의 마무리를 잘 함. 전택궁이 넓고 깨끗하여 후덕. 턱 선이 원만하고 편안한 모습의 미인상.	잘생김. 식록이 함께하는 좋은 인상. 밝고 잘 웃는 균형이 조화로운 미인 상.
6. 고창미인 명옥	목이 날씬. 키가 크며 날씬한 체형. 계란형 두상과 넓은 이마와 미간, 눈두덩이 넓은 계란형 얼굴. 볼록한 이미지의 긴 얼굴형. 콧대가 높고 코가 긴 모습. 길고 선명하며 깊은 인중선. 작은 입, 구각이 올라간 모습. 동글동글한 모습의 현대적인 이미지. 윤곽이 뚜렷하며 수주가 드리워진 큰 귀. 귀밑머리가 짧은 단아한 미인상.	상중하의 삼정이 조화로움. 천정·인당·산근이 반듯하게 잘 내려오고 넓어 신뢰할 수 있는 현명한 미인상. 콧대의 비량이 살아있는 상으로 건강하고 사고력이 깊고 자존심이 강한 미인상. 일의 추진력이 높고 성취도가 높은 인상. 전반적으로 볼록한 모습으로 자기 의견이 분명하며 외향적 성품. 인중이 넓고 입 꼬리가 길어 자신의 일 처리능력이 탁월하게 좋음. 턱 선이 갸름하고 도톰하여 건강, 지구력, 대인관계가 좋은 미인상.	현대적인 미인상. 상안은 남북방계 중간형의 모습, 중안과 하안은 북방인자가 혼합된 중부 내륙형 얼굴. 상체는 작고 하체는 튼실해 보이는 밝은 인상의 귀여운 미인상. 외향적 성품의 밝고 아름다운 상 아름다운 인상.
7. 진주미인 산홍	정수리가 편평하고 반듯하며 가로로 넓은 모습. 정수리가 팔도미인 중 가장 잘생긴 모습. 삼정 중 중정이 유난히 긴 편으로 긴 코가 특징. 인중선이 긴	천기를 받는 정수리가 편평하고 반듯하기가 절벽 같고 머리의 숱이 풍성하고 단정하여 현달한 상. 이마의 발제선이 낮지만 반듯하고 넓어 총명함. 일의	단아하며 청정한 맑은 모습의 기품 있는 미인상. 논개와 더불어 기개를 세상에 알린 의로운 진주미인.

지역별 미인	일반적 특징	상학적 특징	비고
	모습으로 선이 분명하며 깊음. 단정한 작은 입과 구각이 올라간 모습의 밝고 얌전하며 귀품 있는 이미지. 이마는 반듯하나 낮은 편이며 인당과 산근, 전택궁이 넓고 밝아 시원하고 깔끔한 이미지. 귀가 눈썹보다 내려온 상으로 귀가 크고 윤곽이 뚜렷한 상이다. 반듯하고 기품이 있는 정결하고 단아한 미인상.	추진력과 성취도가 높은 상. 특히 인당의 넓고 윤택한 모습은 현달하며 긴 코의 모습은 보수적이며 중완이 길어 얌전하고 중년에 능력을 잘 발휘하는 상. 피부가 맑고 섬세하여 총명하나 감정에 휘둘리지 않는 냉정함도 있음. 얼굴선이 단아하고 수려하며 기품이 있는 지혜로운 미인상.	
8. 한성미인 홍랑	얼굴이 사각형으로 이마가 가로로 넓고 반듯함. 깨끗한 인당, 산근이 부드럽게 연결되어 풍만하게 콧대가 준두까지 잘 연결됨. 초승달 모습의 수려한 눈썹. 키와 골격이 큰 편이며 체형이 통통한 건강 미인으로 요즘 기준으로는 비만에 가까울 수도 있음. 뺨이 통통하며 피부가 희고 고운 모습. 체격이 실하며 다부진 모습. 귀가 눈썹보다 높으며 윤곽이 뚜렷함. 개성이 있는 야무진 미인상.	반듯하고 수려한 이마와 넓은 인당, 풍륭한 산근의 모습은 건강과 사고력과 지성이 함께하는 좋은 상. 성실하며 둥근 준두의 모습은 성품이 유연하고 부드러움. 난대, 정위의 튼실한 모습은 재복의 창고. 시골이 발달하여 이재에 밝아 알뜰히 저축하는 상. 풍륭하지만 짧은 코는 유행에 민감하며 현실적이며 변화에 익숙한 성품. 인내하는 마음과 재리에 밝아 야무진 상. 눈의 흑백이 분명하여 지혜와 총명이 함께하는 건강하고 풍만한 미인상.	남·북 혼합형의 중부지방 형. 풍만한 체형이며 얼굴의 오악이 균형과 조화되어 튼실한 모습. 이마와 인당, 산근이 조화로워 일의 성취도가 높음. 체격이 실하고 피부가 희고 섬세한 피부 미인으로 지혜로운 미인상.

3. 채용신 〈운낭자像〉의 인상학적 분석

1) '효부열녀상'으로서의 표상 〈운낭자像〉

채용신의 <운낭자像>은 1914년에 전통화법으로 제작된 작품이다. 순조 11년(1811) 홍경래의 난 당시 열녀 최연홍의 열행기록을 근거로 제작한 작품이다. '최연홍'의 초명이 운낭자이고 그녀는 가산군의 관기였다.367) 채용신의 <운낭자像>368)은 최연홍의 27세의 모습을 상상하여 그린 그림으로 최연홍369)은 실명이다. 채용신의 <운낭자像>의 주인공은 열녀이지만 기존의 열녀도 전통에서 벗어나 미적인 요소를 가미시켜 <미인도> 형식으로 그렸다.

조선시대 열녀의식은 『삼강행실도』 「열녀편」이 보급되면서 자연스럽게 사회적 인식의 강화로 이어졌다. 조정은 유교의 기본 윤리관인 나라에 충성하고 부모에게 효도하며 남편에게 순종하는 덕목을 윤리의식 체계로 세워 책으로 편찬해 대중화

---

367) 『순조실록』 12년(1812년) 1월 10일 조에 수록되어 있다. 기록에 의하면 평안도 가산군의 군수 정저의 소실로 들어갔다. 운낭자는 관기로서, 27세 때인 순조 11년(1811) 홍경래의 난이 일어 났을 때 이희저 일당에 의해 관기였지만 유교정신으로 현모양처가 되어, 평안도 정산의 군수 인 남편 정저를 위하여 충절을 다한 모범적인 소실이었다. 1811년 홍경래의 난이 일어났을 때 그녀는 남편인 군수와 아들이 끝까지 반란군과 싸우며 성을 보호하다가 죽었을 때 부자의 시 체를 거두어 장례를 지내고, 다 죽게 된 시동생을 숨겨서 살리는 등 식구들을 돌보았다. 환란 이 진압된 뒤, 정부에서는 운낭자의 충절을 가상히 여겨 妓籍을 삭제하고 전답을 하사하였다. 이연복, 「열녀도 전통에서 본 채용신의 <운낭자像> 연구」, 목원대 석사논문, 2010, p.43.

368) 국립중앙박물관, 『국립중앙박물관 한국서화유물도록 제15집-조선시대 초상화』, 2007, p.238 .

369) "기생 연홍의 문제에 대하여 말하면 지금 역적들이 날치는 때에 나졸들과 관청아전들은 모두 도망갔으나 그는 시종 피해가지 않았으며 심지어 죽은 군수의 아우를 자기 집에다 숨겨서 살 아날 수 있게 하였으니 미천한 부류의 사람으로서 특출한 행실은 아주 칭찬할 만하다. 될수 록 후하게 표창해줄 데 대하여 똑같이 분부할 것이다.", 『순조실록』, 12년 1월.

시키기 시작하였다. 중종은 『삼강행실도』에 수록되지 않은 효자와 열녀를 새로 발굴하라고 명하여 1514년(중종 9년) 6월에 『속삼강행실도』가 완성되었다.[370] 이렇듯 조선의 『삼강행실도』를 통한 백성의 교화는 글공부를 하지 않은 부녀자들을 상대로 하였다. 세종은 문자를 모르는 백성을 위해 그림을 통해 전달의 극대화에 비중을 두기도 하였다. 『삼강행실도』에서 강조하는 것은 '헌신'과 '의'와 '예'에 대한 교육적 실천론이다.

『동국신속삼강행실도』에서는 거의 '신체훼손과 자살'에 대한 내용이 집중적으로 입전되어 있다. 조선 후기에는 신분질서 유지에 위기의식을 느낀 양반층과 지방사족들이 가문을 일으키고 지켜야 하는 책임감으로 가문 내 교화와 강압이 이루어졌으며 이같은 분위기 속에서 수많은 순절열녀들이 탄생하게 됨을 알 수 있다.[371] 조선시대의 남성들은 유교문화 속에 학문의 독점과 남존여비의 권위의식 속에 빠져있었으며 일반 여인들은 기록에 남겨지는 예가 거의 없이 다만 미인과 열녀의 그림만이 전해진다.

17세기 이후부터는 일부종사의 여인들이 대거 속출하면서 "수절형의 열녀는 미망인으로 죄인시 함에 따라 열녀의 범주에서는 제외되기도 했다.[372] 열녀도와 미인도는 남성들이 원하는 일방적 목적의 여성상들이었다. 성적 욕구와 흥미위주로 미인

---

370) 이연복, 앞의 논문, p.8.

371) 신체를 무참히 '훼손', '정절수호' 함이 집중적으로 입전된 이유는 임진왜란과 정유재란을 거치며 전란 속에서 실제 왜적에게 죽음으로 항거한 여성들이 많이 등장하였기 때문이다. 위의 논문, pp.10~11.

372) 강영숙, 「한국 열녀전 연구」, 영남대학교 박사논문, 2010, p. 30.

의 이미지를 미인도에 담아내고, 가문을 지킨다는 명분 아래 여성들에게는 희생과 참혹한 순종을 강요하여 열녀도를 제작하는 이중성을 드러냈다.

특히 열녀도는 나라에서 백성의 교화용으로 사용한, 가부장제 사회를 지탱하고 여성의 희생을 강요한 굴종의 모습을 분명히 해주는 작품이다. 열행의 유행은 후기에 들어서는 채용신의 <열녀한씨타암도>가 대표적인 예로, 열행하는 효도의 모습으로 시어머니에게 젖을 먹이는 효부도의 모습이 그려진다.373)

이와 같이 조선시대 유교사상의 남존여비와 칠거지악 등의 사상은 여성을 굴종적으로 만들었다. 남자들의 즐거움을 위해 <미인도>가 제작되었고, 남성과 사회의 튼튼한 안전망을 위해 여성을 속박하는 <열녀도>, <열녀소설>374)을 제작하기에 이른다. 이렇듯 여성의 열행을 장려하고 강요하여 실행된 경우 사회적 포상이 이루어짐에 따라 여인들로 하여금 스스로 이상의 열행을 실행하는 분위기가 조성되기도 하였다.

여성의 힘든 역사를 기록해 주는 <미인도>, <열녀도> 등을 통해 본 아픈 과거는 곧 우리에게 역사가 보여주는 값진 교훈으로 남는다. 잘못된 역사를 통해 얻어진 소중한 환경이 미래의 역사에 부끄럽지 않은 지혜와 혜안으로 발전할 수 있기를

---

373) 이러한 현상이 『동국신속삼강행실도』에서는 더욱 도식화 되고 심해졌다. 손목, 발목이 잘린 여인 … 실로 여성은 열행을 위해서라면 아픔도 죽음도 감수해야 한다는 것을 그림으로 보여주었다. 그리고 여성은 항상 가족과 사회를 위해서라면 어떠한 일도 감당하고 있을 만큼 강인한 모습으로 호랑이를 때려잡던지 … 이러한 모습을 통해 실제 여성들에게 실천을 강요했던 것이다. 이는 조선 후기로 갈수록 열녀의 권계가 강화되는 모습인데 채용신의 <권계도>에서도 나타난다. (위의 논문, pp.31~32.)

374) <열녀소설>은 『삼강행실도』를 비롯한 『조선왕조실록』, 『동국여지승람』 등 관보자료에 주로 기재되어 있다. (김희경, 「조선조 열녀소설 연구」, 경성대 박사논문, 2011, p.188.)

기대한다. 여인의 아름다운 모습에는 젊고 아름다운 선상의 미인상이 있다. 그러나 인상학적으로 본 조선시대의 미인관은 유교문화의 윤리관에 바탕을 둔 이상적 미인상이다. 즉, 나라에 충성하고 부모에게 효도, 효행하며 남편에게 순종하는 덕목이 최상의 미인상으로 인정된 것이다.

열녀도가 여성을 교화시키기 위한 교훈서라면 미인도는 남성 감상용 그림이라고 할 수 있다. 그러한 이중성 속에서 채용신은 열녀를 미인도의 형식을 빌려 표현하였다. 그러한 점은 채용신 스스로가 당시 사회의 유교적 이데올로기를 벗어날 수 없는 환경 속에 살았음을 말해 주면서도, 그의 내면에 용솟음치는 탐미적 예술혼은 미인으로 표현할 수밖에 없는 그의 이중성을 보여준 것으로 판단된다.

2) '건강미인상'의 표본 〈운낭자像〉

미인은 동서고금을 막론하고 누구나 선호하고 동경하는 아름다운 모습이다. 조선시대의 미인도는 대부분 남성의 감상용으로 제작되었으며 남성의 욕망 대상으로서 감상되었다. 전술한 바와 같이 〈운낭자像〉의 미인도는 유교적 사회질서의 교화 목적으로 제작된 것으로 볼 수 있다. 또한 〈운낭자像〉은 열녀도에서 유래된 것이며, 미인의 외적인 아름다움을 감상하기 위한 것이 아닌 점이 기녀를 상대로 한 일반 〈미인도〉와는 다른 점이다. 즉, 〈미인도〉는 순수하게 남성적 욕망이 근본이 된 남성 주체의 감상용이라면, 〈운낭자像〉은 단순한 감상용이 아닌 조

선의 바람직한 미인상으로서의 교화 목적이 담겨져 있다. 회화
는 시대의 정신을 담고 있기에 조선시대 회화에 등장하는 미인
의 모습에는 당시 사회를 주도한 남성들의 미인관이 반영되어
있다. 그러한 양상이 조선시대 후기에는 미인관의 변화되는 모
습을 보여준다. 여성의 미적 측면만을 주도한 일반적 미인도와
는 달리 여성을 교화의 대상으로 삼아 유교적 덕목이 의도하는
상을 더욱 비중 있게 내세우는 양상이다.

그러한 면에서 바라본다면 채용신의 <운낭자像>을 굳이 미
인도라고 단정하는 것은 적절치 않다고 생각된다. 우선 사회적
환경으로 인한 교화의 대상으로 삼아 열녀의 이미지를 <미인
도>로 작품화한 것임을 알 수 있다. 그러나 채용신의 <운낭자
像>은 열녀와 굴종의 교화를 바탕으로 추구하는 조선시대의
미와 당시대에 선호하는 미인상을 더욱 이상적인 여인상으로
조화시킨 대표적 작품으로 생각된다.

<운낭자像>의 미인도는 아기를 안고 있는 모자 상으로 그렸
다. 이는 여성의 덕과 미가 공존하면서도 여성의 덕, 즉 아이를
잘 낳아 키우는 것이 여성이라는 주된 개념이 잘 추구되고 있
는 것이다. 즉 가정의 윤리관을 우선시했다는 점이 채용신의
다른 <미인도>와의 차이점이다. 또한 <운낭자像>은 여성을 성
적 이미지나 열녀의 이미지에 벗어나 미인도 형식을 취하면서
도 성모상으로 이상화시켜 표현했다는 점이 다르다.[375]

---

375) <운낭자像>은 실존적 인물을 직접 대면하고 그린 것이 아닌 상상의 그림이라는 점에서 엄밀
하게 초상화보다는 역사 인물화에 더 가깝다. <팔도미인도> 역시 동세와 옷의 차별성을 제외
하면 각 인물의 뚜렷한 특징이 드러나지 않는다. 이 역시 상상으로 그려진 미인도라는 점에
서 분류상 초상화라 하기는 어렵다. 다만 본 연구에서는 채용신의 작품 세계의 특징을 이해
하는 측면에서 포함시켰다. (변종필, 위의 논문, p.123.)

앞서 살펴본 <팔도미인도>에서 채용신은 단아하고 귀여운 상을 보이면서도, 색정적이거나 육감적인 여성을 표방하지 않는 쪽으로 미인상을 작품화하였다. <운낭자像>에서는 조선유교 문화에서 노동력과 후덕한 내면이 후덕한 여인상을 추구하였음을 알 수 있다. 그리하여 어머니로서의 인내와 절제, 검소함과 건강함을 표출하고 있다. 즉 채용신은 사회적으로 이상적 여인상과 내면이 바라는 미인관을 접목하여 표현한 작품으로 <운낭자像>을 제작하였던 것이다.

무엇보다도 <운낭자像>은 저고리 밖으로 드러난 가슴, 땅 끝까지 끌리는 치마 밖으로 살짝 드러난 버선발의 묘사에서 신윤복 풍의 연장선상에 있음을 말해준다.[376] 그러나 외모의 모습에서는 가녀린 어깨의 모습이나 저고리의 가느다란 소매의 관능적 미의 모습을 표현한 것과는 달리, 넓은 저고리 소매의 모습은 미적 추구보다는 노동을 고려한 편안한 어머니상을 이상화한 것으로 보인다.

채용신의 <팔도미인도>가 각 도의 특색 있는 개성적인 미인들을 표현한 것이라면, <운낭자像>의 미인도는 큰 키에 어깨와 체격이 풍성한 건강미 넘치는 어머니상을 표현한 것이다. 또는 남성중심의 유교 사회에 걸맞은 건강을 중시한 모습이다. 이는 남아선호사상으로 다산과 대가족의 노동력을 고려한 건강미인상을 추구한 작품으로 판단된다.

---

376) 정석범, 「채용신 회화의 연구」, 홍익대 석사논문, 1994, p.51.

3) '어머니상'으로서의 〈운낭자像〉

'모성'이란 일반적으로 'motherhood'[377], 즉 '어머니임', '모권', '모성애' 등을 포함한 개념이다. 그뿐만 아니라 '어머니 구실'과 'sexuality', 즉 성에 대한 태도나 규범·이해·가치관·행동 그리고 그와 관련된 사회문화제도가 결합된 개념이기 때문에 사회·문화적인 성(gender)을 동시에 포함하는 광의의 개념이다.[378] 그리고 모성성(maternity)[379]은 자녀 이외에도 이성, 사회 등 모든 관계에 나타난 여성의 특성을 말한다. 학문적으로는 모성본능이나 양육행위에 대한 개념만을 알 수 있을 뿐이므로 실제 체험하는 미세한 감정이나 행동들은 정확히 설명될 수 없다.

자녀와 어머니의 관계 연결은 모성적 경험을 통해 연결되는 것이다. 이러한 경험을 통해 인간은 자연과 연결된다고 볼 수 있다. 아이를 잉태하고 낳고 기르는 활동은 인간이 자신의 몸, 생물학, 그리고 자기 안과 밖의 자연 세계와 지속적으로 상호작용하는 과정으로 볼 수 있기 때문이다. 따라서 모성을 임신과 출산으로 얻게 되는 경험으로 보기보다는 전체 생애를 통하여 영향을 미치는 것으로 이해해야 할 것이다. 이는 생물학적

---

377) 사전적 정의는 'the quality or state of being a mother'로 설명되어 있다. 즉, '어머니인 여성의'란 의미가 강하다.

378) 모성의 정의는 다양한 분야에서 논의되고 있다. 일차적 개념은 임신·출산·수유 등 여성의 생물학적 재생과 양육에 관련된 행위와 성향을 말한다. 그러나 어머니라고 말할 때 발화되는 말은 매우 복잡한 의미망 속에 있다. 어머니는 물리적인 지시 대상을 가리킬 뿐 아니라 담론과 경험 그리고 이미지까지 포함한다. (김경희, 「한국 현대소설의 모성성 연구」, 조선대 박사논문, 2005, p.25.)

379) 사전적 정의는 'the quality or state of being a mother'와 'the quality or state of being a pregnant' 혹은 'the quality belonging to or associated with motherhood'로 설명되어 있다. 즉, '어머니가 될 여성'도 포함한 여성의 어머니로서의 상태, 특질을 가리킨다.

임신·출산으로서의 모성(maternity)과 양육노동으로서의 모성실천(mothering)을 모두 포함하는 것으로 이해될 수 있다. 그러나 역사적으로 모성에 대한 이해는 이와 같은 정의만으로는 완성되지 않으며, 다양한 담론을 필요로 한다. 예를 들어 모유수유는 어머니가 아이에게 줄 수 있는 최상의 선물이다. 또한 모성은 생명을 길러내고 성장시키고 돌보는 노동과 사유로 새로운 도덕의 원천으로 볼 수 있다.

여성은 생물학적으로 어머니로 결정되어 있기 때문에 반드시어머니가 되어야 하는 것은 아니다. 또한 다른 어떤 정체성보다 우선적으로 어머니일 수밖에 없다는 생물학적 결정론도 타당하지는 않다. 다만 여성이 어머니가 될 가능성이 있는 존재라는 사실은 여성이 되는 모든 것, 여성이 행하는 모든 실천에심오한 영향을 미치는 어떤 실제적인 속성이다. 그런 의미에서모성은 여성이 공유하는 하나의 가치가 될 수 있다. 또한 '모성적 자아'는 아이를 낳고 기름으로써 형성되게 되는 한 부분인데 아이의 건강과 행복에 목표를 두는 어머니로서 아이의 보살핌 중심의 어머니 교육이며 모성성이다.380)

<운낭자像>에서 아기를 안고 있는 어머니의 얼굴에는 사랑이 넘친다. '여자는 약하지만 어머니는 강하다'는 말처럼 여인의 단면을 보는 것이 아닌 자식을 기르는 인내와 따뜻한 정신의 모성성을 강조한 것이 바로 <운낭자像>이라는 것을 알게

---

380) 이경아, 「모성의 사회적 확장에 관한 탐색적 연구」, 이화여자대학교, 석사논문, 2000 .p. 122.

한다. 특히 조선시대 말기의 어머니는 가정에서 자녀를 양육하며 가산을 꾸리는 부덕의 모습과 시어른 공경과 효행, 남편에게 순종하며 헌신과 인내로 가정의 모태가 되었다.

현재 전하고 있는 사대부가의 여인의 초상을 살펴보면 조반부인상<趙伴婦人象>, 하연부인상<河演婦人像>, 박연부인상<朴埂婦人像>과 현부의 모습을 대표하는 여인의 초상으로 <申師任堂>이 있다.[381] 이들의 여인상의 공통점은 모성상으로서의 자태를 강조한 것이 아닌 중년, 노년의 부인모습으로 여성의 덕행과 지혜를 갖춘 현모양처의 모습을 그렸다. '수신제가치국평천하'를 위한 자신을 희생하여 사회의 재목을 키워내는 책임감이 드러난 것이라 하겠다. 그러나 채용신의 <운낭자像>은 사회적 책임감을 등에 진 강인하고 희생적인 여성상과 모성상을 그리면서도 그것에서 결코 여성의 아름다움을 잃지 않았다는 점에 특징이 있다.

4) 〈운낭자像〉의 人相學的 分析

가) 일반적 분석

채용신의 <운낭자像>을 보면 우선 모자상의 행복감이 전달된다. 우리 모두의 모성상을 되돌아보게 하며 따뜻한 사랑으로 충만한 모성상이다. 평화롭고 행복한 표정의 뽀얀 얼굴과 붉은 입술, 길게 내려온 반듯한 코의 모습과 이마의 넓은 모습은 바

---

381) 이연복, 앞의 논문, p.11.

른 심성의 깊이와 지혜의 원천을 볼 수 있다. 가지런한 눈썹과 고운 눈매가 더욱 따뜻하고 아름다운 어머니상이다. 반듯한 귀와 수려한 턱 선이 갸름한 얼굴을 부드럽고 더욱 자애로운 모성상으로 보인다.

통통하고 키가 크며 풍만한 체격과 저고리 밑으로 드러나는 풍성한 가슴은 안고 있는 아기의 넉넉한 모유를 상징한다. 건강하고 싱그러운 젊은 여인의 아름다운 모습은 조선시대의 바람직한 미인상이기도 하다. 미소를 머금은 듯 편안한 모습은 무한한 모성상이다. 평평하고 넓은 머리와 반듯한 이마에서 느껴지는 절제된 외모의 단아함 속에 함축된 무던한 모성은 포동포동한 아기의 함박웃음의 원천이다. 연미색 저고리와 옥색치마 주름의 풍성함이 보이는 자태는 보는 이로 하여금 편안함과 안정감을 불러온다.

채용신의 미인상은 전체적 분위기와 동세 그리고 색채의 처리에서 한국적 느낌이 강하다. 여성다운 곡선이나 치마의 대칭적 주름이 물결치는 듯 리듬감을 준다.382) 그러나 신윤복 필치의 세련됨이나 섬세함보다는 둔탁한 듯 넉넉한 표현으로 풍성함과 여유로움의 표출은 작가의 회화철학이 숨 쉬는 개성적 표현력으로 볼 수 있다.

치마 주름의 생동감과 치마 아래로 살짝 보이는 순백 버선의 세련미는 깔끔하고 정결한 작품의 고풍스러움을 더해주는 포인

---

382) 부푼 치마폭이나 치마 끝 표현은 조선 불화의 옷 주름 선과 통하며 팔도미인도 8폭 병풍에서 쉽게 접할 수 있는 보편적 여성의 모습이다. 짧은 저고리와 치마 사이로 보이는 풍만한 가슴의 노출은 당시 볼 수 있는 생활상이다. (변종필, 앞의 논문, p.125.)

트가 된다. 이러한 화풍은 신윤복의 작품성과 비슷하여 신윤복의 영향을 받은 모습으로 추측된다. 표정은 앳되고 젊음이 넘치는 청순미가 가미되어 있다. 단정한 한복의 우아함과 어우러져 모성상의 아름다움을 더해준다.

구도는 서양의 성모상을 연상케 하는 작품으로 19세기 후반과 20세 초에 나타나는 서양미술의 투시도법과 음영법이 사용되었다. 채용신의 <운낭자像> 역시 어머니와 아이가 마치 성모자상 같은 구도로 그려져 있다.383)

<그림 17> 운낭자像

나) 상학적 분석

<운낭자像>의 편평하고 넓은 머리는 하늘의 천복을 받는 자리로 굴곡 없이 반듯하고 편평하며 이마의 벽이 솟아 있는 모

---

383) 운낭자는 정면에 아기를 안고 있는데 아기가 들고 있는 물체는 아기예수가 손에 쥐고 있는 사과, 혹은 석류와 비슷하다. 이는 마치 서양의 성모자상의 도상과 비슷하다. (이연복, 앞의 논문, p.66.)

습이다. 이마는 복을 받는 마당으로 국가와 신의 영역으로도 본다. 이는 스스로 선택할 수 없다는 부분이다. <운낭자像> 이마의 모습은 사고의 깊이가 있고, 학문이나 지혜의 창고로 부모나 윗사람의 덕망과 귀여움을 받는 인상이다. 이마의 넓고 벽이 솟아있는 모습은 귀한 모습으로 직관력이 있어 매사 막힘이 적은 순조로운 상으로 유추할 수 있다.

눈썹은 성정과 총명함, 대인관계의 인화력, 건강과 장수의 기운까지 관장하는 부위로 잘 누워있으며 부드러우면 화합의 상으로 본다. 운낭자는 형제의 화목과 우애가 좋은 상으로 특히 조선시대는 대가족 제도의 상하관계가 중요했으리라 판단된다. 눈썹이 눈보다 길면 지혜롭고 명석한 상이며 멀리 미래를 관조하는 슬기로운 상으로 자식을 잘 키우는 성모상의 모습이다. 눈은 청정하고 맑은 것과 혼탁함이 나타나 그 사람의 선함과 악함을 분별할 수 있다. 눈은 마음의 거울로 인간의 아름다움을 보는 근본이고 인상학의 핵심이다. 이는 곧 精 과 神을 나타내는 정·기·신의 조화로움이며 이를 바로 헤아리는 것이 '지혜롭게 사람 보는 법' 즉 측인 인 것이다. 이 부분은 직접 볼 수 없어 안타깝지만 <운낭자像>의 눈은 흑백이 분명하다. 가늘고 긴 눈의 모습은 이성적이며 멀리 미래를 관조하는 자애로운 모성상이다. 눈이 큰 사람은 감성적인 면이 많은 눈의 상이다.

다음으로 인당과 산근의 자리가 깨끗하며 밝고 넓은 모습이다. 이는 건강함과 넓은 마음을 읽을 수 있다. 인당이 넓고 편평하고 윤기가 흐르며, 두 눈썹이 넓으며 맑고 수려한 것을 상학에서는 '官祿星照命宮'이라고 한다.384) 초승달 눈썹을 선호한 것은 대가족 집안 내 가족 간의 우애로움을 중시하였음을 추구한 것으로 볼 수 있다. 또한 눈썹은 정제된 인품과 지혜와 총명함을 보는데 그것은 착한 성품을 대변하는 것으로 볼 수 있다. 이러한 바탕은 목표한 일의 성취도를 높이는 미인상으로 볼 수 있다.

코는 반듯하게 길게 내려오고 넓은 사람은 대인관계의 인화력이 좋은 사람으로 인지된다. 코가 반듯하게 길게 내려온 모습은 항상 변함이 없이 바른 마음으로 성실히 가정을 잘 다스리는 상으로 본다. 콧대가 튼튼히 힘이 있는 모습은 건강과 마음이 바른 상으로 가화만사성의 기반이다. 즉, 화평한 가정인 사랑을 실천하는 자애로운 모성의 상으로 분석된다. 코의 끝부분(준두)이 둥근 모습은 정이 많고 모나지 않은 성품으로 부드럽고 남을 배려하는 아량이 넓은 사람으로 대인관계가 좋다. 두툼한 콧방울은 돈 창고라고도 불리며 재복이 있고 창고가 풍륭하니 식구도 많다고 보았다. 대가족 제도는 한국인의 사유관념에도 반영되는 것으로 사상적 기반은 유교의 이념이다. 상학으로 높은 코의 모습은 자존감이나 성취욕의 실천력이 있는 성품의 미인상으로 간주된다. 입술이 붉고 선명하면 아름다운 여인의 상이고 윤택하면 귀한 여인의 상이다. 이처럼 입은 천지

---

384) 오현리, 앞의 책, p.410.

만물의 조화가 되는 관문이 되기 때문이다.385) 우리 몸은 오장육부와 연결된 기운으로 天의 기가 순조롭게 운행될 때 건강과 운기의 편안함을 느끼는 것이다.

운낭자의 붉고 선명한 입술은 혈맥의 순환이 잘되는 건강한 미인상이다. 이목구비 오관이 선명하고 밝으며 정신이 청정하게 살아있는 모습은 건강하고 아름다운 미인상이다. 턱이 뾰족하지 않고 U字에 가까운 모습은 근력과 지구력이 있는 상으로 건강과 인덕이 함께하는 상이다. '여인의 상이 남자와 다름이 없으나, 오직 아이를 낳아 기르는 절도와 부모를 모시고 남편에게 순종하는 도리가 가장 중요한데',386) <운낭자像>은 남자의 모습처럼 골격이 크며 약간 강한 면도 있다. 이는 다산과 노동이 강조되었던 조선시대의 건강한 미인상을 반영한 것으로 볼 수 있다.

그녀가 아기를 안고 있는 모습은 자애로운 모성상의 후덕함을 채용신이 선호한 것으로 볼 수 있다. 부인의 후중한 덕은 미염하거나 경솔하지 않으며 웅장하지 않고 조급하지 않아야 한다는 것처럼, 여인의 4덕은 남과 다투지 않으며, 진중하고 서두름이 없이 차분하며 조용함을 선호한 것이 드러난다.

이는 항상 변함없는 통일된 행동과 자애로운 어머니의 모습으로 가산을 잘 다스리는 덕목이 제일임을 강조한 것이다.387)

---

385) 위의 책, p.330.

386) "女人之相, 與男無異. 惟有産育之節, 承順之道最重".,崔漢綺,『仁政』, 測人門. 三, 女人善惡相. 婦人.

387) "婦人之行, 靜貞純一. 溫和慈. 無非無儀. 善調家産, 上也.", 崔漢綺,『仁政』, 測人門. 三, 女人善惡相., 婦人

채용신은 어려운 중에도 고요하고 바른 모습으로 희비를 표출하지 않는 덕을 후중하게 보았음을 알 수 있다. "부인을 얻으려고 덕을 물을 때에는 반드시 신중하고 말 수가 적으며 머리카락과 피부가 향기롭고 윤택해야 한다."388)라고 한 것은 조선시대는 부인의 제일 조건으로 내면의 덕성을 중히 보았다. 정숙하고 우아하며 신중한 태도와 생김이 윤택하고 고운 모습을 진정한 아름다움으로 보았기 때문이다.

부드럽고 작은 말소리와 웃을 때 눈동자와 이를 드러내지 않는 다소곳한 행동을 선호한 모습은 <운낭자像>의 미소에서도 볼 수 있다. <운낭자像>에서는 턱의 모습이 부드럽게 연결되었으며, 관골(광대뼈)이 드러나지 않고 인중이 바른 모습이다. 이는 바른 인품과 덕성의 상징이다. 얼굴형은 전체적으로 긴 계란형의 모습으로 상정과 하정이 조금 짧은 듯하다. 반면 중정이 발달한 것으로 미루어 성품이 여유롭고 지혜로우며 후덕한 성모상을 추구한 것을 알 수 있는 부분으로 자애롭고 성스러운 성모상과 조선의 미인상을 오버랩하여 나타낸 것을 볼 수 있다.

이는 조선시대의 환경에 맞는 덕성과 지혜를 갖춘 현모양처의 후덕한 어머니상을 이상적 미의식으로 표현한 것으로 볼 수 있다.

---

388) "娶婦問德只要澁默 而髮膚馨潤.", 『達磨相法』總訣, 第三.

4. 채용신의 작품에 나타난 미인상의 특징

〈八道美人圖〉와 〈운낭자像〉의 人相學的 特徵

채용신의 풍속화 <팔도미인도>는 등장인물의 자세나 표정을 정확히 표현한 사실적인 작품이다. 그러나 풍속화의 그림만으로 인상학적 접근을 하기에는 한계가 있다. 왜냐하면 직접 '관인'하여 精과 神의 형상을 살필 수 없다는 한계가 있기 때문이다. 나아가 사람의 화복과 길흉을 판단하는 데에 얼굴과 형체만으로는 판단에 한계가 있다.389)

따라서 풍속화 속에 나타난 <미인도>의 얼굴과 형체만으로 시도한 인상학적 분석은 무리를 동반한다. 그럼에도 불구하고 조선의 여인상을 풍속화를 통해 인상학적으로 접근하는 것은 조선의 미인상 즉 한국 미인의 뿌리를 접할 수 있는 중요한 계기가 된다는 점에서 특별한 의미가 있다고 판단된다.

채용신의 <팔도미인도>에서 출현하는 각도 미인의 공통점은

첫째, 대부분의 미인들은 이마가 반듯하고 높고 넓으며 인당의 모습이 수려하고 윤택하였다. 이마와 인당이 넓어 마음이 너그럽고 초승달 모양의 미려한 눈썹을 지녔다는 공통점이 있다. 그것은 지혜와 착한 성품을 대변한 것으로, 대가족 내 혈연관계와 상하 대인관계를 중시한 후덕한 여인상을 선호한 것으

---

389) "必也好惡相雜, 或多或少. 疾病與富貴, 亦從而或有或無. 斷人之禍福吉凶, 豈可但觀其形貌哉.", 崔漢綺, 『仁政』, 測人門. 三, 分合吉凶.

로 본다. 상학에서는 이마와 인당이 원만하면 성격이 인자하고 정직하며 사고력이 풍부하고 지혜가 좋은 인상으로 판단한다. 그래서 흔히 이마의 크기와 지력은 정비례 한다고 본 것이다. 또한 이마는 초년의 운을 보고 학운과 조상의 덕을 보는 자리이다. 일부를 제외하고 대부분의 미인들은 산근이 잘 연결되어 초년의 운기와 학문, 윗사람의 덕이 함께하는 좋은 상으로 분석되었다.

또한 전택궁이 넓은 모습은 마음이 넓고 여유로운 상으로 이마까지 좋으면 학예와 명예가 함께하는 좋은 미인상들이다. 그렇다면 기녀들의 인상이 왜 좋은 상으로만 추론된 것인가에 대한 문제제기가 있을 수 있다. 이유는 채용신이 모범적 교화를 목적으로 상상하여 그린 대상들로 동시대의 기녀가 아닌 특수한 업적을 성취한 의녀나 사회의 모범적인 기녀들을 모델로 설정하였음을 분석할 수 있었다. 채용신의 <팔도미인도> 주인공에서 계월향의 모습은 조선의 미인상으로는 조금 서운한 미인상으로 볼 수 있겠으나 개성 있는 독창적 미인상이다. 높은 이상과 총명함, 지혜로움, 치밀함이 의녀의 실천력을 갖춘 미인상으로 탄생이 된 것으로 추정이 된다. 계월향의 눈썹 모습이 짧은 듯하며 눈썹 위 미릉골이 나온 모습, 삼각안의 눈 끝이 올라간 모습, 흑백이 분명한 눈의 지혜로움, 산근이 높으며 콧등이 드러난 모습, 관골이 드러나며 턱이 급격히 좁아지는 마름모형의 얼굴, 인내와 투지력을 나타내는 관골과 턱 옆의 시골이 드러난 모습, 뾰족한 턱의 예민함, 삼각안의 뒤끝 있는 성품, 예리한 관찰력, 드러난 코의 높은 자아와 실천력, 달빛처럼 흰 피부의 이성적 차가움과 판단력 등으로 치밀하게 성공을 이룬 의로운 애국기녀의 미인상 탄생이 된 것이다.

미인들의 가늘고 긴 눈은 내면의 표정이 드러나지 않아 인내와 절제의 미와 덕성의 미인상이며 수려한 초승달의 눈썹은 성품이 부드럽고 원만하며 좋은 대인관계를 의미한 것으로 대가족 집안의 우애로움을 강조하였음을 알 수 있다. 눈썹의 경우 취련과 일선의 버드나무 가지 모양의 눈썹은 남성들로부터 인기가 특히 많은 눈썹으로 본다.

둘째, 대부분의 미인들은 콧대가 너무 높거나 산근이 드러나지 않아 얌전하며 코 선이 가늘고 길어 보수적이고 전통적인 모습이었다. 입이 작은 모습은 여성스럽고 알뜰하며 관골이 드러나지 않은 모습들은 자기주장이 강하지 않아 순종과 인내, 절제, 유순함을 보여주는 미인상이다. 피부는 흰색이며 귀밑머리가 대체로 길고, 얼굴이 튀어나지 않고 얌전하며 단아한 미인상을 기본적으로 선호한 것은 순덕의 미인상을 추구한 것으로 볼 수 있다. 보수적이고 자기주장이 강하지 않은 점은 당시 남성위주의 유교적 사회 분위기와 무관하지 않을 것이다.

셋째, 계열별로는 남방계열보다는 북방계열이 많은 편이다. 남방·북방의 혼합형으로는 한성관기의 얼굴인데, 그녀의 얼굴은 남과 북의 중간쯤인 서울 쪽의 전형적인 얼굴이며 중부지방의 특징으로 분석된다. 강릉미인 일선, 고창미인 명옥, 진주미인 산홍은 키가 크고 날씬한 편이지만 조선시대는 대체적으로 키가 작으며 어깨가 좁고, 살집이 있는 통통하고 튼실한 미인상을 추구하였다. 북방계통은 골격이 크며 날씬한 체형으로 이목구비가 작고 이마가 높고 반듯하며 넓은 모습으로, 강릉미인이 대표적이다. 어깨가 실하고 상·하체의 피하 지방이 발달한 통통한 체형이 <팔도미인도>에서 조선시대의 선호하는 미인상이었음이 드러난다. 요즘으로는 비만으로 보았을 통통한 체형을 선호한 배경은 조선시대가 다산의 시대였으며 여성의 노동력이 절실함을 고려한 건강 미인을 추구하였던 관계로 자연스러운 사회현상으로 보인다.

넷째, 미인들의 단점과 장점은 정해져 있지 않았다. 미인들 중에서 특이한 점은 진주미인 산홍은 코가 길고 중정, 즉 중안이 길어 기품 있는 모습으로 예스럽고 수려한 미인상이다. 평양미인 계월향의 모난 이마, 두드러진 관골의 모습과 삼각안의 눈꺼풀, 뾰족한 턱, 드러난 미릉골, 짧은 듯한 눈썹 등이 다른 7명의 미인상과 다른 점이다. 그러나 차가운 듯 도도해 보이며 달빛처럼 은은하게 빛을 발하는 아름다운 피부가 다른 단점을 커버 하고도 남음이 있다. 계월향이 다른 미인과 다른 점들은 단점인 동시에 장점으로 작용하여 절개와 애국의 표상이 된 것이다.

다섯째, <미인도>에 나오는 조선의 미인들은 이를 드러내고 밝게 웃는 여인의 모습은 볼 수 없었다. 이러한 모습은 전통적이며 보수적인 성품으로 속내를 드러내지 않아야 하는 절제된 모습을 표현한 것이다. 이는 <팔도미인도>, 단원, 혜원의 <미

인도>에서도 한결같은 모습이다. 이는 인내와 절제를 미덕으로 삼아온 유교사상의 억압된 환경을 짐작할 수 있는 부분이다.

여섯째, 정수리가 편평하여 하늘의 에너지를 충분히 받을 수 있는 모습은 각 미인의 공통점이다. 조선시대의 미인상은 인위적인 꾸밈보다 순수하고 인품이 유순해 보이는 상을 선호한 모습으로 이는 천기와 관련이 있다. 특히 진주미인 산홍의 편평하고 넓은 정수리는 하늘의 에너지를 받는 좋은 상이다. 단아하고 수려하며 청아한 모습은 더욱 정결하고 기품 있는 아름다움으로 예스러운 미인상을 표출하였다.

일곱째, 조선시대에 선호한 미인상의 형태는 지역의 특성에 따라 다르게 나타나는 점이 크지 않다. 채용신의 팔도미인도에서는 외모의 모습이 중복되는 점이 조금도 없이 각기 다른 미인의 모습으로 다양한 팔도의 개성 있는 아름다움의 미인상으로 표현되었다. 그럼에도 불구하고 인상학적으로는 그 특징과 차이점이 뚜렷하게 대별되지는 않는 점이 특이하다. 채용신의 미인도에서도 조선시대가 선호한 미인상의 공통점이 잘 드러나 있는데 그것은 작은 이목구비와 절제된 모습의 얌전하고 단아한 미인상이다.

채용신의 미인상은 기녀라는 점을 제외하고는 시대적으로나 지역적으로 공통점이 별로 없다. 이는 조선 중기의 인물이기도 하고 후기의 인물이기도 하기 때문이다. 그것은 채용신이 실제로 보고 그린 것이 아니고 듣고 그린 작품이라는 점을 증명한다. 해당 기녀에 대한 스토리를 듣고 그에 해당하는 인상을 그린 것이다. 바꾸어 말하면 채용신의 인상학적 소양은 매우 높은 경지에 있었을 것이라는 추정이 가능하다. 즉 채용신이 각 지방 기녀들의 인생 스토리와 특징들을 듣고 그 운명에 맞는 인상을 역추적하여 그렸을 가능성이 높은 것이다. 이는 곧 채용신의 고견의 '관인법'을 인정할 수 있는 부분이다. 그것은 <운낭자像>의 경우도 마찬가지로 판단된다.

<운낭자像>은 자식을 기르는 희생정신과 자애로운 모성성을 강조한 모성성의 작품이다. 가정에서 자녀를 양육하며 가산을 꾸리는 부덕의 모습과 시부모를 잘 모시고 남편을 공경하며 헌신하는 것을 상징하는 자애로운 여인상이다. 인상학적으로 본 채용신의 <운낭자像>에 나타난 이상적 여인상은 조선시대의 환경에 맞는 덕성과 지혜를 갖춘 현모양처의 여인상이라고 정의할 수 있겠다.

<운낭자像>의 미인상은 사회의 인재를 키워내는 인내와 책임감, 알뜰한 가산의 운영, 남편과 시부모를 잘 공양하는 부덕의 현모양처像이다. 이는 조선시대의 유교적 이념에 따라 남성들이 추구한 바람직한 이상적 미인상인 것이다. 바른 덕성과 부덕으로 남편을 봉양하고 자식을 잘 키우는 모성상이 남성들이 추구한 본질적 미인상이며 채용신이 추구한 미인상이었음은 의심의 여지가 없다. 다만 채용신은 그러한 시대정신을 표현하며 스스로가 추구하는 미적 가치를 혼합하여 아름다우면서도 후덕한 어머니상을 그리는 데에 성공한 것이다.

채용신은 <팔도미인상>에서 그의 심미안을 최대한 발휘하여

이상적인 미인상을 도출해냈으며, 그것은 당시 남성들의 이상
적인 여성상의 투영이기도 하였다. <운낭자像>에서는 단순한
감상용이 아닌 교화용으로서의 목적이 강하여 여성을 교화의
대상으로 삼아 유교적 덕목에 적절한 이상적 모성상을 의도적
으로 제작하였다. 그러나 그의 여인을 대하는 미적 안목은 <운
낭자像>에서 이상적이고 아름다운 여인을 후덕한 어머니상과
오버랩하는 데에 성공함으로써 예술가로서의 혼과 솜씨를 유감
없이 발휘한 작가의 정신을 읽을 수 있다.

CHAPTER
06

〈미인도〉 인상학의
현대적 의의

인상학에서 미인상의 중요한 세 가지 요소는 오악의 조화요, 심상의 가짐이며, 정·기·신의 안정됨이다. 얼굴의 오악 부위가 단정하고 반듯하며 삼정의 균형과 오관이 조화로운 모습이 중시되었던 것이다. 얼굴빛이 온화하여 따뜻하고 윤택하며, 보는 모습이 단정하고 밝은 목소리로 화합하는 외형의 아름다움과, 정신이 안정되어 맑고 안온한 내면적 모습이 조화된 것을 미인상으로 추구하였다. 그러한 균형 잡힌 전체의 모습이 기품이 되었으며 단아한 아름다운 상이라고 믿었던 것이다. 여기에 다시 중요한 요소가 첨가된다. 그것은 인상에 시대정신이 반영되어야 한다는 점이다. 유교가 주류를 이루었던 조선시대에 권장되었던 여인상은 남성의 권위에 순종하고 건강하여 자녀를 다산하며 대가족 제도에서 인화와 인내가 강조된 여인상이었다.

  <미인도>를 그린 김홍도는 다양한 그림에 능통하였으며 진경풍수를 실제로 표현할 만큼 정교한 필선으로 금강산의 대작을 남겼다. 김홍도의 <미인도>의 특징은 신선풍의 여유로움으로 절묘하게 표현된 구성의 묘미가 신비롭다. 입체감이 없는데도 살아 숨 쉬는 숨결을 불어넣은 듯 인물의 표정을 생동감으

로 살려내는 특유의 천재성을 유감없이 발휘하였다. 단원이 추구한 <미인도>는 귀한 품성이 돋보이는 아름다운 여인상으로 볼 수 있다.

신윤복의 <미인도>는 그만이 가진 탁월한 미의식이 높이 평가받는 작품이다. 수줍어 보이는 표정으로 엉거주춤 서있는 듯이 보이는 심오한 매력과 한 올 한 올 섬세히 그려진 머리칼은 진정한 사랑의 정성으로 초월한 작품으로 볼 수 있다. 초승달 모양의 단아한 눈, 살포시 다문 앵두입술의 모습 등 세세히 표현된 표정은 신윤복의 애틋한 사랑을 담은 조선 최고의 <미인도>로 꼽을 수 있다. 신윤복과 같은 뛰어난 예술가는 우리 곁에 없지만 조선시대와 호흡했던 작품은 소중한 유산으로 남겨져 작가의 아름다운 혼을 후세에 깊은 감동으로 전해준다. 이처럼 훌륭한 김홍도, 신윤복, 채용신에 이르도록 그러한 작품의 가치는 조선시대 풍속화 <미인도>의 바탕이 되었다.

특히 채용신은 조선시대의 환경과 사회상을 <팔도미인도>와 <운낭자像>으로 교화를 목적으로 시각화한 인물이다. 특히 <팔도미인도>는 조선 후기의 전국적 미인상을 인상학적으로 한눈에 파악할 수 있는 좋은 자료인데, 그들이 비록 특수 신분인 기녀들이지만 그 시대의 문화와 환경에서 선호되었던 미인상임에 분명하다. 그녀들은 이목구비가 작은 형이고, 유순한 용모와 통통하고 자그마한 체형 및 절제된 외형의 모습으로 단아한 미인상을 보여준다. 이는 김홍도의 <미인도>와 신윤복의 <미인도> 전통을 이은 것을 알 수 있다.

따라서 채용신의 미인도는 시대정신의 소산이다. 혜강의 『인정』에서도 용모와 기품, 행사를 살펴보는 것으로 인상의 진정한 방향에 대해 언급하였다. 따라서 조선시대의 아름다운 여인상으로는 성품이 따스하고 온화하며 부모에 효도하고 형제간의 우애를 근본으로 하는 것을 좋은 미인상으로 보았다. 이로써 조선시대의 미인상으로 '관인'하는 데에는 유교의 인의예지신 오상의 정신이 가장 큰 영향을 미쳤던 것이다.[390]

그렇다면 채용신의 미인도가 현대에는 과연 어떠한 의미를 지니는지 살펴보고자 한다.

첫째, 기본적인 사항에 관한 것은 오늘날에도 변함이 없다. 오악이 단정하고 삼정이 균형을 갖추며 오관이 조화로운 것은 현대의 미인에도 그대로 적용된다. 또한 심상이 나타난 것이 골상이라는 전제하에 바른 마음, 건강한 육체를 중요하게 보는 것은 예나 지금이나 변함없는 가치라 할 것이다.

둘째, 귀인상이나 빈천상의 입장은 바뀔 수 있다. 미인이라고 해서 종래의 귀인상 혹은 부귀상이 오늘날에도 변함없이 좋은 상일 수만은 없다. 즉 고전의 문헌에 나타난 귀인상·부귀상·빈천상·고독상 등의 용모들은 요즘 현대 사회에 적용하는 데에는 상당한 괴리가 있을 수 있다. 고전에 빈천상 혹은 고독상이라 하여 꺼리는 상도 오늘날에는 나쁜 상일 수만은 없는 것이다. 이러한 이유는 여성의 경우 사회활동이 적극 장려되는

---

390) "女人有善相, 頭圓額方. 骨細肉滑. 髮黑唇紅. 眼大眉秀, 指纖掌軟. 紋如亂絲, 語聲小圓. 淸如流水, 笑不見睛, 口不見齒, 行步詳緩. 坐臥端雅. 神氣淸媚, 皮膚香潔. 精液蘊蓄. 法度外現也.", 『人政』, 測人門 三, 女人善相.

시대가 되었고, 다양한 직업의 적성에 맞도록 업무와 능률, 창의성을 발휘하기 위해서는 개성이 뚜렷한 다양한 인상이 필요한 다양한 직종의 여성시대가 되었기 때문이다.

셋째, 고독하고 고집 센 인상도 활용이 가능하다. 예를 들어 종래의 인상학에서는 콧대가 뾰족하고 높은 상을 꺼리는 상으로 본다. 이러한 상은 고전의 상학에서는 고독하고 외로우며 고집이 센 과부상으로 보았다. 그러나 오늘의 환경에서는 콧대가 높은 모습은 자신의 위상이 높아 추구하는 일, 학업이나 지식, 자신의 위상 관리 등 여러 분야에서 성취도가 매우 높은 상으로 볼 수 있다. 코가 뾰족한 모습은 섬세하고 꼼꼼하며 예민하므로 금융계 쪽의 직업이나 의료직종, 디자인 등 섬세한 직업의 적성에 맞는 일을 잘 성취할 수 있는 인상으로 볼 수 있다. 또한 종래의 인상학으로 본다면 코가 짧으면 성품이 급하고 변화에 민감할 수 있어 단점으로 볼 수 있다. 그러나 오늘날의 직업적 환경에서는 변화에 민감한 패션의 직종이나 참신한 아이디어로 신개발을 위한 아이디어 창출 등에는 그러한 성향이 능률적인 인상으로 주목되는 상이다.

넷째, 종래의 인상학에서는 큰 눈을 꺼려하였으나 오늘날에는 선호하는 아름다운 눈이다. 예전의 인상학에서는 큰 눈을 감성적이며 마음을 잘 드러내는 눈으로 꺼려하였으나 오늘날에는 특히 서양의 미적 시각의 영향으로 큰 눈을 모든 사람이 선호하는 아름다운 눈으로 여기게 되었다. 그리하여 여성들의 성형수술의 기본이 되었다. 또한 예전에는 둥글고 가는 초승달 모습의 눈썹을 선호하였으나 오늘날 선호하는 눈썹은 일자에 가까운 자연스러운 모습이다. 이는 대가족 제도의 많은 가족관계에서 지혜로운 처신을 바라는 상이었다면, 오늘날 초승달 눈썹은 핵가족제도에 적합도가 떨어진다. 오히려 있는 그대로의 자연스러움과 편안함을 추구하는 자연스런 일자의 눈썹모습이 선호되는 것이다.

다섯째, 관골이 드러난 인상은 강한 성품으로 보아 상학적으로 극히 꺼리는 상이었으나 오늘날에는 자신의 목표를 인내심으로 극복하며 남성보다 더 어려운 직종에서도 큰일을 할 수 있는 추진력 있는 여성의 상으로 본다. 오히려 강한 의지로 능력을 발휘할 수 있는 여성 리더가 요청되는 오늘날에 그러한 인상은 개성의 미인상으로 선호되기도 한다.

여섯째, 종래의 인상학에서는 턱이 뾰족하면 지구력과 인내심, 건강과 인덕이 부족하고 고독한 상으로 꺼려하는 인상이었다. 그러나 오늘날 V라인은 미인상으로 선호되며 수술을 하는 것이 실제의 현상이다. 이러한 효과는 시대적 변천으로 독신이 늘어나면서 개인적이고 이기적 성품의 환경으로 인해 변한 요인으로 볼 수 있다. 오늘날 사생활이 중시되며 개인의 인격이 중시되는 사회적 현상으로 볼 수 있다.

이처럼 인상학에서 보는 미인상은 시대와 환경에 따라 변천할 수밖에 없다. 그러나 어떠한 시대와 어떠한 장소를 막론하고 절대 변화할 수 없는 것은 외모도 중요하지만 인품과 지성 그리고 현숙한 덕성을 추구하는 내면의 심상이다. 그러한 점은 예전과 현대가 크게 다르지 않으며, 다른 사람을 배려하는 기품의 행동은 귀격으로 평가되며 현대적 미인상에서도 중요한 요소로 작용한다.

조선시대의 미인상은 교육은 물론, 사회활동에도 전혀 기회가 없었으며 남성의 입장에서 선택되어지는 수동적 대상이었다. 그러나 오늘날은 여성의 높은 교육과 능력개발에 따라 여성리더를 보편화시켰다. 그들의 인상 중에 관골(광대뼈)이 나오고 눈 끝이 올라간 모습은 높은 이상의 목표를 성취시키는 여성리더의 바람직한 상으로 분류된다. 이러한 사유는 과거의 흉한상이 현대의 리더 상으로 간주되는 되기 때문이다.

그러므로 오늘날 인상학에서 제시되어야 하는 미인은 인성론과 정·기·신을 밑바탕에 두되, 외면에서는 개성을 중시하는 새로운 개념으로 전환해야 할 것이다. 그것이 현시대의 워킹우먼이 지녀야 할 미인관으로 생각된다. 미인을 경쟁력 있는 인적자원으로 인식하는 것 또한 현대적 사회성을 반영한 것이라 하겠다.

맺는말

　인상학은 관상학의 또 다른 표현으로, 사람을 외면의 형상적 조화와 내면의 정·기·신의 조화라는 두 측면에서 보아 그 사람의 성격과 운명을 파악하는 학문이다. 본 연구에서는 조선시대 미인상을 인상학적으로 분석하기 위해 풍속화를 중심으로 살펴보았다. 그것은 오늘날 아름다움을 어떻게 규정할 것인가에 하나의 시사점을 제공할 것으로 예상되었기 때문이다.

　아름다움을 추구하는 여인들의 노력은 고금을 막론하고 계속되는 현상이지만, 미의 기준을 외형의 모습으로만 판단하는 것은 미의 기준이 한편에 치우치는 해석으로, 결코 바람직하지 않다는 사실을 조선시대 미인들의 인상을 분석하면서 알게 되었다.

　조선시대의 미인상을 인상학적 시각으로 접근하기 위해 풍속화의 작가로 김홍도, 신윤복, 채용신을 선정하였다. 채용신은 김홍도와 신윤복의 화풍을 이은 인물이면서도 그의 <팔도미인도>와 <운낭자像>은 조선 후기 전국에 걸친 미인형을 한눈에 파악할 수 있는 좋은 자료라고 판단되었다.

　물론 <팔도미인도>의 경우 대상이 특수한 신분층인 기녀라고 하는 점에서 이들만으로 조선의 미인상을 대변할 수 있을 것인가에 대한 의문을 제기할 수 있다. 그러나 조선시대는 여인의 외부출입조차 불허된 시대적 제약으로 일반 여인에 대한 기록이 미약하고, 기녀나 열녀의 기록만이 풍속화로 전해지기 때문에 이들의 상을 통해 전체 미인상의 흐름을 유추해 본 것이다.

무엇보다도 풍속화 속의 아름다운 미인, 즉 <미인도>의 미인들은 그 시대의 문화적 환경에서 선호되었던 미인상임에는 분명하다. 따라서 조선시대의 미인상은 어떤 상이며, <미인도>의 여인들은 과연 상학으로 좋은 상인지 등을 살펴보는 것은 당시의 미적 의식구조를 파악하는 데에도 하나의 방법이 될 것이다.

'미인' 즉 아름다움을 표상하는 미인상은 시대적 관점과 환경적 요인에 따라 많은 차이점이 있지만 김홍도, 신윤복, 채용신의 <미인도>를 통한 조선시대의 미인상의 인상학적 특징과, 그것을 통하여 우리가 얻을 수 있는 지혜는 다음과 같다.

첫째, 조선시대 미인은 이목구비가 작은 형으로서 광대뼈가 드러나지 않으며 쌍꺼풀이 없는, 가는 눈과 초승달 모양의 긴 눈썹을 선호하였다. 또한 통통하고 자그마한 건강한 체형을 선호하였다. 이는 대가족 제도하의 노동력과 다산의 지향, 남존여비 유교사회에서의 인내와 순종의 미덕을 추구한 유교문화의 작용으로 형성된 미인상이다.

둘째, 얼굴형과 체형으로 미루어 보아 조선시대의 미인은 북방계와 남방계의 혼합형임을 알 수 있다. 또한 그들은 내면의 표정이 드러나지 않는 다소곳한 모습의 단아한 미인상을 추구하였다. 이는 시대적으로 외부활동이 차단되어 있는 환경의 영향으로 사료된다.

셋째, <미인도>의 미인상은 인상학적인 관점에서 극귀상이나 극천상이 아니면서 고운 피부와 개성적 아름다움을 겸비한 미인의 모습들이었다. 또한 외모뿐 아니라 내면적 품성과 지성, 덕성 등을 추구한 모습들이었다. 그것들은 비록 밖으로 표출되지 않아도 미인도를 통하여 감지할 수 있는 덕목들이었다. 인상학에서 중요하게 보는 것은 용모의 아름다움도 중요하지만 정·기·신이 조화된 맑은 정신과 바른 심성의 소유자였다. 그러한 인간상은 시대를 막론하고 미의 중요한 요소였음을 확인하였다. 이와 같이 정제된 인품과 지혜와 총명함을 갖춘 바른 인성의 소유자야말로 조선시대의 미인상이었던 것이다.

넷째, 김홍도·신윤복·채용신 등 세 작가가 추구하는 미인의 모습은 공통점과 차이점이 있었음을 볼 수 있다. 공통점은 조선시대의 환경과 문화에 맞는 미인상으로서, 작은 이목구비와 통통하고 건강한 미인상 그리고 인내와 절제된 인품 등이었다. 그러나 작가의 사고와 철학에 따라 각자의 이상형은 차이점으로 드러나는 것을 볼 수 있었다.

김홍도의 <미인도>는 작가의 신선사상이 반영된 듯 선녀를 연상한 모습이다. 신비로움을 머금은 듯 화려하고 단아한 동안의 얼굴로 기품 있는 미인상을 추구하였다. 이는 단순하고 너그러운 그의 성품이 작용한 것으로 추측하여 볼 수 있다.

신윤복의 <미인도>는 그의 사고와 생활상을 반영한 듯 도시풍의 미적 감각으로 작품화하였으며, 시대성이 반영된 절제된 미인상으로 지성미를 겸비한 세련미를 추구한 것을 알 수 있다. 부드러운 듯 탄력 있고 고아한 미를 추구한 신윤복의 작품은 조선시대의 <미인도> 중에서도 가장 섬세하고 세련된 매력이 돋보이는 미인상으로 꼽는다. 특히 조선시대의 미인을 연구한 신윤복의 <미인도>에는 중국이나 일본의 미인도보다 0.01밀리를 더 탐구한 섬세한 미적 감각의 독특함이 있고, 이는 격조 높은 한국전통의 명작 <미인도>를 탄생시킨 것이다.

<미인도>의 내면과 외면의 조화를 미적으로 승화시켰다는 점에서는 김홍도와 신윤복에 이어서 채용신도 마찬가지이다. 그러나 채용신의 경우는 단순한 미인이 아닌 교훈적 가치를 내면에 실은 미인을 추구했다는 점이 차이점이라 할 수 있다.

다섯째, 채용신은 <팔도미인도>로써 조선팔도의 지역별 대표미인을 사실적으로 그렸는데 전국 팔도 고유의 개성 있는 아름다운 미인들의 모습이었다. 사실 채용신의 <팔도미인도>는 평면적인 비교에 어려움이 따른다. 그것은 간략하게나마 화기를 기록하기는 하였으나, 시간과 장소 및 제작 동기를 찾을 수가 없기 때문이다. 더욱이 팔도의 미인상이 모두 한시대의 미인이 아닌 점이 드러나게 되었기 때문에 평면적인 비교는 더욱 어렵다고 판단된다.

그러나 신윤복의 <미인도>는 혜원이 추구한 미적 특징과 내면적 아름다움을 충분히 드러내며 수많은 여인들의 모습들을 그렸지만 마치 이 <미인도>를 그리기 위한 과정이듯 신윤복만이 가지고 있는 격조 높은 품격과 예술세계로 탁월한 조선 최고의 <미인도>를 탄생시킨 것이다.

여섯째, 채용신의 <팔도미인도>는 단순히 남성들이 즐기고자 그 시대에 선호한 미인상은 아니며, 사회 교훈적 상징을 포함하고 있다. 예를 들어 평양기생 계월향은 왜장을 죽이는데 공을 세워 의기로 뽑힌 인물이며, 산홍은 미모보다 이지용의 매국을 꾸짖은 절개로 널리 알려진 진주 관기이다. 또한 한성기생 홍랑은 최경창과의 애틋한 사랑을 담고 지조를 지키며 시조를 남긴 기녀로 유명하다. 이 세 기녀의 미인상은 동시대의 미녀가 아니면서, 단순한 외적인 아름다움이 아닌 인물로 의기나 정절의 공통점을 지닌 미인상인 것이다. 결국 채용신은 심미적 안목에 기초하여 미인상을 제작한 것은 분명하나, 그 아름다움의 기준은 절개 혹은 애국 등 내면의 아름다움을 표출하려 하고 있다는 것을 알 수 있는 것이다. 채용신 화법은 작품 뒷면에 제작일자를 기록하며 자신의 이름을 남겨 후대에 배려한 점이 특징인데 <팔도미인도>에는 그러한 것이 없다. 그것은 동시대의 기녀들을 남성들이 단순히 감상하게 하기 위한 <팔도미인도>가 아닌 나름의 기준으로, 즉 사회의 모범적인 인물들을 미적 터치로 형상화하려 한 것이다. 그는 '仁人君子'의 칭호를 얻을 만큼 훌륭한 인품으로 인한 명성을 얻었다는 기록이 있을 만큼 스스로의 긍지와 자부심이 컸던 인물이다. 이러한 그의 인품이 사회의 교화적인 인물을 그렸을 가능성을 충분히 추론할 수 있다. 그러한 채용신의 사상이 <운낭자像>이라는 사회 교화론적 작품으로 연결되었을 것이다.

일곱째, 조선시대의 미인도에 그려진 귀인상·부귀상·빈천상·고독상 등의 용모들은 조선시대에는 거의 공통적인 인상학적 가치를 가지지만 현대에는 시각이 달라졌다. 인상학은 시대의 산물이다. 과거의 미인상은 유교적 사회의 분위기에서 남성의 보조적 역할이 강조되었지만 21세기에는 수많은 직업군에 맞춰 꼭 귀상만이 아닌 직업적 특성에 맞는 개성적 인상이 요구되는 시대이다. 따라서 과거의 귀인상·부귀상만을 좋은 상이라고 고집하는 것은 바람직하지 않다고 판단된다. 빈천상·고독상 등 꺼려했던 상도 오늘날 다변화된 문화와 직업 활동을 통해 개성과 적성에 맞는 역동적 삶을 추구하는 주체가 될 수 있기 때문이다.

인상은 현재의 건강상태와 마음의 상태에 따라 시시각각으로 변한다. 이처럼 선호하는 아름다움의 미적기준이 시대에 따라 달라지는 것처럼 고전의 상학에서 꺼리는 인상이 오늘날 다양한 직업에 따라 새로운 변화와 발전을 도모할 수 있다는 점이다. 이것이 오늘날의 인상학과 현모양처 형을 추구하는 고전적 상학의 차이점이다. 특히 전문화된 직업으로 인한 여성의 능력이 존중받는 시대에 적합한 미인상은 가정 내의 주부, 어머니, 대외활동, 직장의 업무 등 모든 면에서 잘 적응할 수 있는 다변화된 미인상을 추구한다는 점이다.

여덟째, 그러나 변치 않는 미의식의 원천은 있다. 시대와 공간을 초월한 미인상의 공통된 점이다. 내면의 품격과 바른 예절, 인과 덕을 함축한 바른 인성을 가진 여성이야말로 예나 지금이나 참된 아름다운 여성의 덕목이라 할 수 있다.

또한 변할 수 없는 가치로는 좋은 얼굴은 좋은 마음에서 나온다는 점이다. 아름다운 얼굴을 가지기 위해서는 선한 마음을 품고 덕성어린 생각과 행동을 해야 하는 것은 고금과 동서를 통하여 변치 않는 진리인 것이다. 이는 성형을 통한 외면의 아름다움만을 추구하는 현대의 여성들이 주의해야 할 부분이다. 이러한 점이야말로 인상학이 과거를 더듬는 역사학인 동시에 현재나 미래에도 변함없이 더욱 유용한 학문임을 증명하는 것이다.

오늘날 인상학을 연구하는 것은 인상관리와 인상경영으로 전통적 인상학의 장점을 발전적으로 계승하고, 단점을 보완하여 사회적 잠재능력을 제고하는 데에 의미가 있다. 이러한 힘은 한국여성들의 잠재력을 이끌어 미래발전을 견인하는 원동력으로 작용할 것이다. 이러한 그 저변에 바로 인상학이 존재해야 하는 것이다.

참고문헌

1. 원전

『經國大典』

『骨相』(『古今圖書集成』)

『老子道德經河上公章句』

『論語』

『論衡』

『東文選』

『麻衣相法』

『達磨相法』

『孟子』

『氷鑑』

『三國史記』

『世宗實錄』

『小學』

『肅宗實錄』

『神相全編』

『與猶堂全書』

『燕山君日記』

『禮記』

『玉管照神局』

『慵齋叢話』

『月波洞衆記』

『人倫大統賦』(『四庫全書』 術數類全篇 「子部」)

『人政』

『王充』

『莊子』

『中宗實錄』
『靑莊館全書』
『太祖實錄』
『太宗實錄』
『太淸神監』(『四庫全書』術數類全篇 「子部」)
『寒水齋集』
『淮南子』

2. 단행본

고상균・신호돈,『한국의 美』, 대전: 토탈디자인문화사, 2006.
국립중앙박물관 편,『조선시대 풍속화』, 서울: 국립중앙박물관, 2002.
권덕주,『중국 미술사상에 대한 연구』, 서울: 숙명여대출판부, 1982.
권영필,『韓國美學試論』, 서울: 고려대학교 한국학연구소, 1994.
규장각한국학연구원,『조선여성의 일생』, 서울: 글항아리, 2010.
김경호,『참 좋은 이미지』, 서울: 연, 2005.
김낙필,『조선시대의 내단사상』, 서울: 대원출판사, 2005.
김도훈,『이야기 한국사』, 서울, 아이템북스, 2008.
김춘식,『오행생식요법』, 서울, 유림,
김만희,『우리 풍속화 백 가지』, 서울: 현암사, 2001.
김성헌,『한국인의 얼굴 한국인의 운명』, 서울: 동학사, 1994.
김세일 편,『相法大典』, 서울: 명문당, 1978.
김순영 외,『조선미술사』, 서울: 학민사, 1993.
김연희,『관상학의 인재경영』, 파주: 한국학술정보, 2009.
_____,『관상학의 장수비결』, 파주: 한국학술정보, 2009.
김영기,『한국인의 기질과 성향을 통해 본 한국미의 이해』, 서울: 이화여자대
        학교출판부, 1998
김용환,『韓國의 風俗畵』上・下, 서울: 민문고, 2002.
김우정 편저,『李朝風俗畵帖』, 서울: 지식산업사, 1974.
김원룡 공편,『韓國의 美・19: 風俗畵』, 서울: 중앙일보사, 1985.
_____,『한국미술문화의 이해』, 서울: 예경, 2006.
_____,『韓國美의 探究』, 서울: 열화당, 1987.
김정미,『역사를 이끈 아름다운 여인들』, 서울: 눈과 마음, 2005.
김종태,『한국화론』, 서울: 일지사, 1989.

김지향, 『한국현대여성시인연구』, 서울, 한국문학도서관, 2008.

김활란박사교직근속40주년기념 편집위원회, 『한국여성문화논총』,
　　이화여대출판부, 1958.

강한영, 상계교주해제, (『현대문학』, 제3권, 제1호).

나카무라 킨죠 편찬, 권혁희 해제, 『朝鮮風俗畫譜』, 서울: 민속원, 2008.

남궁상 편저, 『(秘傳)韓國觀相學寶鑑』, 서울: 역학사, 1992.

니콜 아브릴 지음, 강주헌 역, 『얼굴의 역사: 얼굴을 테마로 다시 쓰는 문화와
　　예술의 역사』, 서울: 작가정신, 2001.

리움미술관, 『조선화원대전』, 서울: 리움미술관, 2011.

마의천, 『너의 운명 얼굴에 있다: 얼굴빛 관상학』, 서울: 출판시대, 1997.

무라사와 히로토 지음, 송태욱 옮김, 『미인의 탄생: 얼굴로 읽는 일본, 일본문
　　화』, 서울: 너머북, 2010.

박용숙, 『한국화의 세계』, 서울: 일지사, 1975.

박정혜, 『왕과 국가의 회화』, 서울: 돌베개, 2011.

박지원, 『단원 풍속도첩』, 서울: 민음사, 2005.

박차지현, 『한 권으로 보는 미술사』, 프리즘하우스, 경기도, 2005.

박치원, 『韓國女: 韓國女人相의 再發見』, 서울: 삼신서적, 1973.

백기수, 『美學』, 서울: 서울대학교출판부, 1979.

백운학, 『백운학 관상보감』, 서울: 민예사, 2004.

뱅자맹 주아노 지음, 신혜연 옮김, 『얼굴, 감출 수 없는 내면의 지도』, 파주:
　　북이십일 21세기북스, 2011.

보건사회부 편, 『한국의 여인상』, 서울: 동신사, 1971.

서복관, 『중국예술정신』, 동문선, 서울, 1990.

서정기 편역, 『痲衣相法 精解』, 서울: 장서원, 2004.

＿＿＿, 『운명과 주역』, 서울: 장서원, 2007.

서주희, EBS화인제작팀, 『풍속화, 붓과 색으로 조선을 깨우다: 김홍도, 신윤
　　복, 김준근』, 서울: 지식채널, 2008.

설혜심, 『서양의 관상학 그 긴 그림자』, 서울: 한길사, 2005.

성율자, 『여인들의 한국사』, 서울: 페이퍼로드, 2010.

小通天<史廣海>著, 최인영 편역, 『面相秘笈: 관상학 最高의 秘書』, 서울: 청학
　　출판사, 2008.

손성학, 『(미래를 위한) 인상학』, 서울: 동서문화사, 1995.

송 우, 『명화속의 여인상』, 서울: 사초, 1981.

신 일, 『觀相學全書』, 서울: 동양서적, 1977.

신영대 편저,『命理學原理大全』, 서울: 백산출판사, 2003.

신원선,『인상학과 명리학』, 서울: 비움과 채움, 2006.

심태완,『얼굴 경영학』, 서울: 이지북, 2007.

안휘준,『풍속화』, 서울: 중앙일보사, 1991.

_____,『한국 그림의 전통』, 서울: 사회평론, 2012.

_____,『한국 미술사 연구』, 서울: 사회평론, 2012.

_____,『한국회화사』, 서울: 일지사, 1982.

_____,『韓國繪畵의 傳統』, 서울: 문예, 1989.

_____,『한국고분벽화 연구』, 서울, 사회평론, 1913.

양태석,『한국화가 기인열전: 13명의 화가들의 굴곡진 인생과 그림』, 서울: 이종, 2010.

오정윤,『단숨에 읽는 한국사』, 서울: 베이직 북스, 2012.

오현리,『정통관상대백과』, 서울: 동학사, 2001.

원선자,『仁顯王后傳에 나타난 女人相』, 성남: 신구전문대학, 1992.

유홍준,『화인열전』, 서울: 역사와 비평사, 2001.

이 목,『미녀란 무엇인가』, 서울: 뿌리와이파리, 2004.

이경성,『한국근대회화』, 서울: 일지사, 1980.

이규태,『한국인의 의식구조』, 서울: 신원문화사, 1983

이남희,『조선왕조실록』, 서울: 다홀미디어, 2008.

이능화,『조선해어화사』, 동문선, 1992.

이동주,『우리나라의 옛 그림』, 서울: 박영사, 1975.

李東俊,『韓國思想史大系』1, 성남: 한국정신문화연구원, 1990.

이배용,『한국역사 속의 여성들』, 서울, 영림카디널, 2006.

이석래,『이조의 여인상』, 서울: 을유문화사, 1973.

이수광,『조선여인의 잔혹사』, 서울: 현문미디어, 2006.

_____,『한국역사의 미인』, 서울: 영림카디널, 2006

_____,『조선을 뒤흔든 16인의 기생들』, 서울, 다산호당, 2009.

이순자,『조선의 숨겨진 왕가 이야기』, 서울: 평단, 2013.

이영아,『예쁜 여자 만들기』, 서울: 푸른역사, 2011.

이영화,『신분으로 읽는 조선사람 이야기』, 서울, 가람기획, 1998.

이은직,『조선 명인전』2, 서울: 조광사, 2005.

이원섭,『태교보감』, 서울, 동방미디어, 2000.

이정래,『相學眞傳』, 서울: 우정출판사, 1984.

이정욱,『심상 관상학』, 서울: 천리안, 2006.

이주헌,『정겨운 풍속화는 무엇을 말해 줄까』, 서울: 다섯수레, 2008.

이주영,『미학특강』, 미술문화사, 서울, 2011.

이진우,『한국인문학의 서양 콤플렉스』, 서울: 민음사, 1999.

이태호,『조선 후기 회화의 사실정신』, 서울: 학고재, 1996.

_____,『풍속화』1, 서울: 대원사, 1995.

_____,『풍속화』2, 서울: 대원사, 1996.

이택후,『華夏美學』, 동문선, 1999.

이현희,『한국의 여인상: 고대 삼국편』, 서울: 명문당, 1992.

_____,『한국의 여인상: 고려시대편』, 서울: 명문당, 1992.

윤재근,『동양의 本來미학』, 서울, 도서출판 나들목, 2006.

韋千里,『中國相法精華』, 武陵出版有限公司, 2005.

전완길,『韓國化粧文化史』, 서울: 열화당, 1987.

鄭民鉗 譯,『神相全編』, 서울: 삼원문화사, 1998.

정병모,『민화, 가장 대중적인 그리고 한국적인』, 서울: 돌베개, 2012.

_____,『한국의 풍속화』, 서울: 한길아트, 2000.

정종진,『한국현대문학과 관상학』, 서울: 태학사, 1997.

조광국,『한국문화와 기녀』, 서울: 도서출판 월인, 2004.

조요한,『예술철학』, 서울: 경문사, 1980.

조용진,『우리 몸과 미술 문화』, 서울: 미술교육사, 1989.

_____,『우리 몸과 미술』, 서울: 사계절, 2001.

_____,『美人』, 서울: 해냄, 2007.

조정육,『조선을 사랑한 신윤복』, 서울: 아이세움, 2013.

주선희,『나를 바꾸는 인상학의 지혜, 얼굴경영』, 동아일보사, 2014.

중앙일보사,『풍속화』, 서울: 중앙일보사, 1996.

지을화,『얼굴과 신체의 미학』, 서울: 신화, 1990.

진담야 著, 하연욱·정인스님·임승혁 편역,『상리형진』, 서울: 무진미래, 2007.

_____,『상리형진』, 도서출판 황금시대, 1998.

최석종,『(김홍도의 풍속화로 배우는)옛 사람들의 삶』, 파주: 아트북스, 2008.

_____,『(신윤복의 풍속화로 배우는)옛 사람들의 풍류』, 파주: 아트북스, 2009.

최영순,『실제인상학』, 서울: 동양서적, 2003.

최영철,『美: 아름다움의 醫學』, 서울: 보신각, 1982.

KBS영상사업단,『여성의 미, 전통미인상』, 서울: KBS영상사업단, 1994.

태극출판사 편,『구원의 여인상』, 서울: 태극출판사, 1985.

풍우란 저, 박성규 역, 『중국철학사』, 서울: 까치글방, 2001.

한국미술오천년편찬위원회 편, 『韓國美術五千年: 朝鮮朝篇 第3卷』, 서울: 한국사전연구사, 1995.

한국여성연구소 여성사연구실, 『우리 여성의 역사』, 청년사, 서울, 1999.

한국철학사연구회, 『한국철학사상사』, 서울: 심산, 2003.

한국출판문화공사 편집부 편, 『관상보감』, 서울: 한국출판문화공사, 1987.

한린더, 『한 권으로 읽는 동양의 미학』, 이학사, 2012.

한미라, 『한국인의 생활사』, 서울: 일진사, 2004.

허영환, 『동양미의 탐구』, 서울: 학고재, 1999.

홍선구, 『조선시대회화사론』, 서울: 문예출판사, 1999.

洪元植 譯, 『皇帝內徑素問解釋』, 서울: 高文社, 1971.

石龍子, 『觀相學大意』, 東京: 誠文堂 新光社, 1935.

門脇尙平, 『人を見ぬく知惠: 人とつき合うのが面白くなる本』, 東京: 日本實業出版社, 1988.

田中二州, 『女體研究』, 서울: 문예출판사, 1969.

山田直三郎 編, 『古代風俗畫譜』 1·2, 京都: 藝艸堂, 1913.

安 輝濬 著, 『韓國美術シリーズ·12: 韓國の風俗畫』, 東京: 近藤出版社, 1987.

Raven, J.E., *Polyclitus and Pythagoreanism, Classical Quarterly*, vol. Issue 3-4, London, KING'S COLLEGE:, CAMBRIDGE, 1951

3. 학위논문

강영숙, 「한국의 열녀전 연구」, 영남대 박사논문, 2010.

강은주, 「눈썹화장이 얼굴 이미지에 미치는 영향」, 한성대학교 석사논문, 2003.

강지수, 「조선시대 궁중의례용 두식에 관한 연구」, 서울벤처정보대 박사논문, 2012.

금기숙, 「조선시대 복식에 표현된 한국인의 미의식 연구」, 이화여자대학교 석사논문, 1987.

김낙필, 「權克中의 內丹思想」, 서울대 박사논문, 1990.

김연희, 「劉劭 『인물지』의 人材論에 관한 相學的 연구」, 원광대 박사논문, 2008.

김영숙, 「18세기 士人畫家의 風俗畫 연구: 尹斗緖·趙榮石을 중심으로」, 숙명여대 박사논문, 2003.

김효경, 「조선시대의 祈禳儀禮연구」, 고려대 박사논문, 2008.

김희경, 「조선조 열녀소설 연구」, 경성대 박사논문, 2011

곽영화, 「한국 무신도의 미의식」, 부산대하교 석사논문, 2008.

남무길, 「관상학과 형상의학의 비교연구」, 경희대 박사논문, 2010.

류지호, 「한국 여성의 전통 문화에 대한 연구」, 전남대 박사논문, 2005.

박경미, 「한·중 인물화에 나타난 화장문화 연구」, 경성대 박사논문, 2010.

박경민, 「조선 후기 풍속화에 대한 연구」, 홍익대학교 석사논문, 2006.

박선배, 「이조 소설 여인상에 관한 연구」, 연세대 박사논문, 1970.

변영섭, 「표암 강세황의 회화 연구」, 이화여대 박사논문, 1986.

변종필, 「채용신의 초상화 연구」, 경희대 박사논문, 2012.

송희경, 「조선 후기 雅會圖 연구」, 이화여대 박사논문, 2003.

신지현, 「고대 한국인의 얼굴특징과 화장에 관한 연구」, 중앙대 박사논문.

신혜원, 「조선 후기 풍속화에 나타난 여인상 연구」, 숙명여대 석사논문, 1998.

양인실, 「朝鮮朝 散文學에 나타난 女人相의 硏究」, 건국대 박사논문, 1982.

양인실, 「조선조 산문학에 나타난 女人相의 硏究」, 건국대 박사논문, 1982.

유지효, 「韓國 女性의 傳統 化粧文化에 關한 硏究」, 전남대 박사논문, 2005.

이경아, 「모성의 사회적 확장에 관한 탐색적 연구」, 이화여대, 석사논문, 2000.

이동순, 「조선왕실 喪禮에 나타난 음양오행연구」, 영남대학원 박사논문, 2012.

이선아, 「<단군신화>와 몽골 <게세르칸> 서사시의 신화적 성격비교」, 고려대 박사논문, 2012.

이순아, 「피치노의 플라톤 주의와 미학사상」, 홍익대 박사논문, 2008.

이인숙, 이인숙, 「한국의 전통적 미의식과 오방색의 연구」, 2002.

이지은, 「민속춤에 내재된 미의식」, 이화여자대학교 석사논문, 1996.

임민선, 「조선 후기 풍속화와 일반 에도시대 우키요에 여인상 비교 연구」, 세종대학교 석사논문, 2007.

임선택, 「사임당의 자녀교육에 대한 효 사상 연구」, 성산효도대학교 석사논문, 2005.

정병모, 「조선시대 후반기 풍속화의 연구」, 동국대학교 박사논문, 1991.

정유진, 「기생 장신구의 미적 특성에 관한 연구」, 서울과학기술대학교 석사논문, 2011.

조광국, 「기녀담 기녀등장 소설의 기녀 자의식 구현 양상에 관한 연구」, 서울대학교 석사논문, 2006.

주선희, 「동·서양 인상학 연구의 비교와 인상관리에 대한 사회학적 고찰」,

경희대 박사논문, 2004.

하영하, 「조선시대 계회도 연구」, 이화여대학원, 석사논문, 1992.

한은선, 「어업환경의 변화에 다른 어촌 마을 굿의 변화양상」, 목원대 박사논문, 2004,

홍성원, 「조선 후기 풍속화를 통해본 한국적 미의식에 관한 연구」, 홍익대학교 석사논문, 2002.

홍수현, 「陰陽五行 사상의 관상학에 기반한 애니메이션 캐릭터 얼굴 설계 시스템 연구」, 부산대학교 박사논문, 2005.

4. 연구논문

강선구, 「인상학 얼굴유형과 성격특징에 관한 연구」, 『동방논집』 3-1, 한국동방학회, 2010.

강선희·김효동·이경원, 「동양 관상학을 적용한 성격별 얼굴 설계 시스템에 관한 연구」, 『디자인학연구』 21-4, 한국디자인학회, 2008.

고연희, 「美人圖의 감상코드」, 『大東文化硏究』 58, 성균관대학교 대동문화연구원, 2007.

공차숙·김희숙, 「申潤福의 風俗畵에 나타난 조선시대 美容文化 연구」, 『한국인체미용예술학회지』 6-2, 한국인체예술학회, 2005.

구본호, 「여인의 가슴속에 감추어진 춘의: 신윤복의 미인도」, 『예술연구』 13, 신라대학교 예술연구소, 2007.

권정현, 「사랑을 통해 본 이조와 러시아 여인상」, 『외대』 13-1, 한국외국어대학 학도호국단, 1978.

김광순, 「古小說에 나타난 朝鮮朝 女人相」, 『여성문제연구』 17, 대구효성가톨릭대학교 사회과학연구소, 1989.

김승종, 「佛敎의 女性觀에 대한 小考」, 『동국사상』 16, 동국대학교 불교대학, 1983.

김영숙, 「조선 후기 풍속화의 발전」, 『숙명한국사론』 2, 숙명여자대학교, 1996.

김영순, 「조선 후기 풍속화 연구」, 『미술론집』 전남대미술연구소, 2008.

김용덕, 「민속도교사상」(김선풍 외, 『한국의 민속사상』, 민속학회, 1996).

김용숙, 「李朝女人相研究: 風俗과 文學과의 相關關係에서」, 『아시아여성연구』 10, 숙명여자대학교 아시아여성연구소, 1971.

김윤수, 「문인화의 종말과 현대적 변모」, 『한국현대미술전집』 9권, 한국일보사 출판국, 1977.

김은자·박영은, 「風俗畵에 나타난 女性의 頭飾(고구려시대-고려시대)」, 『대한피부미용학회지』 4-1, 대한피부미용학회, 2006.

김재만, 「傳統的 韓國 女人相의 硏究」, 『여성문제연구』 5, 대구효성가톨릭대학교 사회과학연구소, 1976.

김종태, 「韓國人의 傳統的인 美人觀: 古典小說의 女主人公을 中心으로」, 『여성문제연구』 8, 대구효성가톨릭대학교 사회과학연구소, 1979.

김지용, 「內訓에 비춰진 李朝女人들의 生活相」, 『아시아여성연구』 7, 숙명여자대학교 아세아여성문제연구소, 1968.

김진구, 「詩經에 나타나는 古代中國人의 美人觀」, 『한국생활과학연구』 9, 한양대학교 한국생활과학연구소, 1990.

김희정, 「傳統的 女人相이 주는 現代的 意味」, 『엔담』 4, 한국외국어대학교 여학생회, 1976.

류정옥, 「古典小說에 나타난 朝鮮時代의 女人相」, 『목원어문학』 1, 목원대학교 국어교육과, 1979.

문선주, 「조선시대 중국 仕女圖의 수용과 변화」, 『미술사학보』 25, 미술사학연구, 2005.

민주식, 「미인상을 통해 본 미의 유형: 瘦身美와 豊滿美를 중심으로」, 『미술사학보』 25, 미술사학연구, 2005.

박기전, 「혜원 풍속화에 나타난 인간중심의 미의식 연구」, 『조형연구』 14, 동아대학교 조형연구소, 2008.

변영섭, 「조선 후기 화론의 이해(1): 표암 강세황을 중심으로」, 고대민족문화연구소, 2001

사공희찬·김병수·김경신·황치혁, 「미학으로 본 망진과 동·서양의 관상학」, 『한의학연구소논문집』 21-2, 대전대학교 한의학연구소, 2013.

서금석·이성원, 「『高麗史』「樂志」에서 보이는 諸 女人相」, 『역사학연구』 51, 호남사학회, 2013.

서란숙, 「시대별 한국여성의 미인상과 현대미용 성형외과적 미인형에 대한 연구: 고구려 고분벽화와 조선시대 미인도, 현대미용 성형외과적 미인상을 중심으로」, 『한국미용학회지』 13-3, 한국미용학회, 2007.

소경미, 「인상학적 측면에서 본 얼굴 형태적 특징에 따른 메이크업 기법 연구」, 한성대학교 석사논문, 2004

설혜심, 「16·17세기 영국 관상학의 사회적 기능과 변천」, 『역사민속학』 7, 한국역사민속학회, 1998.

심영옥, 「혜원 신윤복 풍속화의 성 풍류적 특징 연구: 에로티시즘을 중심으로」, 『동양예술』 19, 한국동양예술학회, 2012.

안휘준, 「고려 및 조선왕조의 문인 계회와 계회도」, 『고문화』 20, 한국대학박물관협회, 1982.

_____, 「朝鮮王朝後期繪畵의 新動向」, 『미술사학연구』 134, 한국미술사학회, 1977.

양성미·이은해, 「韓國女性의 傳統 美人像과 그 服飾에 관한 연구」, 『경복논총』 2, 경복대학, 1998.

양인실, 「諺簡에 나타난 鮮朝女人의 實像攷」, 『겨레어문학』 9, 건국대국어국문학연구회, 1985.

윤종일, 「조선 후기 中人層의 예술관 검토: 18,19세기 서화론을 중심으로」, 『한국사상과 문화』 56, 한국사상문화학회, 2011.

이미림, 「근세 미인화의 형성과 성립과정에 대해서: 18世紀 韓日 美人圖의 姿型을 中心으로」, 『미술사학보』 25, 미술사학연구, 2005.

_____, 「近世後期<美人風俗圖>の繪畵的特徵: 日韓比較」, 『일본문화연구』 41, 동아시아일본학회, 2012,

이석진, 「李朝後期 風俗畵 나타난 韓國美에 대한 考察」, 『국민대학교논문집』 9-1, 국민대학교, 1975.

이수봉, 「閨房文學에서 본 李朝女人相」, 『여성문제연구』 1, 대구효성가톨릭대학교 사회과학연구소, 1971.

이승환, 「조선 후기 科弊 崔漢綺 測人學: 『인정』『측인문』을 중심으로」, 『한국사상사학』 16-1, 한국사상사학회, 2001.

이영찬, 「최한기의 측인학 연구」, 『철학연구』 120, 대한철학회, 2011.

이원복, 「申潤福 예술의 높은 格調」, 『月刊美術』 1월호, 중앙일보사, 1998.

이은창, 「韓國의 美人像: 朝鮮時代의 美人圖를 中心으로」, 『여성문제연구』 13, 대구효성가톨릭대학교 사회과학연구소, 1984.

이정희, 「蔡龍臣의 <雲娘子像>에 나타난 파라독스 연구」, 『미술사학보』 25, 미술사학연구, 2005.

이태호, 「조선 후기 풍속화에 그려진 女俗과 여성의 미의식」, 『한국고전여성문학연구』 13, 한국고전여성문학회, 2006.

임옥인, 「한국 여류작가의 내면생활: 상고시대를 중심으로」, 『학술지』 14-1, 건국대학교, 1972.

임혜련, 「朝鮮時代 垂簾聽政의 정비과정」, 『조선시대사학보』 27, 조선시대사학회, 2003.

_____, 「한국사에서 攝政, 垂簾聽政權의 변화 양상」, 『한국사상과 문화』 62, 한국사상문화학회, 2012.

장세기, 「韓國의 久遠의 女人相」, 『여성문제연구』 15, 대구효성가톨릭대학교 사회과학연구소, 1987.

장진성, 「조선 후기 士人風俗畵와 餘暇文化」, 『미술사논단』 24, 한국미술연구소, 2007.

정병모, 「고구려고분벽화 풍속화에 대한 연구」, 『관광학논총』 4, 경주대학교 관광진흥연구원, 2000

_____, 「조선 후기 풍속화에 나타난 '일상'의 표현과 그 의미」, 『미술사학』 25, 한국미술사교육학회, 2011.

조진아, 「고대 화장치레 문화를 통한 한국 전통 미의식에 관한 연구」, 『경복논총』 4, 경복대학, 2000

조흥윤, 「한국인의 얼굴」, 『민족학연구』 2, 한국민족학회, 1997.

최병식, 「한국미술에 있어서 무작위적 미감의 사상적 근원」, 『한국미술의 자생성』, 서울: 한길아트, 1998.

한규무, 「조선시대 여인상에 대한 오해와 편견: 황진이・어우동・논개 그리고 맹모를 중심으로」, 『인간연구』 9, 가톨릭대학교 인간학연구소, 2005.

한성금, 「허난설헌의 한시에 드러난 작가의식 연구」, 『고시가 연구』 12, 한국고시가 문학회, 2003.

한정현, 「李朝士大夫家門의 女人相이 傳統文化에 끼친 影響: 文化遺産의 해를 보내며」, 『교육연구』 32, 성신여자대학교 교육문제연구소, 1998.

홍선표, 「화용월태의 표상: 한국 미인화의 신체 이미지」, 『한국문화연구』 6, 이화여자대학교 한국문화연구원, 2004.

홍수현・김재호, 「陰陽五行 사상의 관상학에 기반한 애니메이션 캐릭터 얼굴 설계 시스템 연구」, 『멀티미디어학회논문지』 9-7, 한국멀티미디어학회, 2006.

홍승기, 「한국사 시대구분론」, 『한국사시민강좌』 20, 일조각, 1997.

M-A Durrigl, "Kalokagathia: beauty is more than just external appearance", *Journal of Cosmetic Dermatology 1*, Blackwell Science Ltd, 2002.

박경숙

성신여자대학교 피부학 석사
원광대학교 한국문화학과 동양문화학 박사
  (인상학 박사)
현) 원광대학교 동양학 대학원 외래교수
  (상원 인상경영연구소 운영)
  (天神氣 아카데미 부원장)

논문

박사논문
「조선시대 미인상의 인상학적 연구」
 -채용신의 풍속화를 중심으로-

조선시대 미인의 관상학

초판인쇄 2018년 9월 3일
초판발행 2018년 9월 3일

지은이 박경숙
펴낸이 채종준
펴낸곳 한국학술정보㈜
주소 경기도 파주시 회동길 230(문발동)
전화 031) 908-3181(대표)
팩스 031) 908-3189
홈페이지 http://ebook.kstudy.com
전자우편 출판사업부 publish@kstudy.com
등록 제일산-115호(2000. 6. 19)

ISBN 978-89-268-8549-9 93330